乐嘉自白

许多人既不了解我本人，也不熟悉我所投入工作的使命和意义，他们或者把我捧上天，或者把我批得一文不值。关于我的讲台生涯，我走过一条什么样的路，有一天我会告诉大家。我的这段故事可能会激起人们的好奇，也可能会引起评论者的品头论足。

从我讲授“FPA®性格色彩”课程开始，我一直坚持记录，旨在阐明我对洞察人类性格技术的同时，在呈现和解剖真实自我的同时，我希望能探索出一条道路，希望这条路成为所有希望自己幸福快乐的人们探索内心世界的起点。

“送奶工”是我对自己目前的定位，“成为一名伟大的送奶工”是我此生的梦想——虽然我不是首先发明出“性格分析概念”的人，但是我希望能够通过独特的演绎，将阳春白雪的理论变成民众可广泛使用的工具。虽然我不是第一个“造牛奶”的人，但我希望成为把牛奶送进千家万户的最好的“送奶工”。 我期待终我一生可将“性格色彩”做成一门艺术——一门洞察人心的艺术，一门传道授业解惑的艺术。我想强调，我希望它成为一种可以普罗大众的工具，于市井之处影射精妙，化高深之意为平实。

我对传播这门学问的同道者们总是强调：将复杂的事物在表达上简单化，并形象地烙印在听众的心灵深处是第一本领；将简单的事物在思想上复杂化，并有深度地洞见内在规律是第二本领。这些年来我在基本功上的反复训练，就是期望可努力达到“启蒙”——把有价值的思想尽可能平白通顺容易理解地说出来，让更多人知道，从而产生思想的增值与繁殖。

罗素老先生在漫长的一生中很重要的工作就是启蒙，每天散步时都在想今天的文章怎样可写得更有趣可读，而他得诺贝尔奖的理由是作品捍卫了人道主义和思想的自由，从而使这些理念能让更多人接受。我此生从未做梦得诺贝尔，但却每时每刻从未停歇思考，如何可让更多的人能更直接省力地意识到“红蓝黄绿”对每个人的人生意义。

老子说：“上士闻道，勤而行之；中士闻道，若存若亡；下士闻道，大笑之。不笑不足以为道。”我希望有一天，上士与中士越来越多，而下士至少愿意了解一下他们正在大笑的这个东西到底是什么。我希望有一天，“FPA®性格色彩”的内涵与价值可以让人们真正明白。

乐嘉自白

许多人既不了解我本人，也不熟悉我所投入工作的使命和意义，他们或者把我捧上天，或者把我批得一文不值。关于我的讲台生涯，我走过一条什么样的路，有一天我会告诉大家。我的这段故事可能会激起人们的好奇，也可能会引起评论者的品头论足。

从我讲授"FPA®性格色彩"课程开始，我一直坚持记录，旨在阐明我对洞察人类性格技术的同时，在呈现和解剖真实自我的同时，我希望能探索出一条道路，希望这条路成为所有希望自己幸福快乐的人们探索内心世界的起点。

"送奶工"是我对自己目前的定位，"成为一名伟大的送奶工"是我此生的梦想——虽然我不是首先发明出"性格分析概念"的人，但是我希望能够通过独特的演绎，将阳春白雪的理论变成民众可广泛使用的工具。虽然我不是第一个"造牛奶"的人，但我希望成为把牛奶送进千家万户的最好的"送奶工"。我期待终我一生可将"性格色彩"做成一门艺术——一门洞察人心的艺术，一门传道授业解惑的艺术。我想强调，我希望它成为一种可以普罗大众的工具，于市井之处影射精妙，化高深之意为平实。

我对传播这门学问的同道者们总是强调：将复杂的事物在表达上简单化，并形象地烙印在听众的心灵深处是第一本领；将简单的事物在思想上复杂化，并有深度地洞见内在规律是第二本领。这些年来我在基本功上的反复训练，就是期望可努力达到"启蒙"——把有价值的思想尽可能平白通顺容易理解地说出来，让更多人知道，从而产生思想的增值与繁殖。

罗素老先生在漫长的一生中很重要的工作就是启蒙，每天散步时都在想今天的文章怎样可写得更有趣可读，而他得诺贝尔奖的理由是作品捍卫了人道主义和思想的自由，从而使这些理念能让更多人接受。我此生从未做梦得诺贝尔，但却每时每刻从未停歇思考，如何可让更多的人能更直接省力地意识到"红蓝黄绿"对每个人的人生意义。

老子说："上士闻道，勤而行之；中士闻道，若存若亡；下士闻道，大笑之。不笑不足以为道。"我希望有一天，上士与中士越来越多，而下士至少愿意了解一下他们正在大笑的这个东西到底是什么。我希望有一天，"FPA®性格色彩"的内涵与价值可以让人们真正明白。

"色"眼识人

FPA®性格色彩解读

FPA性格色彩

乐 嘉 著

文匯出版社

图书在版编目（CIP）数据

“色”眼识人：FPA®性格色彩解读／乐嘉著.
上海：文汇出版社，2006. 8
ISBN 978-7-80741-033-1（重印）

Ⅰ. 色… Ⅱ. 乐… Ⅲ. 性格—通俗读物
Ⅳ.B 848.6-49

中国版本图书CIP数据核字（2006）第053981号

“色”眼识人——FPA® 性格色彩解读

乐 嘉 著

责任编辑 / 张建德
装帧设计 / 吴耀明 宋 仁
美术插图 / 阿 布 黄 蕾
出版发行 / 文匯出版社
上海市威海路755号
（邮政编码200041）
经 销 / 全国新华书店
印 刷 / 上海建工印刷厂
版 次 / 2006年8月第1版
印 次 / 2010年6月第14次印刷
开 本 / 720×960 1/16
字 数 / 360千
印 张 / 18
印 数 / 89201-109200

ISBN 978-7-80741-033-1

定 价 / 35.00元

自　序

看谁看懂，想谁想通

立言难啊！几千年文字史，多少人精疯子天才智者已然写下多少文字，性格分析的话题更是如此。所以，当你从书架上拿起本书，也许心想这又是一本把人分类的书籍。从古至今，从血型到星座，从紫薇斗数到塔罗牌，从企业应用的性格测验量表到学院派正规的心理分析，从电视综艺节目上的大话爱情到网络上流传的八卦测试。不管你是喜欢还是痛恨性格分类，对这些也许都有所耳闻或尝试。

本书绝非游戏书。作为一门严肃的学问，自2000年开始，我用“性格色彩”举行过近千场培训和演讲，与五湖四海的三教九流们相互探讨人生的酸甜苦辣。在众人一扫昔日困惑，拥有和谐人际关系的同时，我也从参与者的个人故事中，感受到性格贯穿我们每个人一生的巨大影响。我确信，如果掌握这套洞察自己和他人内心的工具，我们将享受全新的人际关系。

本书绝非理论书。与传统的遍布心理学术语的专业书籍相比，本书少了术语多了故事，少了晦涩多了轻松。至于在学界的江湖地位，假使未来有心理学大佬或权威泰斗怀疑，我将坚持“实践是检验真理的唯一标准”。这本书涉及的所有人类心理和行为，刀刀见血、剑剑封喉，所有书中的故事均从芸芸众生里汲取而成，你可从中搜寻到自己与周围他人的缩影。

本书是工具书——一本关于生命实用智慧的工具书。有太多学者早已笔耕了无数理论、系统与学派，作为一名专业的性格分析传道者，我告诫自己：**既然我不是首先制造出来牛奶的“制奶工”，那就终此一生勤勤恳恳誓做把牛奶送进千家万户的“送奶工”**。举凡“工具”者，实用最重要。本书的“实用”取向为：帮助人们解释人生过去的困惑，解决当下面临的种种人际问题，对未来的人际相处有指导意义。

本书中，我们会共同进入每个人内心的最底层进行探索。

你将学会如何发现自己的天然力量，并不加压抑地充分展现，同时还可学会了解自己的性格局限，并知道它们是如何严重破坏你的人际关系的；你将通过对每种性格内心的剖析，看到别人如何思考和行事，真正理解你与他人的差别，原来那些你认为“不可思议”和“不可理喻”的人们，是那样的简单透明；你将能够检查自己理解他人的方法是否正确，以便拥有任何你希望的健康的人际关系。最重要的是，你将知道自己是谁！

多年来，我倡导以“有‘色’眼睛”看人，长期的训练可以让我们对人性拥有深刻的洞察力。我们越深切了解他人，我们越能欣赏他人的优点，并对我们不喜欢的部分变得更客观。我们可以借此更客观地看人，与人有更深密的联结，更有能力与他人相处，享受更美好的人生。

一句话，这本书可以让你拥有“看谁看懂，想谁想通”的本领。

致谢

没有文汇出版社的总编桂国强，这本书不知飘到何时才能到来。他是本书面世的催化剂。2004年末的一个酒会上我们相识，在我一如既往地传播四色奥妙的五分钟后，他的眼力毒辣令人战兢。作为一个不折不扣的务实派，他以黄色性格的敏锐和穿透力，迅速完成了对我的推动。这种仅凭个人直觉所衍生的信念激荡起我的狂野，对他提出写作的挑战，我欣然应允。

没有挚友邬峭峰，我的应允形同水漂。对我而言，如果不确信做到最好，下笔无异于自打耳光。蓝色性格的他是了解我的。在我绞尽脑汁三个月后仍一字未出时，他写了如下的一封信给我："我衷心觉得你可以很天才，你也可以变得困顿无力。利益和理智无法真正驱动你，只有激励的场面才能真正使你愈战愈勇。"半年后，在我心态即将崩盘时，邬先生送了我另一句话"大回报需要大付出"。是这封信和这句话，让我一直咬着嘴唇憋着气，满怀激情地沉着屁股，远离窗外诱人的阳光，把电脑屏幕幻化为宽大的剧场，把键盘敲击当成是一个个俊男美女的制造过程。

没有同道中人张艳梦，我无法持续亢奋。作为深知我性格探索中痛苦和欢乐的伙伴，蓝色的她与我在每个细节上的切磋和举一反三的回馈，让我灵感不断。这样，桂先生首先在纸上画了一个饼；老邬让我不停地相信那是真的黄桥烧饼，比真的还真；而小梦同学分享了我做烧饼的全过程，并且告诉我"味道好极了，今天有新做好的尝尝吗？"这话，让我即使数月不见天日、还是可以继续忘记腰肌劳损的蹂躏，在黑暗的磨坊里好好学习天天向上。

除此以外，我必须虔诚地感谢以下众人：武力和叶基衡二位恩师，是我迈入性格探索之旅的引路人；阿布和黄蕾夫妇，是他们天才的设计让"性格色彩"始终洋溢着美；文慧总能在我自鸣得意时，让我意识到自己的渺小和无知；金惟和高清荣让我参见到豁达和宽容的境界；而陈茜则赋予我写作本书"不成功，便成仁"的初始源动力。

最最重要的是，没有研讨会的学员和诸多道友，这本书的素材全都无迹可寻。是他们慷慨允许我进入到他们的内心碰撞心灵，让我有机缘真正了解每种性格真正在想什么，这是我亲吻不同性格灵魂深处的最佳途径。我无法用语言表达我对他们的爱和感激！

"大恩不言谢"，在现如今，"不言谢"委实虚幻，可却虚幻得温暖明亮，让人在虚拟中陡生一丝幸福，微弱至极。我将此幸福用书的形式表达，以回报多年来所有支持、关心、鼓励我的朋友们。

引言

关于人的“十万个为什么”

当你翻开本书，有三种致命的观念将阻碍你了解这个神奇的工具。

其一，我是“独一无二”的，我讨厌被任何分析的框架给束缚；其二，人性如此复杂，怎可能用四种颜色就把人分析出来，未免太简单了吧；其三，就算分析出来对我又有什么实际意义？

十年前，我狂妄自大，认定自己前无古人后无来者，对性格之说不屑一顾，以上想法全部具备；十年后，我现身说法，晓得自己沧海一粟萤火之光，过往观点只是误会。如若诸君想法雷同，敬请读完引言。

我自己清楚，对于《十万个为什么》中雷公电母从哪儿来，花鸟鱼虫向哪儿去，这类斗转星移的“为什么”很难提起我的兴趣。可我自己都不能否认，对“人”的为什么，我感觉超常、灵感纵横；但疑惑众多、问题无限。

工作上，举凡上下左右关系，让我头痛让我忧。

我大老板从来与员工亲密无间，称呼起来像是自家兄弟，嘉宾演讲我请他做托儿，大老板听至一半，狂拍胸脯，“这事儿你就是不和我说，我自己也会问的，放心，没问题”；我二老板从来与员工保持距离，表面看来无比彬彬有礼，嘉宾演讲我请他做托儿，二老板听完无语，眉头紧锁，“你需要我问些什么？能不能事先要份他的提纲，我想一下再答复。”老大时常变幻莫测，老二总是有板有眼，每日我伺候两个当家命悬游丝，下人们办事难呐！

我门下张三淡泊心志，口袋里无钱心里也无钱，老婆孩子热炕头，抱着一亩三分田却能自得其乐；我门下李四欲壑难填，口袋里无钱但心里装满钱，开着夏利想宝马，每日压力不断、苦不堪言，却仍斗志不减。每日我头痛于员工管理，张三随你怎么启发也纹丝不动，李四虽奋勇向前但桀骜不驯。我该怎生是好？

我同事市场部Mary脾气火爆，平生容不得自己和他人半点拖沓，一言不慎便触动引线，每每生气口歪眼斜好像中风早期；我同事客服部Kathy语缓行迟，总是三棒子打不出个闷屁，极度愤怒也不过小脸通红、玉体微颤，永远天塌下来当被盖，从来不知“着急”二字如何写法。我和前者交流，动不动就吵架；我与后者对话，问题始终无解。到底应该如何与她们沟通？

生活上，无论婚恋育儿交友，让我紧张让我愁。

我女友小芳总是随机选择过去我的一个老情人的名字，让我不停地讲述一遍和她的悲欢离合，然后启发我运用阴损刻薄的语句将那些女孩形容成貌似东施，心如吕后；我女友小凤却打刚开始，就只扔下一句话："小乐子，过去你的花边咱既往不咎，你也不用再提，我也不会再问，但从今往后只许你心为我想、身为我用。"我被前者折磨得精神衰弱，被后者吓得噤若寒蝉。我不知道，到底自己该找个什么样的夫人？

我妈还是少女时，常面带桃花，充满朝气和喜悦，见人七分熟，直至升为人母后，仍积极参与到"老鹰捉小鸡"的大军，趴在地上给她儿子当大马；我媳妇还是少女时，常冷若冰霜，五步内阴风密布，是远近闻名的"可远观却不可近语"的主儿，直至升为人母后，仍以妙玉般的姿态端详着我儿子的玩耍，审视着有无不妥。婆媳二人话不投机，形同冤家，我夹在当中如坐针毡，到底怎生是好？

我侄儿少时逃学，他爹手刚举起尚未落臀，便一阵鬼哭狼嚎，声嘶力竭"我错了，再也不敢了，饶了我吧，疼死我啦"；我外甥少时吸烟，他爹以三寸木板打得臀部皮开肉绽，及至老爹手软示意认错免打，小儿咬破嘴唇硬是不流一滴眼泪，"我没错，就是打死，我也不认。"若是战争时期，我侄子看来要步甫志高的后尘，我外甥却有杨靖宇的基因。我不知该如何教育他们走上正道而非误入歧途？

《狮王争霸》中阿宽把十三姨的狗吃了，他的解释是："要知道，十三姨，人们喜爱狗的方式是不同的。"事实上，不但人们喜欢狗的方式不同，对于任何一件同样的事，不同性格的人也会有截然不同的反应。如果在阅读以上的"为什么"中，你或多或少嗅到一些踪迹，那足以证明最为复杂的人类也有其"共性"。这是一本研究人类的"共性"而非针对"个体"的书。这是一本剖析人际关系的"十万个为什么"的书。

本书的特别之处在于，它用一种极为简单易懂的符号，重新诠释了几乎所有你关注的人际关系的冲突和困惑，最终让我们达成以下真知：

1. 我是谁？只要你对认知自己有兴趣，即便垂垂老矣，又有何妨？本书的工具提供你一个自我认知的强大途径。我鼓励你举家上下，齐来探索。

2. 他是谁？为何在同一个问题上我们会有如此巨大的差异和分歧？除了了解自己之外，也许你还想更多了解别人，尤其是和你关系密切又必须要面对的人。对性格的彻底理解有助于你学会尊重彼此的差异，减少冲突的痛苦。

请相信，这书绝非试图谋杀你的独特，相反，我们将一起探索为何在性格的共性下，却会衍生出无数迥然相异的个体。但无论如何，找到一些基本规律，可以帮助我们让复杂的生活变得简单。借由此，我们当知如何更好地建立人际关系，拥有强大的自我力量和对他人的影响力。

鉴于篇幅所限，本书的重点在于分析人性，让读者可以洞察真正的自己与他人，并学会理解人和人之间的冲突和差异。本书共由三篇十章组成：第一篇是性格概述。它帮助你理解“性格色彩”的概念，同时为你勾勒出自己的性格色彩。第二篇是天赋潜能。阐述了四种性格的天然优势，让你知道人们彼此相互吸引的原因。第三篇是过犹不及。探讨了各种性格的本性局限，让你知道人们彼此“痛恨”对方的原因。

关于阅读本书的重要建议和说明：

- 先请完成第二章的性格测试。读完本书后，你可将这套题目给你周围的亲友测试或上网下载，以衡量你洞察他人性格的功力如何。

- 本书的宗旨是“对色不对人”，因此，你是某个色彩，不一定该性格色彩的特点你全都具备。记住：这是一本研究性格规律的书。

- 书中出现的“超×色”或者“典型的×色”，意指此性格特点极突出者。

- 不同字体所代表的含义并不相同。“楷体部分”代表人物的真实事件或媒体、书籍对于人物的评价，“仿宋体部分”代表现实生活中的真实事件，“宋体部分”代表作者的观点和分析，方框内“**黑体部分**”代表归纳总结的要点。

- 在阅读中，如果你觉得四种性格似乎每种你都具备一点，请勿急于判断。先全部阅读完本书，特别是后四章，并请至作者博客blog.sina.com.cn/lejia 阅览“入门者必读”。

目　录

第一篇

性格色彩概述

第一章　人之初，性本“色”

“性格色彩”史纲

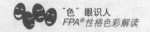

古今中外多少年来，人们一直在试图了解人类行为的特性和体内的驱动力。

传说在公元前400年，西方“现代医学之父”希波克拉底将西西里哲学家恩培多克勒提出的“四根理论”（宇宙万物都是由火、水、土、气四种元素生成）运用于医道，成就了一个被现世称为“四液学说”的性格分析工具。希氏认为人体由血液、黏液、黄胆、黑胆四种体液组成，四种体液在人体内的比例不同，形成了人的不同气质：性情活跃、动作灵敏的多血质；性情沉静、动作迟缓的黏液质；性情急躁、动作迅猛的胆汁质；性情脆弱、动作迟钝的抑郁质。

而在中国，“五行之说”最初产生于周武王向箕子请教治国方针中，箕子讲到大禹治水成败的关键是金、木、水、火、土五个方面，以后逐渐引申到节气和天地人的组合之中，以阴阳相贯通，最后进入人体医学，得出了中医疗法抑强扶弱、平衡阴阳的病理原理。

但中国的五行相生相克原理，在中医中得到了不断的运用和发展；而西方的四体液说则是“墙内开花墙外香”，被西医打入冷宫，却在心理学领域梅开二度，这正是两种文化的差别——中国注重天人合一，强调以直觉思维为主，而西方探索深层结构，强调以逻辑思维为主。因此，当新的理论出现后，原来的理论便落魄成了退役美女乃至徐娘半老的花瓶。

此后，无论各大门派的祖师爷如何开天辟地，青年才俊如何传承接代，域外高手如何发扬光大，举凡四类、八类、十六类性格分类方式层出不穷，皆或多或少有希氏的踪影痕迹。名门正派如荣格爷爷或麦尔碧瑞斯太太在企业人力资源管理界声誉显赫。而以飞禽走兽分类命名的“动物学派”，或DISC分类构成的“字母学派”，亦有其独到妙用。当人们认识到深入细致地了解人类性格所带来的巨大价值和意义时，无数志士始终匍匐追随希波克拉底的脚步，继续发展这一学问。然而各门各派自以为独辟蹊径地划分了性格，其实万法归宗，绝大多数分析家仍把人类的性格归纳为四种。

十年前，我偶然听到性格分析一说，开启了对于性格关注的内心之门。

此后，我日夜专攻于此，培训对象日益广袤无边，当然，众人的学习目的也各有不同。

商界大亨们为了“抓革命促生产”，希望搞清楚自己的性格是否可能有如韦尔奇般超级强壮，从而了解未来一统天下的领导方式；“白骨精”（白领、骨干、精英）们深知人在江湖，身不由己，他们普遍“身穿长工服，怀揣地主心”，希望尽最大努力适应上司和客户的性格以换取更多的银子；潜伏在城市中越来越多的大龄单身贵族们，则更是道貌岸然、不掩风流地关注如何泡到不同性格的MM，钓到不同性格的GG；而中年忧伤者表面沉浸在“家中红旗不倒，家外彩旗飘飘”的快活中，其实苦不堪言，普遍梦想通过了解性格，以达成既攘外又安内之功效；当然也有人只是为了习惯性八卦，对搞清楚“芙蓉姐姐与木子美是否性格相同”等问题更有兴致。

种种迹象表明，世间男女，均对探知自身和建立美妙的人际关系充满着无限欲望。在这样一种宏大的背景下，“FPA® 性格色彩”（“FPA®”乃Four-colors Personality Analysis之缩写）嗷嗷待哺数载，横空出世。

“性格色彩”中各种色彩所代表的性格与你个人偏爱的颜色无关，色彩在此处只是代表符号而已。有很多年轻女子经常若有其事地眨巴着无比善良纯真的眼睛严肃地询问：“老师，老师，我喜欢紫色，为什么你这里没有紫色啊？我觉得我是紫色性格耶！”除了强装笑颜外，我只能鼓励她对她喜欢的颜色坚定地“将爱”（取材于王菲小姐的新歌，意为“将爱进行到底”）！

本人之所以用色彩的符号代表性格类型，原因在于：

其一，简单实用，过目不忘。

相比较其他称呼，比如“巫师型、哲人型、开拓型、调解型”；或者“前线者、思考者、行动者、人本者”；还有“社交人、智觉人、指导人、亲善人”等等。看来分类本质并无甚差别，但比较一下“红、蓝、黄、绿”称呼的便捷程度，就如同过去你拨号上网，而现在你用宽带。

其二，形象易记，方便理解。

按照色彩心理学对于颜色的划分：红色和黄色张扬，故我将其分别赋予两种外向的性格；而蓝色和绿色内敛，我把它们分配给两种内向的性格。在我们的概念中，色彩的内涵进一步地被丰富——红色有如太阳般热情，因此，作为生命征兆的红色，必然成为民俗活动的主要色调；蓝色使人联想到海洋的深邃，在所有的文明圈中，蓝色都是灵魂的颜色，象征了对生存意义的理解和生命的整体追求；黄色代表至高无上的权势和尊崇，五行中，土居五方之中，土为黄色，一以统四，黄色号令四方；绿色象征着大自然的宁静和谐，“绿色是生命”这句商业广告语绝非空穴来风。以上这些简单自然的联想，正好与我所指的性格灵魂是如此惊人吻合。

其三，深入钻研，奥妙无穷。

一直以来，我总是天真纯洁地相信即使貌似简单的一套理论，持续不断地思考、研究、应用和演绎，也能创造出不朽的奇迹——帮助每个人走出心灵困惑的大门和痛苦的束缚。我愈益坚信红蓝黄绿应用到了一定的熟练，便可解释大千世界中所有关于人际关系的复杂定律，达到“世事洞明皆学问，人情练达即文章”的境界。就好比《天龙八部》里萧峰在聚贤庄大战，只一套习武之人开蒙所练的极其普通的太祖长拳，便打得天下英雄莫敢争锋。

所以说“戏法人人会变，各有巧妙不同”，那到底四种色彩代表的性格内涵是什么呢？

五分钟进入“红蓝黄绿”

如果你只有五分钟，希望了解性格四色的基本概念，请留步，看“挤牙膏”的故事。

过往五年，每逢开讲必有开场，每逢开场必有“刷牙”。千百案例，惟“刷牙”独领风骚。以下冲突版本，是我年少时从老爹老娘日复一日、月复一月、年复一年的“牙膏战役”中汲取到基本元素，然后被无数家庭验证，它让我完成了理解人与人之间性格冲突的萌芽教育。

让我们先从一个问题开始。你挤牙膏的习惯是倾向于从中用力的一把“抓挤”，还是从下到上随时卷起保持牙膏形状完整之渐进“挺挤”？看起来，我娘就是属于前者，现在我知道那叫红色——整体上红色偏向于比较随意的生活习惯，他们追求自由、自然、自在的方式而不拘小节；而我爹则属于后者，现在我知道那叫蓝色——整体上蓝色偏向于严谨的生活习惯，注重秩序、规则与条理，在对待任何一个你可能觉得是小问题的问题上，一丝不苟、精益求精。

老妈每每刷牙完毕，东西一扔撒腿就溜。显然老爸对于红色的无序和零乱极为不满，于是处理善后事宜——将牙膏捋好，擦干盥洗台面，牙刷朝上并行排列。敏感的老爸一直期待用无声的行动来暗示老妈自觉地改正这万恶的坏习惯，当发现连续几日并无任何改进时，老爸遂提出问题的严肃性，这让老妈极度惊讶于老爸如此小题大做。在后来漫长的岁月中，老妈曾经努力尝试按照老爸设定的标准，来完成一段比六个西格玛还严格的刷牙流程。然而无论老妈如何努力，在蓝色老爸看来都是理所应当，从无丝毫嘉许。

在老爸始终坚持“人只有不断的要求和批评才可以进步”的原则下，老妈拉开一副鱼死网破的架势，坚决罢工。如此，双方势均力敌，数十年来争斗不止。他们彼此相互改造，老爸一直期望将老妈改造成为一个同样生活严肃、追求完美的人；然而老妈一直认为老爸根本没有人生乐趣，一直竭力反攻老爸，希望他能和自己一样是追求变化和乐趣的。

有趣的事情是，也有不少家庭挤牙膏方式不同，但并未如我的父母那样爆发“牙膏战役”，这就牵涉到每个人性格中可能的第二色彩。虽然我父亲的蓝色和母亲的红色在生活态度和行为上有很大差异，但是他们将冲突演变得更为强烈，却完全拜他们的第二性格“黄色”所赐。

当我特别观察了蓝＋绿的朋友处理同样问题的方式，发现他们最常见的做法几乎都是再买一支牙膏，以后你挤你的我用我的，互不相干。我看不惯你的零乱方式（蓝色特点），但我也懒得改变你（绿色特点），却绝对不会像我蓝＋黄的父亲那样，既然看不惯就一定要坚持改造对方。同样，如果我母亲性格中有绿色，也不会轻易与人发生冲突。而事实上，红＋黄的母亲也不能容忍父亲对自己的改造，他们共同拥有的“黄色”让他们都以为自己所做的是对的，从而矛盾更加尖锐。

我的双亲曾经无数次地对吼“离婚”，让我少儿时期就这样充分浸淫在充满火药味的战斗中，值得庆幸的是，这些都成了我现在思想库中的上等素材。我知道并非所有人都能安然度过彼此理解上的深沟广壑，因为我们视善不如流，往往很难去吸收红色的自由快乐，蓝色的完美谨慎，黄色的果断坚定，绿色的和谐宽容；因为我们视恶嫉如仇，恰恰双眼紧盯的却是红色的杂乱无章，蓝色的死板固执，黄色的霸道蛮横，绿色的软弱拖拉。

在过去十年的训练、演讲、辅导和观察中，我耳闻目睹无数的人生悲剧和遗憾。这本书相当于提供给你一个方便易懂、轻松明了的书面课程，当你全部阅读以后，如能真切感受到"月有阴晴圆缺，人有红蓝黄绿"，足矣！所以，既然你无法改造他人，就请学会发自内心地接纳自己并理解他人吧。

"个性"与"性格"

"性格是否有遗传关系"的问题，在我们的研讨会上总是引发正反双方无数唇枪舌战。不得不承认民间"龙生龙凤生凤，老鼠生的儿子打地洞"的观念，依旧基础雄浑。

性格这玩意儿并不像血型的规律那样，总能找到父母的血型搭配和子女血型具备某一对应关系。到目前为止，在所有的调查和分析中，还没有发现任何性格色彩可以和遗传必然相关联的依据。换句话讲，两个红色的父母可能生出来一个蓝色或黄色或绿色的宝宝，当然也有可能是一个更红的精灵。我们暂时还没有任何方法可以根据上代的性格推导出下代性格的规律。至于为何没有必然的遗传关系，那不是本书研究的范围，本书所关注的只是不同性格对不同人的影响。

但我在研讨会上抛出"性格是天生的，还是后天形成的"这个问题，当场引发的唾沫星子横飞的程度，同《无极》和"一个馒头引发的血案"之争相比，更是有过之而无不及。如果你去问任何一个生过两胎或以上的女性，她们会告诉你关于这个问题最真实准确的答案！

据我的母亲大人揭发，红＋黄的乐嘉先生和绿色的舍弟诞生之前，在娘胎里的蠕动轨迹绝对是迥然相异。相比之下，前者的拳脚功夫甚是了得，自打怀胎16周起，每日便早晚练功，害得老娘总是心脏乱跳，煞是辛苦；而后者就连做伸展运动都是那么温柔舒缓，大多数时候只是安静小心地持续蜷缩成冬眠状。

同事莉莎曾分享多年来被一对儿女所严重困扰的心结，原来都是性格惹的祸。当年她带儿子时，儿子来自于绿色星球，感觉整个是"温良恭俭让"；但女儿却被黄色星球派遣，女儿出世后，方知何为"混世魔王"。当她耽误了黄色女儿喝奶的时机，女儿往往表现出强烈的拒绝姿态，向她发出"女儿很生气，后果很严重"的警告；而儿子半夜饿醒却是毫无声息地常以手指果腹，难得吵醒自己。某夜莉莎与子同床，凌晨四时许，突然听到老公大叫一声，阳台上人头隐现，欲捕小偷，却是虚惊一场。当问六岁半的儿子为何半夜站在阳台上，回答说睡觉时妈挤到他了，怕影响妈休息，所以爬起来等到天亮再说。而女儿平时你若拿汤匙喂饭，却执意将汤匙牢牢攥在自己手中，若你不肯给，趁你不备，一把抢过掷在地上。两者相比，天壤之别啊！

让我再来向您展示一个实例，看不同性格的孩童在哈里波特流行的时代，是如何让父母买玩具的。

红孩儿与老爹上街见到橱窗中哈里·波特魔法帽，立马提出要求购买，老爹不肯，小儿于是扯开喉咙耍无赖。若是老爹心肠硬下一走了之，小儿一面指缝中偷看，一面假装声嘶力竭直至老爹销声匿迹，确认所求无果时，只好作罢，满脸鼻涕灰溜溜地回家。没想到家中有套新买的《樱桃小丸子》，喜笑颜开，早把魔法帽一事扔到九霄云外。

蓝孩儿与老爹上街见到橱窗中哈里·波特魔法帽，伫立不行双目注视，老爹在前催促，小儿口应腿不应，待老爹走回跟前，问："爹，最近我表现如何？""你是否说过表现好是有奖励的？""那你觉得这个魔法帽怎么样？"待到老爹醒悟，施以缓兵之计，推脱今日囊中空空不便购买，容后再说。小儿回家后半月内一言不发，举座皆慌，老爹这才反应过来魔法帽一事其实并未了结。

黄孩儿与老爹上街见到橱窗中哈里·波特魔法帽，"老爸，买一个。""我们同学都有，不买下回你参加家长会的话，很没面子啊！""没钱？你刚才偷偷买烟都给我看见了，你不买，回家我就把这事儿告诉我妈。"老爹若走，小孩不哭不闹，静坐橱窗前，直到老爹回头找他，双手投降。若老爹不予理睬，回到家中再迂回进攻老爹的爹和娘，反正要直到魔法帽到手方才善罢甘休。

绿孩儿与老爹上街见到橱窗中哈里·波特魔法帽，仍旧步法中规中矩，见到他人手中有，面不改色心不跳，仍旧一副"不羡鸳鸯不羡仙"的表情，连要求也不愿向老爹去提。

现在，问问你自己，你自己可能是倾向于哪种呢？这种买玩具时的招数和反应上的巨大差异，从来没人去教，一切都是那样得浑然天成。

我相信"性格是天生的"，有不少专业人士可能并不同意，那也许是因为当他们在使用"性格"这个词汇时，与我的定义并不相同。他们也许更习惯把个人发展的一生界定为性格。事实上，有很多心理学家给"性格"、"个性"或"气质"等下了众多的定义。

为了避免大家都掉入文字游戏的陷阱，在"性格色彩"的定义中，我将人的本性界定为**"性格"**——**"原本的我"**。当我们来到这个世界上的时候，每个人都有了自己一套性格的标识，而后天的影响和塑造成就了现在的我们。故此，我将后天界定为"个性"——"现在的我"。

"性格"是天生的，所谓"性格"就是"原本的我"；
"个性"是后天的，所谓"个性"就是"现在的我"。

关注"现在的我"，可以让我们知道"我如何成为现在的我?"以及下一步的发展方向。因为每个人在个性形成中都有巨大差异，这就解释了为什么只有四种性格色彩，12种不同的性格组合（详见第二章），却足以构成这个世界里没有一个相同的人。

主观上，个性的形成与自我的修炼密切相关，意味着成长需要我们发挥自己独特的强势，逐渐去除自身的一些盲点和局限。同样要求我们欣赏别人的性格色彩，并自愿地运用他们的优势完善我们自己的个性。关于如何进行个性修炼的部分将会在我未来的书《"色"成正果》中专题做详尽论述。

有人时常抱怨"上天不公"，然而至少在一点上，老天爷无比公平。那就是当赋予你性格时，一定是将性格本色中的力量和局限同时给你。我们每个人无法为自己天生的性格负责，但是我们每个人都必须为自己的个性负责。

对于"性格决定命运"的说法，向来，我敬而远之。果真如此，如前所述性格是天生，那岂非意味着天生下来命运已定?如今，我斗胆冒天下之大不韪，一脚踢翻旧口号"性格决定命运"，一掌托起新旗帜——"个性决定命运"。

不是"性格决定命运"，而是"个性决定命运"。

"行为"与"动机"

"性格色彩"与其他性格分析系统的表面差别，只不过是分类符号的标志不同，然而真正的核心差异在于：每种性格色彩的内部都有一个相对应的核心动机。所谓动机就是"为什么做"，而所有凸显在外的行为只是"做什么"。知道"为什么做"比"做什么"要重要得多。换句话来讲，我们要探寻的是人类行为背后的根源，而非仅仅只是看到表象。

动机就是“为什么做”，行为就是“做什么”。

不同的行为背后有不同的动机

以“买哈里·波特魔法帽”为例，让我尝试诠释四种性格所表现行为背后的真正动机。

红色的动机——快乐。买魔法帽的终极目标也是快乐，如果不买，快乐没了自然就哭，发现有新的（得到连环画）快乐来临，旧的（没有魔法帽）苦恼也容易遗忘。

蓝色的动机——完美。对人际关系的完美需求，表现为强烈地希望他人对自己可以理解。故而宁愿以含蓄来代替直接的方式表达自己的需求，当对方无法理解或者承诺不兑现时，蓝色的内心痛苦且情绪久久不能释怀。

黄色的动机——控制。在购买玩具的整个流程中，黄色设定下来必须要达成的目标，并采取各种方法掌控局面，不达目标誓不罢休。

绿色的动机——稳定。他们本身的变化和需求无多，更多扮演给予者而非索取者的角色。绿色也不愿意随便去麻烦他人，故此，他们需要魔法帽的愿望不如其他三种性格强烈，与此同时如果大人不开口，他们也不愿意随便提出让家长为难。

以上你看到的是对于不同行为背后真正内心动机的剖析。我们每个人所有日常行为的背后都有深刻的原因，这种原因，也就是我们称为“动机”。

同样的行为背后有不同的动机

“性格色彩”真正的强大威力，是在相同行为背后的动机剖析时才开始一展身手，让我们从“子女离家出走”的现象中稍事探讨。

按照性格色彩的分析，蓝色和绿色少有离家出走的行为，红色和黄色却常有拔腿就走的倾向。蓝色和绿色两者虽然少见，但是两者的内心动机多有不同。绿色孩童通常是最没有离家出走倾向的——老大打碎碗后逃掉，绿色的老二像小猪麦兜似的站在那里，老爸以为是他，打得他皮开肉绽也不见申辩和反抗。这种孩子即使拿棍棒赶他都很少出去，所以“叛逆”两字是八竿子也打不到绿色头上的。

而蓝色当受到压迫时，尤其是当遭到委屈和误会时，一定会用沉默来传达更大的愤怒和反抗。他们不离家出走，只是暂时因为天性中强大道德力量的束缚和对于规则的无上遵守，但这并不代表他们没有欲望，这与绿色的孩童有着本质的不同。

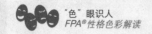

红色和黄色是离家出走频率最高的性格。然而即使他们都有同样离家出走的行为，他们背后的动机完全不一样。红色的孩子主要是因为情绪激动，脑门一热，就以离家出走给爹娘来点颜色瞧瞧，其实不过是想吓唬吓唬而已，在外流浪一圈，没东西吃了，自己会跑回来；而黄色的孩子却是要表明内心强烈的反抗，和希望掌控自己命运的强烈愿望，通常出去以后为了显示自己的路线一贯正确，"饿死也不回头"，在所有性格的孩童中，真正叛逆的，当属这样的孩童。

以上你可以了解一个简单的社会现象背后的不同性格的动机，这就是我所强调的：同一行为背后可能会有不同的动机。**了解人性的基础是"动机"而非"行为"，知道他人"为什么做"比"做的是什么"更加重要。**

如果只注意表面行为而忽略了内在的原动力，那么我们将可能无法判断出正确的性格色彩。

区分行为背后的真正动机

当年从事销售培训时，为训练学员的勇气，要求众人上街与陌生人对话，这对于一些人来说是件困难的事。为了鼓励他们迈出这艰难的一步，我径直走到门前打开房门，看到一位笑嘻嘻的像做销售的小伙子，问他是否愿意进来待几分钟接受访谈，那位小伙子同意了。请他进来后，我和他寒暄了几句，发现他从进门就一直保持着的一张笑脸没有变过，面对一群充满兴奋而好奇的学员我也没看出他的紧张。我很诧异，就问他："我们谈了五分钟，你始终保持微笑，为什么？"他低下头想了想说："好吧，如果你真的有兴趣，我就告诉你。我出生时有类似兔唇的症状，家人设法把我送进医院，可惜手术并不成功，所以每天看上去永远就像在笑。很多人认为手术很棒，然而我想知道的是，有这样一张永远一成不变的笑脸，当内心悲痛时，如何才能表达出来让他人知道呢？"教室异常安静。我现在请问各位，你们看到这里又做何感想呢？

许多人在内心哭泣时，周围的人一无所知，而我们经常在并不十分了解他人内心感受时，恣意判断或批评。不幸的是，我们对于自己，也常犯错误而不自知。大多人只是观察有限而肤浅的表面行为，且以此为满足。可是了解人类内心世界的精华在于"动机"，在于知道"做什么"背后的"为什么”。如此，我们才能够学习到如何更成功妥善地安排自己的内心生活，从而改进我们的人际关系。

在以往很多的性格分析当中，大多侧重在对“行为”的分析，而“行为”却受到社会化很大的影响。**在观察不同人时，最重要的就是区分内在的“动机”和外在的“行为”**。绝大多数人总是以为后天的个性才是他们真正的本性，他们按照一切社会化的行为来暗示和要求自己，他们领取了一个不属于他们自己真正的身份，因此他们会沉浸在浑浑噩噩与不快乐中。即使这些后天训练而成的态度和模式与他们的本性大相径庭，他们仍旧不知。

比如说，你可能以为自己喜欢IT，因为你生长在一个遍布理工科高材生的成员家庭，而且家里IT工程师济济。然而，红色的你可能天性中根本并不喜欢从事和IT有关的工作。虽然你可以熟练地编写C语言或有轻松地拆卸并安装所有计算机的超强技能，但当你发现自己喜欢时尚，并且富有强劲的时尚嗅觉而犹甚于IT时，却突然着实松了一口气。一个人在多年控制及否认内心真正的喜好以便取悦他人之后，可能不再察觉那些喜好到底是什么。因此，要区别性格的动机和个性的行为里各有什么，可能是一条漫长的艰辛之路。朋友，不要焦躁!

动机无法改变，行为可以训练

了解自己天性中的动机对你的人生意义非同凡响。我想要说明的是：**你的动机——你内在的真实部分，是无法改变的**。

王小波先生对此的描述是：“一个人快乐或悲伤，只要不是装出来的，就必有其道理。你可以去分享他的快乐，同情他的悲伤，却不可以命令他怎样，因为这是违背人的天性的。众所周知，人可以命令驴和马交配，这是违背这两种动物天性的，结果生出骡子来，但骡子没有生殖力，这说明违背天性的事不能长久。”我借此强调，天性中的动机无法被改变。以下是我从银行会计和保险推销员的职业经历中的验证。

众所周知，银行会计的工作性质要求心细如针，将每一个可能的问题防患于未然，并以“宁可错杀一千，绝不放过一个”的心态围剿任何细微的错误，这些再没有比蓝色天性中更擅长的了。然而这并不意味着所有的银行会计都是蓝色，可是我们不能否认，如果你希望胜任这份职业，经过足够的熏陶和训练，任何性格在银行，也会做事日渐谨小慎微，万物摆放有条不紊，在工作场所中的行为越来越向蓝色靠齐。然而，一旦脱掉工装回到家中，立马露出原形，东西随意不拘形式地摆放可能更让红色自在；而对于蓝色来讲，将物品陈列条理本身，就是极富美感的事，两者相差可见一斑。

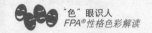

直至保险代理人，道理殊途同归。大凡保险推销，世人皆以为伶牙俐齿、口若悬河最是紧要，这更加深了非红色莫属的印象。然而施以数年足够训练和打磨下的蓝色保险高手，均可在工作时间内对客户的插科打诨做得游刃有余。但任凭白日在外如何活跃异常，黑夜回到自己的空间，蓝色即使半年之内独守空房，观赏着雨点叩击窗沿的滑落，聆听着肖邦的升C小调夜曲，在紧张的节奏与哀痛的抒情之间，任凭音乐抚摸自己完全裸露出来的伤痛灵魂，也能享受那种精神的狂放宣泄与刻骨的心灵颤抖。红色对于蓝色的这种方式则是——难得如此，假装附庸文雅一番，并无问题；超过一周，红色势必揪心，恨不得跑到楼下"家家乐"就算找掌柜的王阿姨聊聊，心情调换一下也不错。红色心情不好当然可以用安静来打发，但并不同于蓝色那种用安静来消化安静，用思考来咀嚼思考的心态。蓝色可以通过内心对话享受内心的孤独和寂寞，而红色的本质确实需要更多地与人群接触。

各位知道，悟空七十二变的造诣早已臻至以假乱真的化境，然无论如何变化，唯一的软肋仍是——怎么变，猴子屁股还是红的。这与"动机"和"行为"的奥妙同出一理。一个粗心的人可以经由训练变得仔细；一个腼腆的人可以经由训练变得主动；一个拖拉的人可以经由训练变得迅速；一个暴躁的人可以经由训练变得沉静。我们可以训练出来很多非性格本色的"行为"，但我们却永远无法改变自己的核心"动机"。

"性格色彩"的功能之一正是教人轻松自在，抛开肩上沉重的包袱，协助我们去除魔障，在生活中找到心灵依靠，拨开外在的"行为"看到真正的"动机"。

动机无法改变，行为可以训练。

当你通过"性格色彩"更深入认识你自己及他人时，你会发现，在一个更奥妙的层次上，"性格色彩"将完整呈现所有心理上的可能性，并将你自己在所有性格中潜在的不同部分显示出来。虽然每个人在天性里的性格无法改变，但是经由修炼和自我认知，我们可以产生新的容纳力量。

第二章　领取你的性格色彩

在进入到每种性格的内心探索前，你需要给自己暂时认定一个身份——你的性格色彩！也许在阅读第一章时，你已经有了自我性格色彩的评价，但有可能你对自己的估计与真正的你是完全两回事，特别是当你总认为自己是“双重性格”或者“非常复杂”。

在我们研讨会上使用的题目是一套极为专业的版本。作为普及大众之用，我从专业问卷中变化出30道题目，期望这些速写勾勒出你性格的基本骨肉。然而务必切记，由于不同读者对辨识自身的难易度不同，速写的答案仅供参考，并非所有人在完成这份试卷后都得到符合自己的真实性格色彩。是否完全吻合你，还是要取决于你在学习过程中的认知、理解和共鸣。也许在你学习过程中，突然从某个故事里寻觅到自己的缩影，从而豁然开朗。

领取你的性格色彩须知

填写速写时，请注意以下事项：

- 在每个题目最能符合你选项前的小方块上打钩，每组只选一个答案。做完全部题目以后，按照最后的要求将各个字母的数字相加。
- 先完成对你来讲比较容易的题目，较困难的随后再来选择，不要停顿。
- 所有问题的答案没有好坏或对错之分，请不要犹豫地确定你的答案。
- 关注你自己的内心世界而非你的工作状态。你的习惯、教育、阶层和年龄常会给你一些误导，如果你很难确认，**请选择让你“最自然的”、“最真实的”反应，而不是思考“最好的”、“最适合的”或者“最应该的”。换句话讲，你回答的问题是“我是谁”，而不是“我应该是谁”或“我想是谁”。**

乐嘉性格色彩速写

说明：在最符合你的句子前打钩。每组只选一个答案，做完全部三十道题目后，按提示计算。（本测试在www.fpaworld.com和乐嘉博客上可下载。）

1．关于人生观，我的内心其实是：

□A 希望能有各种各样的人生体验，所以想法极其多样化。
□B 在合理的基础上，谨慎确定目标，一旦确定会坚定不移地去做。
□C 更加在乎取得一切有可能的成就。
□D 毫不喜欢风险，喜欢享受稳定或现状。

2．如果爬山旅游，大多数状况下，在下山回来的路线我最可能：

□A 好玩有趣，所以宁愿新路线回巢。
□B 安全稳妥，所以宁愿原路线返回。
□C 挑战困难，所以宁愿新路线回巢。
□D 方便省心，所以宁愿原路线返回。

3．在说话时，我更看重：

□A 感觉效果。有时可能会略显得夸张。
□B 描述精确。有时可能略过冗长。
□C 达成结果。有时可能过于直接让别人不高兴。
□D 人际感受。有时可能会不愿讲真话。

4．在大多数时候，我的内心更想要：

□A 刺激。经常冒出新点子，想做就做，喜欢与众不同。
□B 安全。头脑冷静，不易冲动。
□C 挑战。生命中竞赛随处可见，有强烈的"赢"的欲望。
□D 稳定。满足自己所拥有的，很少羡慕别人。

5．我认为自己在情感上的基本特点是：

□A 情绪多变，经常波动。
□B 外表自我抑制强，但内心感情起伏大，一旦挫伤难以平复。
□C 感情不拖泥带水，只是一旦不稳定，容易发怒。
□D 天性情绪四平八稳。

6．我认为自己除了工作外，在控制欲上面，我：

□A 没有控制欲，只有感染带动他人的欲望，但自控能力不算强。
□B 用规则来保持自我控制和对他人的要求。
□C 内心是有控制欲和希望别人服从我的。
□D 没兴趣影响别人，也不愿别人来控制我。

7．当与情人交往时，我最希望对方：

□A 经常赞美我，让我享受开心，被关怀且又有一定自由。
□B 可随时默契到我内心所想，对我的需求极其敏感。
□C 得到对方的认可，我是正确的并且我对其是有价值的。
□D 尊重并且相处静谧的。

8．在人际交往时，我：
□A 本质上还是认为与人交往比长时间独处是有乐趣的。
□B 非常审慎缓慢地进入，常会被人认为容易有距离感。
□C 希望在人际关系中占据主导地位。
□D 顺其自然，不温不火，相对被动。

9．我做事情，经常：
□A 缺少长性，不喜欢长期做相同无变化的事情。
□B 缺少果断，期待最好的结果但总能先看到事情的不利面。
□C 缺少耐性，有时行事过于草率。
□D 缺少紧迫，行动偏缓，难下决心。

10．通常我完成任务的方式是：
□A 常赶在最后期限前完成，是临时抱佛脚的高手。
□B 自己有严格规定的程序，精确地做，不要麻烦别人。
□C 先做，快速做。
□D 使用传统的方法按部就班，需要时从他人处得到帮忙。

11．如果有人深深惹恼我时，我：
□A 内心感到受伤，认为没有原谅的可能，可最终还是会原谅对方。
□B 深深感到愤怒，如此之深不会忘记，同时未来完全避开那个家伙。
□C 会火冒三丈，并且内心期望有机会狠狠地回应。
□D 避免摊牌，因为还不到那个地步，或者自己再去找新朋友。

12．在人际关系中，我最在意的是：
□A 得到他人的赞美和欢迎。
□B 得到他人的理解和欣赏。
□C 得到他人的感激和尊敬。
□D 得到他人的尊重和接纳。

13．在工作上，我表现出来更多的是：
□A 充满热忱，有很多想法且很有灵性。

□B 心思细腻，完美精确，而且为人可靠。
□C 坚强而直接了当，而且有推动力。
□D 有耐心，适应性强而且善于协调。

14．我过往的老师最有可能对我的评价是：
□A 情绪起伏大，善于表达和抒发情感。
□B 严格保护自己的私密，有时会显得孤独或是不合群。
□C 动作敏捷又独立，并且喜欢自己做事情。
□D 看起来安稳轻松，反应度偏低，比较温和。

15．朋友对我的评价最有可能的是：
□A 喜欢对朋友述说，也有感染别人的力量。
□B 能够提出很多周全的问题，而且需要许多精细的解说。
□C 愿意直言想法，有时会直率而犀利地谈论不喜欢的人、事、物。
□D 通常与他人一起时是倾听者。

16．在帮助他人的问题上，我内心的想法是：
□A 别人来找我，不太会拒绝，会尽力帮他。
□B 值得帮助的人应该帮助。
□C 很少承诺要帮，但我若承诺必兑现。
□D 虽无英雄打虎胆，常有自告奋勇心。

17．面对他人对自己的赞美，我内心：
□A 没有也无所谓，特别欣喜那也不至于。
□B 我不需无关痛痒的赞美，宁可对方欣赏我的能力。
□C 思考对方的真实性或立即回避众人的关注。
□D 赞美多多益善，总是令人愉悦的。

18．面对生活，我更像：
□A 随和派——外面的世界与我无关，我觉得自己这样还不错。
□B 行动派——我不进步，别人就会进步，所以我必须不停地前进。
□C 分析派——在问题未发生之前，就该想好所有的可能。
□D 无忧派——每天的生活开心快乐最重要。

19．对于规则，我内心的态度是：
□A 不愿违反规则，但可能因为松散而无法达到规则的要求。
□B 打破规则，希望由自己来制定规则而不是遵守规则。

☐C 严格遵守规则，并且竭尽全力做到规则内的最好。
☐D 不喜被规则束缚，不按规则出牌会觉得新鲜有趣。

20．我认为自己在行为上的基本特点是：
☐A 慢条斯理，办事按部就班，能与周围的人协调一致。
☐B 目标明确，集中精力为实现目标而努力，善于抓住核心要点。
☐C 慎重小心，为做好预防及善后，会不惜一切而尽心操劳。
☐D 丰富跃动，不喜欢制度和约束，倾向于快速反应。

21．当我做错事时，我倾向于：
☐A 害怕但表面不露声色。
☐B 不承认而且辩驳，但内心其实已经明白。
☐C 愧疚和痛苦，容易停留在自我压抑中。
☐D 难为情，希望逃避别人的批评。

22．当结束一段刻骨铭心的感情时，我会：
☐A 很难受，可日子总要过，时间会冲淡一切的。
☐B 虽然受伤，但一旦下定决心，就会努力把过去的影子甩掉。
☐C 深陷在悲伤的情绪中，长期难以自拔，也不愿再接受新的人。
☐D 痛不欲生，需要找朋友倾诉或者找到渠道发泄，寻求化解之道。

23．面对他人的倾诉，我回顾自己大多时候倾向于：
☐A 能够认同并理解对方当时的感受。
☐B 快速做出一些定论或判断。
☐C 给予一些分析或推理，帮助对方理顺思路。
☐D 可能会随着他的情绪起伏而起伏，也会发表一些评论或意见。

24．我在以下哪个群体中交流较感满足？
☐A 舒服轻松的氛围中，心平气和地最终达成一致结论。
☐B 彼此展开充分激烈的辩论并有收获。
☐C 有意义地详细讨论事情的好坏和影响。
☐D 很开心并且随意无拘束地闲谈。

25．在内心的真实想法里，我觉得工作：
☐A 不必有太大压力，可以让我做我熟悉的工作就很不错。
☐B 应该以最快的速度完成，且争取去完成更多的任务。
☐C 要么不做，要做就做到最好。

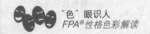

□D 如果能将好玩融合其中那就太棒了，不过如果不喜欢的工作实在没劲。

26. 如果我是领导，我内心更希望在部属心目中，我是：

□A 可以亲近的和善于为他们着想的。
□B 有很强的能力和富有领导力的。
□C 公平公正且足以信赖的。
□D 被他们喜欢并且觉得富有感召力的。

27. 我对认同的需求是：

□A 无论别人是否认同，生活都是要继续的。
□B 精英群体的认同最重要。
□C 只要我在乎的那些人认同我就足够了。
□D 所见之人无论贵贱都对我认同那有多好。

28. 当我还是个孩子的时候，我：

□A 不太会积极尝试新事物，通常比较喜欢旧有的和熟悉的。
□B 是孩子王，大家经常听我的决定。
□C 害羞见生人，有意识地回避。
□D 调皮可爱，乐观而又热心。

29. 如果我是父母，我也许是：

□A 不愿干涉子女或者容易被说动的。
□B 比较严厉或能直接给予方向性指点的。
□C 用行动代替语言来表示关爱或者高要求的。
□D 可参与到孩子们中一起玩，孩子的朋友们热烈欢迎的。

30. 以下有四组格言，哪组里整体上最符合我的感觉？

□A 最深刻的真理是最简单和最平凡的。
要在人世间取得成功必须大智若愚。
好脾气是一个人在社交中所能穿着的最佳服饰。
知足是人生在世最大的幸福。
□B 走自己的路，让人家去说吧。
虽然世界充满了苦难，但是苦难总是能战胜的。
有所成就是人生唯一的真正的乐趣。
对我而言解决一个问题和享受一个假期一样好。
□C 一个不注意小事情的人，永远不会成功大事业。

理性是灵魂中最高贵的因素。
切忌浮夸铺张。与其说得过分，不如说得不全。
谨慎比大胆要有力量得多。

□ D 与其在死时握着一大把钱，还不如活时丰富多彩。
任何时候都要最真实地对待你自己，这比什么都重要。
使生活变成幻想，再把幻想化为现实。
幸福在于对生命的喜悦和激情。

前 1–15 题合计数		后 16–30 题合计数	
A 的总数	（ ）	A 的总数	（ ）
B 的总数	（ ）	B 的总数	（ ）
C 的总数	（ ）	C 的总数	（ ）
D 的总数	（ ）	D 的总数	（ ）
小计	15	小计	15

性格色彩的分值

现在把两部分的数目汇总在一起，你将得到你的性格色彩速写。

红色：前 A + 后 D 的总数（ ）
蓝色：前 B + 后 C 的总数（ ）
黄色：前 C + 后 B 的总数（ ）
绿色：前 D + 后 A 的总数（ ）

总计　　30

速写诠释基本原则

本测试可以使你领取属于你的性格色彩，同时也可知道自己大概的组合。例如，你在红色上的总数是20，几乎毫无疑问，你是标准的红色性格；又比如，你在黄色是15，红色是11，其他各为2，你将是黄＋红的性格。

总分中数目最大的字母，是你的核心性格，也就是你天性中最重要的“动机”的性格。其他字母内的分数代表你整个性格中组合的整体比例。你的核心性格主色只有一种，不同的性格主色产生一个最重要的“动机”。而你的性格可能是一种，也有可能是两种的组合。

本测试题目旨在测试你的“性格”而非你的“个性”，测试你的“先天”

而非你的"后天"。但仍会有一部分读者很难判断哪种色彩是先天哪种色彩是后天。如果你在做题过程中，严格符合测试说明，你将了解自己性格本源的力量。

天性中的性格，基本是以下12种情况：

- 典型的红色
- 典型的蓝色
- 典型的黄色
- 典型的绿色
- 红＋黄
- 红＋绿
- 蓝＋黄
- 蓝＋绿
- 黄＋红
- 黄＋蓝
- 绿＋红
- 绿＋蓝

在性格组合当中，同样的搭配因为主色和次色的顺序不同，虽然整体风格接近但具体行为有诸多差异，诸如红＋黄与黄＋红，两类性格皆属于"红黄配"，但前者更注重人生的"快乐和自由"；而后者更注重人生的"成就和控制"。

在性格组合当中，没有列出"红蓝配"（红＋蓝、蓝＋红）和"黄绿配"（黄＋绿、绿＋黄）的四种组合，是因为红与蓝、黄与绿是两对完全相反的性格。两种完全相反的性格共同组合在一个人身上，必有另一个是受到强大的后天影响。这种人将在很多时候呈现极大的内心困惑。挖掘出真正的自己，对他们而言，是所有人中最迫切需要的!

如果你有某个色彩的分数达到所有问题的一半，那你的这种性格非常典型。在本书当中，你将看到有时会有"超红""超蓝""超黄""超绿"等词汇出现，"超"的字数越多，代表性格色彩的特质越明显。你的性格色彩，将少有可能30道题目都是百分之百的单纯色彩，学会平衡对我们每一个人都是弥足珍贵的。在我的下本书《"色"眼再识人》中，读者可以更清楚看到不同性格的过当和局限性，更深入更立体地穿透不同性格的内心世界。

大部分人会发现这30道题目的结果，证实和加强了他们对自己的看法。也有些人会觉得做题的结论，与他们看书中的描述与自己的评估不同。如果你的测验结果显示，你在两个甚至三个性格色彩上出现了几乎同样的高分（比如红色13黄色13蓝色3绿色1，或者红色10蓝色8黄色9绿色3），在这样的情况下，相差无几的分数会让你迷惑，到底哪个才是你真实的性格色彩?**既然每个人都是一个复杂的个体，本书各章中的描述可能比这个简单的测验更可靠地呈现出你的真实心理动机。解决这个问题的关键是：阅读本书中关于性格动机和行为的详细解释和来龙去脉。**记住——看书的感受比单纯的分数更加重要。如果你阅读后依旧无法判别自身，也许你需要参加我们的个人研讨会。

在完成了"乐嘉性格色彩速写"后，现在，你已经发现了自己拥有了一个全新的色彩身份。接下来，就让我们进入到探讨这个身份背后意义的神秘之旅吧。

第二篇

天赋潜能——性格色彩优势

第三章　红色优势

阳光心态　积极快乐

红色发明了飞机，蓝色发明了降落伞

“积极的人像太阳，照到哪里哪里亮；消极的人像月亮，初一十五不一样。”此话来对比红色和蓝色再恰当不过。红色总能在一大片乌云上看到彩虹，也许你会看到他泄气，不过很快这种沮丧便会被新的吸引点转移。两个不同的人看到半杯水，红色也许就是那个说“太好了，还有半杯水”；而蓝色却是说“真糟糕，只剩下半杯水了”的人。

红色发明了飞机，蓝色发明了降落伞；
红色发明了游艇，蓝色发明了救生圈；
红色建造了高楼，蓝色生产了救火栓；
红色发射了飞船，蓝色办了保险公司。

以红色的阳光心态来看，阿Q和鲁宾逊，这两个看上去风马牛不相及的人物都共同具备。只不过，前者是消极的，而后者是积极的。阿Q的精神胜利法，每每在遭受了无端屈辱，感到无可奈何时，利用这种方法来消除内心的痛苦，使自己快乐起来。而鲁先生一到荒岛，在克服了最初的绝望后，立即投入了征服大自然的革命中。他们的差别在于：阿Q在与现实相矛盾的虚拟世界中享受低层次的“阳光心态”；鲁宾逊在与现实相吻合的真实境界里享用高层次的“阳光心态”。如果你需要对这种健康和阳光的积极心态做一个彻底的感受，可以看看余华的小说《兄弟》上部，书中的父亲宋凡平堪称近乎经典的红+黄的性格代表。

如果说黄色的正面思考是源于他们的“不服输”，更侧重在解决问题上；那么，红色的正面思考，更多地是因为他们天性习惯于“向往快乐和美好”的动机，更侧重在精神上的鼓励和暗示。

头一天宋凡平还是挥舞大旗走在人群最前面的斗士，第二天就成了戴着高帽游街的“地主宋凡平”。李光头的童言无忌更使他吃尽了苦头——他被关进仓库，遭到毒打。然而，

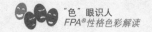

他告诉两个孩子自己被打折的胳膊是在休息，教他们扫荡腿，教他们怎么到河里捉虾，他给远方的妻子写信，把自己描绘得春风得意，他一直在家人面前捍卫生活的美好假相,以鼓励家人快乐地有勇气地生活。

病床前的烟花

生活中，很多人都有亲人住院的经历，当你最爱的亲人病重时，你会如何?同样是关爱,每种性格所采用的方式不尽相同,不同的人用自己擅长的不同方式来表达。

蓝色更宁愿从生活起居到饮食护理，默默地给予无微不至的考虑。每每蓝色坐下，兵分两路，一方面开始唠叨当初你怎么不听她的话，为什么这么不小心；另一方面，也从没有懈怠搜寻一些民间偏方，或者弄个什么当归乌梅炖羊尾巴放冰糖之类的煲汤。对于护士挂的盐水瓶流量过快、护工做事的马虎、医生遗忘了定时查房这种事，绝不会轻易放过。他们把照顾亲人当成一件工作来严阵以待，这在无形中可能会让病人造成一种精神负担。

黄色因为一切以解决问题为主，他们会控制自己内心的伤痛，不惜一切代价寻求最好的医院、医生和药物，把你的病治好才是真的。上医院探视时，倾尽财物“不求最好但求最贵”地奉上补品，当然这样做有时黄色难免会忽略情感的关怀。

绿色是让你最为轻松舒服的陪护人。绿色能让病人觉得生病并非很糟糕的事，比如同样是给病人做食物，蓝色可能会说：“你把这个都吃了，这个很好。”也许病人没有好胃口，他也只会说：“这个食物含有……，你很需要。”而绿色则会把制作过程中出的洋相夸大，这样让病人来笑话自己，从而没有胃口也促进多吃。

惟独红色最搞笑。厉害的红色，可以把你逗得生病似乎是件非常幸福的事儿。经常拿个什么小猫小狗小熊之类的玩意来让你开心开心。进了病房以后，开始用红色特有的哈哈大笑感染着你，病房里其他的病友也都跟他混了个脸熟和亲切。

早年我的一位老师在年少时，她父亲患了重病住院，她不得不打临工减轻家里的经济负担。春节前夕，她拿到相当于一年学费的第一笔收入50元钱。而在当时家里经济条件紧张的情况下，居然毫不犹豫地把这50元钱全部用来买了烟花爆竹。除夕夜在父亲的病房外放了2个小时，绚烂的烟花照亮了整幢病房大楼，越来越多的病人聚集到窗前，一张张苍白憔悴的脸上慢慢展开了笑颜。

活着时愉快些，因为你将死得很久很久

为什么与其他性格相比，红色总是很多时候看上去嘻嘻哈哈，人生中很多烦恼从不当回事儿？《超级访问》在国内访谈类节目中，享有不错的口碑，两位红色的主持人戴军和李静配合得煞是有滋有味。来看看记者采访李静时，她的自我评述：

从小我妈就骂我是"狗熊掰棒子"，记性不好，可没想到现在还没改好。不久前曾有一位记者采访我，让我说说这三年是怎么苦过来的。我苦恼地说："我想不起来了。"那位记者继续提醒："比如你们最艰难的时候，你想什么了？干什么了？"我说："我就是把最难的那段给忘了。"那位记者很失望，估计之后会骂我"装蒜"。可我说这话的确是真的，我患上了选择性失忆症，只记高兴的，忘了痛苦的，而我又不太希望去治这病，一辈子只记高兴的事儿不是挺好的吗？

红色和蓝色在人生观这上面的巨大差别，从汉魏时期无名氏所做的诗中可一览无遗："人生不满百，常怀千岁忧。昼短夜苦长，何不秉烛游。"写出这首诗的，非红色性格莫属，大抵是用来嘲讽蓝色那种"经常忧虑"的人生态度。一反一正，把蓝色的终生忧虑与红色放情享受的人生的态度鲜明地对立起来。

健康的红色能随时看到美好的一面，即使是他们不理解或未曾思考过的事物都能使他们快乐。生命的黑暗和死亡的阴影，都无法令他们忧虑。奇妙的是，当他们对生命抱以开放和接受的态度而不苛求时，生命带给他们的意义却更加丰富。

激情澎湃 梦想万岁

"情种、情痴、情圣"的本质

红色具备"生命的激情"包括两方面的含义：其一，为人感性。其二，情感上的高度丰富。

感性

当年我寝室里的红色同学小文，和外校的一个女生谈了恋爱。每天回到寝室里就激动得背诵勃朗宁的诗歌，然后第二天迅速到女友那里去贩卖。每次女生写给他的信件总是无比急迫地在寝室里给几个哥儿们传阅，让我们一同分享他内心的喜悦和分析对方的心理。其实，谁都明白，顺便他也可炫耀一下自己的辉煌战果。小文当时是我们学校乐队的小号手，刚谈恋爱时经常一阵激动，每每亢奋，便与女友通话，通话间隙突然让那边电话别挂，然后穿着一个大裤衩，就在寝室的电话这头吹奏起《今夜无人入睡》的片段。

李敖演讲曾提及自己当初追求女生的一个名段："送你18朵玫瑰，仔细数数只有17朵，还有一朵就是你。"类似这样的把戏，当年在我这个红色同学那儿，早已目睹过无数次的演绎。比如说：他号称在这个礼物里装的是这辈子最爱的女人，结果打开一看，是个化妆镜。按照小文的说法，他的偶像就是英国的温莎公爵。此公早就看到"江山没有美人可爱"，所以"人间情圣"的称号赋予红色是完全有道理的。不要江山要美人，在内心深处往往以"情感"代替"目标"来支配行动，这也是我更愿意给红色定义"感性"的原因。

情感丰富

文学与恋爱，在郁达夫是互为表里的。恋爱的激情本来就已融化在他的血液之中，观其一生，无时不在飞扬着由恋爱所激发的才情，然后表现到文学创作之中。同样，他的恋爱经历也如同他的文学名篇一样，焕发着迷人的光彩。

郁达夫的成名小说《沉沦》中的原型正是自己。当他十三岁还在小学时，性意识就开始萌动，与相邻的"赵家少女"有过初恋之情，大约在同一时期，他还与倩儿等两位姑娘有过类似的恋情。后来在日本留学期间，又曾与后藤隆子、田梅野、玉儿等产生过恋情。后藤隆子是郁达夫宿处附近的"小家女"。郁达夫每次从学校到市上去，都要从她家旁边经过，遂产生情愫，并为她写下了四首诗。田梅野是名古屋旅馆的侍者，郁达夫与她交往数月，同样也为她写有诗词。玉儿也是侍女，郁达夫为她所写的情诗"玉儿看病胭脂淡，瘦损东风一夜花，钟定月沉人不语，两行清泪落琵琶"至今为人称道。郁达夫风流倜傥，浪漫多情。1921年他赴安徽政法学校执教时，又结识了一位妓女海棠姑娘，他每日任教结束，必到位于城外的海棠姑娘处。而由于有早课，他又必须凌晨时分早早赶到城门洞里，耐心地等城门打开。

如果你真的能做到，在看本书时，不以道德层面来衡量性格的优缺善恶，你才能避免给红色的情感丰富扣上一顶"道德败坏"的帽子。事实上，从《星星、月亮、太阳》遍布的胡适到张爱玲的男友《今生今世》的胡兰成；从"半为苍生半美人"的国学大师文怀沙到被冰心誉为"最像一朵花的男人"梁实秋；从浪漫诗人郭沫若到天才诗人徐志摩，无论以上情种、情痴、情圣，均以"感人心者，莫先乎情"为创作要旨。

林徽因为何没有选择徐志摩？

林徽因（黄+蓝）在婚姻中最终选择了梁思成（蓝色）的建筑，而没有选择徐志摩（红色）的诗。她在选择时也许不一定认清了情感的真正价值，也不一定了解什么红蓝黄绿。但我相信，那时她定是感受到蓝色的梁思成，相比较红色的徐志摩更值得被信托。而付出的相应代价就是，她在梁思成那里永远也没法体验到一种轻盈的飘逸的美得醉人的快乐。

林徽因没有嫁给徐志摩她自己曾经有句话说过，大意是：对于徐的浪漫主义她是欣赏的，可是却不现实。林是个现实主义者，而梁是个性情木讷而又实在的人。在美国学习的时候，林有很多思想，用笔表达不行，而一旦梁在身边，梁总能以其深厚的建筑画功底将林的思想淋漓尽致地表达出来。在思想上，林和徐是很接近的，可在事业上，林和梁是完美的一对。按照林徽因的评价，她说志摩有"孩子似的痴与纯净的天真"，说"他愉快起来，快乐的翅膀可以碰到天；忧伤起来，悲戚是深得没有底”。我相信林徽因如果再有一次选择的机会，大约也不可能再选择徐志摩——美丽的诗毕竟不能成为她所痴迷的安定生活，徐志摩的浪漫在于他的天真、纯朴、真诚，也注定他的飘忽不定。

除了在事业上林徽因与梁思成的互补外，有一点可以确定，林徽因没选择徐志摩的性格因素是——虽然她是如此喜爱红色性格的浪漫，但又必须担忧他红色性格的轻狂。当她觉得无法把握和掌控的时候，她宁可选择离去。

无论从郁达夫还是徐志摩的身上，我们都可以感受到红色在情感上的丰富性，“浪漫多情”大多都是指红色。正因此，胡适发出了“醉过方知酒浓，爱过方知情重”的感慨。这与郁达夫的“曾因酒醉鞭名马，生怕情多累美人”简直是一个模子里刻出的。我们再来看小说中的人物，从《天龙八部》的段誉到段誉的老子段正淳，再到古龙小说中的陆小凤、楚留香、《多情剑客无情剑》的李寻欢，甚至连《红楼梦》里的贾宝玉，这种以红色男性为主人公的小说，注定了小说的基本旋律无一例外，都有着情感上数不完的纠葛。

四种类型的梦想

用“梦想家”这三个字来形容红色，是再贴切不过的。黄色对目标的无限追求，注定是四种性格中梦想最大的，但是以梦想的多样性而言，他们与红色仍旧是两个完全不同的路数。

黄色因为他们的现实主义，在订立梦想中，更加注重的是“成功”，他们通过社会价值的认可来为自己划上满意的逗号，因为黄色不会也不愿给自己划句号，他们有创造更大更多的欲望。

而对红色而言，因为他们的浪漫主义，他们更加看重的是人生的“体验”。红色内心对于体验的强烈尝试心态，对于一切能够触动他心灵的新事物，有着相当的好感甚至狂热。

> **黄色的现实主义，在梦想中更加注重的是成功；**
> **蓝色的古典主义，小心合理地判定自己的梦想；**
> **绿色的稳定主义，更加宁愿不冒风险安于现状；**
> **红色的浪漫主义，更加看重的是人生的体验。**

红色热衷于体验，他们的浪漫主义色彩，注定了红色的人生是所有色彩中最有变化性的。红色比其他性格更容易尝试完全不同的人生感受，因为对生命的好奇，他们可以把一辈子当几辈子过。在香港四大才子中，除了金庸以外，倪匡、蔡澜、黄霑三人又被称作香江三大名嘴，这三位无一例外均是红色性格。

风流才子蔡澜，天生好玩，凭着一股好玩好动的热情和冲动，很多事业就是这样干出来了，如投资打造了一个香港电影的黄金时代、主持电台电视节目、写作、开餐厅、搞美食团……多不胜数。他写美食、嗜酒、爱篆刻、跟名师习书法绘画。称自己不做电影还可以去磨豆腐、酿酱油。

黄霑曾在广告界工作过一段时间，"人头马一开，好事自然来"这句广告词就出自他的手笔。他文采飞扬，个性洒脱，他被称为四人中的"鬼才"，他的想法、创意总让人拍案叫绝。黄霑著作甚丰，其中《不文集》这本黄霑早年所讲的性笑话合集已再版61次，至今仍无人打破。

倪匡精通三艺：文艺、园艺、厨艺。嗜好养鱼、种花、集贝壳、木工、烹饪、古典音乐等等，皆是由迷转痴，由痴变狂。人生阅历丰富，什么苦难都尝过，却仍认为一生最值得追求的东西是快乐。倪匡的个性极端情绪化，难得不糊涂。率性放任，热情爽朗，慷慨侠情。绝对的自由主义，不喜欢受约束，不爱争胜负，不喜欢正经八百，也绝不会道貌岸然。

请你关注这三位都表现出了生命中强烈的兴趣上的多元性。红色就像毫不停歇的永动机，大脑里面永远充满了罗曼蒂克的幻想色彩。健康的红色会让他们的无限遐想通过努力逐渐转变成为现实，而遗憾的是那些没有自制力的红色却疏于行动，很多梦想最终堕落为空想。因此，与其说堂吉·诃德是西班牙的最后一位骑士，莫如说他是超级富于幻想的红色代表人物。当然，如果红色不停地空想，再加上夸夸其谈，一不小心，变成"纸上谈兵"。

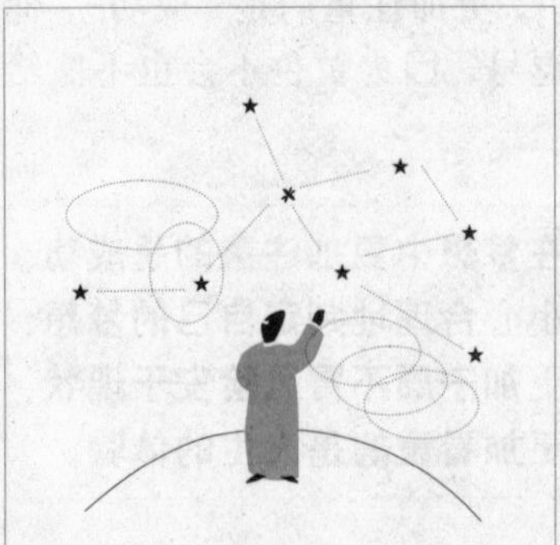

典型的红色因为缺少黄色对于目标的执着，他们总让你觉得——不是活在现实中的人群。然而，正因为红色的体验情结，他们是最有能力尝试不同的人生的性格。尤其是红＋黄性格，他们一旦能够发挥出红色的想象与黄色行动力的优势，很容易在多个不同的领域取得人生的丰收。从以下媒体对张朝阳的介绍中，你可以完全体会到一个红＋黄性格的雀跃梦想以及驱动之路。

1986年，张朝阳在麻省理工学院就读物理学博士时，肆意放纵自己的青春，渴望用超前的行为获得人们的目光，他说："当时我的梦想非常crazy，想做好莱坞明星。后来，我真的去广告公司拍了一个广告。我还梦想着能像迈克尔·杰克逊那样跳舞——跳那种自己发明的、别具一格的舞。"他从来不存钱在银行，钱都用来买敞篷车。并且，开车路过商店时，要来个急停掉头，进店买一副墨镜戴上……穿衣服一定要穿POLO。张朝阳的目光中饱含笑意："甚至，我还梳过马尾辫。我希望过非常cool的生活。"如今，年过不惑的张朝阳，他张扬地跳起摇滚、街舞，玩着蹦迪。并且宣布，现在跳街舞和迪斯科都是补课，补年轻时未上的课。

现在，你能明白，张朝阳为何是国内唯一在时尚杂志封面展示肌肉的商业领袖。包括北京SOHO现代城的潘石屹、美国地产大王特朗普、维珍航空的总裁布兰森也是属于这种为宣传亲自操刀上阵的路数。这样的事情是无论如何在另外三种性格身上少见的，只有红色，才有可能用与众不同来表达个性的张扬和无所畏忌，与此同时，他们强烈地需要体验自我！童话大王郑渊洁为此做了最好的注解："我只喜欢两种出行方式——乘坐地球在宇宙中旅行和搭乘生命之舟经历人生。"

热情开朗　喜欢交友

我的字典里没有"陌生"这两个字

假设你被要求去出席一个盛大的陌生聚会。在这样的场合，不同性格的人会如何反应？

也许红色天生就活在人群中，当他们闻到人群的味道时，全身上下的细胞似乎立即充满了激情和干劲。这就是为什么红色那么热衷于参加各式各样有关无关的活动，在那些充满小资、奢华或山野的活动中，他们体验到玩乐的真谛。

典型的红色对人有着高度的兴趣，这使他们容易打动别人。他们关注他

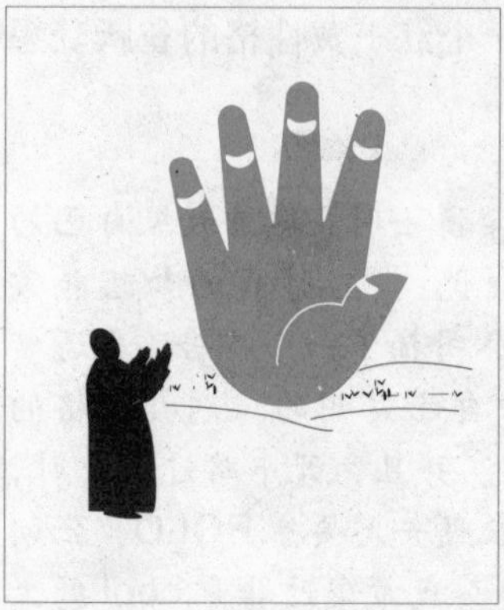

人对自己的看法和评价。他们喜欢成群结队地去旅游或者去某个地方。有些人也许只喜欢有一个亲密的朋友，而典型的红色绝不会那样，他们喜欢拉帮结派和群众运动，在团体的气氛中他们感觉到了快乐。

进入到陌生社交场合的红色与其他性格相比，更容易迅速融入环境，他们会非常自然主动地与周围攀谈作为最容易信任他人的性格，红色始终相信，每个人都有可能是我的朋友，虽然不至于像乔·吉拉德所说"我从来没有遇见一个我不喜欢的人"那样夸张，但至少红色开放和接纳的心态，让他们能够快速地和陌生人打成一片，结交起一大批的朋友。

在典型的红色字典里是没有"陌生"这两个字的。当他们晚上离开聚会时，除了今天晚上是否玩得尽兴开心以外，他们享受被人关注和喜欢的感觉；他们期待能够交换上一叠名片，以认识人员的数目多寡来衡量今天的战绩；而这些对于蓝色来讲，是显得那样不可思议。对于其他人来讲，红色喜欢谈论故事和笑话，模仿其他人，让你笑个不停。当他们离开房间的时候，你会突然感到房间的温度下降了，降温的原因是因为那个充满喜悦的红色走了。

正因为红色的热情和开放的情怀，他们散发出的感染力吸引了相当的人群，相比较绿色的温和与接纳的情怀而形成的"亲和力"，红色的亲和力更具备个性魅力的要素；而蓝色因为他们的严肃和距离感，往往很难建立容易亲近的感觉；黄色就更不要提了，我至今仍旧记得珠海格力电器公司总经理董明珠，在回答"工作中如何体现女性的柔性一面"的访问时曾说："工作中没有柔情可言，女性领导不是靠亲和力来解决问题"，"杀机"毕现，遑论"亲和"？

花蝴蝶和冷美人

就像异常活跃的红色女性有着"花蝴蝶"或者"交际花"的美誉一样，蓝色女性总是给别人"冷美人"般的距离感。蓝色始终认为"我不认识你，为什么我要相信你？"所以我宁愿多花些时间，先来进行彼此可能建立关系的探索。

进入到陌生场合人群中的蓝色，不像绿色那样，首先便找个地方坐下开始享受“能坐着绝不站着，能躺着绝不坐着”的千秋大梦。绿色才懒得去思考到底周围发生了什么，旁观本身就已经是一件无上的享受了；他们也不像黄色那样直截了当，目标明确，以能学到什么或交换到什么新信息或认识了几个可能对我有未来影响的人为最高目标；蓝色就是蓝色，在众人皆醉我独醒的心态下似乎在思考着什么，一旦发现能对上眼的，在半推半就的含蓄下展开交流。当晚会结束时，会因为找到了一个可以深入交流的知己而认为自己今天非常值得。

在对于朋友的定义上，蓝色秉持的是“人生得一知己足矣！”的人生哲学，红色则更加宁愿是“普天之下，莫非我友”的人生态度。

红与蓝，有着两种完全不同的思维和价值观，两种人对于“朋友”的定义完全不同。这也难怪蓝色总是认为红色是那么肤浅，因为对于蓝色来讲，过滤朋友的圈子是起码的事情。一个人怎么可能有那么多的朋友呢?而红色也为蓝色那种爱理不理的冷漠所气愤，以红色的角度来讲，扩大朋友圈并享受朋友遍天下的感觉，是符合他们的价值观的。

黄宗江的女儿曾撰文评价她红色的老爸是如何好客以及为何好客，这也许对于蓝色，是很好的理解并进入到红色内心世界的一个切入点：

爸爸好吃且好客。他什么都能忍受，惟独没有朋友不能忍受。家中有了什么好吃的，爸爸必要找个“吃音”来共享。他的观点是一个人吃没味儿。老妈抗议了：“有事没事的把人找来，一谈就是大半天，你那些东西什么时候写啊？少会点客吧！”爸爸原则上接受妈妈的劝告，提笔写了一张布告“写作时间，概不会客”。当然这种布告的无效是可以预见的。妈妈只好另想办法，在外面为爸爸借了一间小屋。爸爸自己还主动提出：“地址保密，有人问就说躲起来写东西去了。”可不到一个礼拜，爸爸的朋友几乎比我们还熟悉他的新地址。而且我家的饭桌旁，基本上还是每日一客。这客从何而来呢？秘密终于发现了。原来爸爸人是走了，可电话比人走得还快：“喂，我已经躲起来写东西了，地址保密。不过我还想找你谈谈。这样吧，你坐无轨……回头一起到我家吃工作晚餐。”

对大多销售人员来讲，红色早期上手更快，因为他们的人际关系宽而浅；而蓝色在早期开拓不力，完全是因为他们在拓展人际关系的宽度上有着自己的困难，他们的人际关系是窄而深。

这就是他们的一见钟情

红色是社交场合的开心果，他们笑口常开、与人相容无间的能力，来自于内心对人们的喜爱，这让他们不必祈求芝麻开门，也能在绝大多数的场合里，成为受人欢迎的明星。他们心无芥蒂的特点使人们愿意亲近他们，红色的内心非常开放，所以和他们的关系非常明白而且容易保持。他们不像蓝色那样难以捉摸，像黄色那样忽略情感上的沟通，或像绿色那样永远的不温不火，他们总是一副大大咧咧、无忧无虑的样子，其他人寻求红色成为朋友，有很大程度上正是因为他们这样的作风。

红色代表着生命中的狂热和喜悦，他们一路上免费地散发兴奋和派送活力给每一个能够遇见的人，并且具备把日常生活幻化为派对的魔术。

我红色的同事在去黄山旅游途中看到了一个自己喜欢的女孩，还没等我们反应过来，他已经径直走上前去和女孩说，自己很饿也没有东西吃，可不可以把她正在吃的面包掰了一块给他。估计那女孩也是超红的，立马从包里拿出一大块给他，不到十分钟，两人的感觉如胶似漆，你还在琢磨这种恋爱的火箭速度是真是假时，也不得不为他们的社交技巧叫绝。

若是其他性格的人，怕是打死也做不出这样的事儿，不要说做，恐怕就是想也想不出来。因为红色乐于与人交往，不少红色男性对女孩张口就是："广袤的天空上飘着水晶色的小雨，我从阳台上摔下来，先看见了星星，然后就看见了你。"红色，容易在四种人中成为结交朋友速度最快、朋友最多的人。

红色是令人愉快的伙伴。而且他们的活力与热情具有感染力，能够辐射到周围，和这样的人相处时，总是充满乐趣而且容易被他们活泼的精神所感动。

童心未泯　富有趣味

76岁耍弄英文的老太

我在研讨会每每问到学员：《射雕英雄传》中红色代表人物姓甚名谁？众人

当下回应：黄蓉（红＋黄）、周伯通（红色）和洪七公（红＋黄）。为何从不见把黄药师、欧阳峰或一灯大师归属到红色中?虽然众人并不深谙性格奥妙,但此三人现身书中或是电视时，总有喜事发生，比之黄药师的僵尸脸、欧阳峰的死鱼脸和一灯大师的和尚脸，他们三人看上去更让人们开心。如果说黄蓉的红色是因她的古灵精怪，那“老顽童”周伯通和“北丐”洪七公两位的红色，更是因没大没小、极有童趣所起。

想起以前住对门高龄76的阿婆，精神矍铄。某日我在家中练功，次日清晨老太见到我眯着小眼喜气洋洋地说：“小弟，昨天是你在吹笛子吧，赶明儿能不能帮我也弄个，教我吹吹？我现在在老年大学每天学弹琴，家里刚买了一个，回头你有空，也到我家里来玩琴。”老太太腿脚不好，隔天就到医院去检查一次，却从没见她愁眉苦脸。据他儿子和我说，更厉害的是老人家在电脑上打麻将兼学英语，每每孙女电话打进的时候，操起电话朗朗道“Hello, my dear grand daughter”。没过多久，我居然在电视上面看到她的形象，原来老太太还业余到上影厂作群众演员。

活到这份上，还能有这样的激情和童心，实在佩服得紧。红色因为他们的好奇心和一颗永远长不大的童心，那些穿着花棉袄蹦来蹦去的老顽童多出于此。相比之下，这总比整天坐在太阳下面，一边晒着太阳，一边埋怨今儿太阳没有昨儿好的蓝色小老太太要明媚许多。那日我问76岁的老太，为何对这么多事情都有兴趣，老太太看着我，牙齿里蹦出两个字“好玩！”然后自己大笑起来。

虽然红色也会被一些事物困扰，但他们对自由的强烈渴求，将本能地分辨出包袱并且毫不犹豫地甩开它。

无论是黄色还是蓝色，他们都无法理解“红色为何那样幼稚？”为何会因为一个水煮鱼的味道不错，就亢奋上一周，不停地告诉他的朋友们如何地美妙。他们无法理解红色始终认为人生镶满了金色的花边，很少被感情的包袱和细节缠上身。

一个全部是红色的家庭

因为红色的童心，当他们为人父母时，他们会饶有趣味地和孩子们一起趴在地上玩着积木，他们会让自己适时地扮演着大马或者小狗，和小朋友们全身贯注地游戏。自然他们更容易得到孩子们的欢迎，而他们的家里也最经常地成为孩子们的聚集地，这在蓝色和黄色的父母身上鲜见。

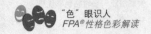

黄色的父母，是绝对不会允许自己趴在地上与孩子们混在一起，这恐怕会降低自己的身份和尊严；蓝色如果发现地上弄成一团糟，一面内心皱起了眉头，一面要求他们迅速转移；绿色就像动画片《狮子王》里王后沙拉碧那样，总是仁慈耐心地观望着孩子们的一切，然后温柔地呼唤"孩子们，快来吃饭了"；惟独红色可以做到不仅欣赏，而且参与其中，在红色看来，开心是最重要的。

在一个全部都是红色性格的家庭里，红色的夫妻双方会为了早上的被子谁来叠，而饶有兴趣地争论个不休，按照石头剪刀布的规则比拼后，老公负担了这样一个光荣的任务。正当妻子欢喜地跑进厨房时，老公突然跳到后面，双手叉腰充满兴奋地宣布："我，叠好了！"回屋一看，差点气晕，原来只是把被子推到中间鼓起一个蒙古包的形状，还没等妻子反应过来，红色老公得意道："看到没有？这是我今天折的小丘型，今天我们不做面包型（以前叠被子的方块状），怎么样？"

这种家庭的氛围，虽然我们不得不承认也许会有点混乱无序。可是那种无拘无束，那种童趣，那种永远年轻的心态，真是不得不让人羡慕。也只有两个红色组成的家庭会出现这样的情况。

红色天性里对于快乐的向往，让他们可以用童心来欣赏一切，这种生活态度和哲学，将使他们不会复杂化。他们最懂得享受生命，不管他们从事的是什么，即便正在苦干，也显得似乎乐在其中，他们过日子秉持的信心就是——最好的还没有到来。

乐于助人　不记仇苦

谁修了我的投影仪？

在一次南通企业家协会演讲前的准备时，我正为拨弄投影仪无效而心乱不已，这时工作人员毫无踪影，房间内散坐着数十人。坐在前排的一位白须长者主动前来询问，是否需要帮忙。大喜之下，我像遇到了救星，那个投影仪被长者三下五除二，居然立马过关。长者轻拍我的背部，笑说："还不错吧？"后来知道长者系某IT公司的董事长。到底他是什么性格？

是蓝色吗?蓝色在公众场合，即使有心帮你，在他上来之前，也一直不停地思考并观察周围的人是如何反应，却少打头阵。是黄色吗?黄色尊重强者，鄙视弱者。他们内心本能的第一反应是，演讲者应有能力自己解决问题而非假手他人。另外这种小事应由别人出面，自己出手似乎有点掉价了。是绿色吗?绿色的内心虽然以帮助他人为乐，然而绿色却不太给自己揽活，没事找事，那绝对不是他们的风格。

现在你知道问题的答案了吧。是的，最后连他自己也确认他是红色！

与绿色的不同在于，红色天性积极主动，他们充满爱心和对于外界事物密切关注。当红色主动上来帮你。那一刻，向对方传达"我希望能为你做些什么"的意思是最重要的。在传递当下，红色感觉到自己的崇高和快乐，至于是否能做到，这就不是红色考虑的范畴了。现在我们很容易就能够理解，为什么在工作和生活中经常会有很多人自告奋勇地承诺一些事情。

顺便提醒一下的是，老先生成功调试完后，曾喜悦地拍拍我的肩膀说"还不错吧"。这种行为一方面希望他的付出能够得到足够的认可；另一方面，即使是陌生人，红色也自然地通过不经意的肢体接触，向对方传达"我愿意和你拉近距离"，在这样欢快的气氛中，瞬间我觉得与他亲近了很多，瞧，这又是红色的本性。

罚你写十首新情诗

既然是一本探讨人际关系的书，到底哪种性格最不容易和他人发生冲突？

黄色面对不一样的意见，充满顽强和亢奋。对他们来讲，斗争本身就是一种乐趣。冲突对于他们来讲，显然是家常便饭；而在所有的人群中，黄色也是最容易和他人发生正面冲突的。

蓝色并不像黄色那样冲动，他们内心停在“秀才遇见兵，有理说不清”的境界，似唐僧般地娓娓道来是他们的最爱。遗憾的是当处于压力状态下，蓝色的冲突以固执而不妥协著称，或他们用隐性手法表示内心的愤怒。这种冲突的延续性，在所有性格中是最长的。

红色和绿色的“亲和力”道不同门。在内心的度量上，绿色完全做到了“我不入地狱，谁入地狱”的忘我和宽容境界，因此最不容易和他人冲突的性格首推绿色。

既然红色也容易和他人冲突，为何相比较黄色与蓝色不如他们强烈？细细审视，主要是因为红色“有错就认”和“不记仇”。

有错就认

红色，冲突发生时，气势澎湃，力图在口舌上占据上风。几分钟前和你面红耳赤，非要讨个说法不可，几分钟后如果发现自己错了，就立即跑过来和你认错，让你哭笑不得。

这就好比我7岁的小侄子做事情不容易控制自己，做错了事情会认错，但只要几分钟又会故伎重演。对不愉快的事情很快遗忘，甚至于眼泪还在脸上，就会说“妈妈，我想玩一下”之后就非常开心地走了。

在婚恋中蓝色喜欢红色的原因有很多，活跃热情的红色可以吸引沉稳寡言的蓝色，这只是构成蓝色喜欢红色的基础。一个被人忽略的事实是：因为红色容易认错，而黄色错了也很难低头，这让蓝色感到愤怒。而红色的低头认错，在沪语地区，人们称之为“放软档”，至少让蓝色觉得自己是正确的可以施加影响的，这也是骨子里红色之所以吸引蓝色的原因之一。

不记仇

典型的红色是属于那种“前脚吵后脚忘”的人，只要你不是对他做了那种杀父偷妻背后捅刀之类实在忒狠的事，随着时间推移，红色都会忘记。

非经后天刻苦修炼，红色难成真正意义上“豁达”之人，但红色天性的“不记仇”，让他很快可释然一切。这种释然的人生态度，最终得益者还是红色自己。不像蓝色，终日生活在过去的痛苦中；也不像黄色，对于那些曾经冒犯他的人，内心深处充满了“他日一定要让你知道后果”的欲望，两种人都活得很累啊。

想起我一个学计算机的同学，被老婆发现他学生时代写给其他女孩的丰富情诗，想起他们当初恋爱多年却从来没有给老婆写过一封情书，这下离死不远了。没想到老婆趴在桌上哭了五分钟，末了，令他三天内写出十首新情诗献给老婆，要比席慕容写得好，诗里面还不能有0或者1。还是红色好啊，既不责怪你，又可锻炼你写诗，多好。

善于表达 调动气氛

红色最发达的头部器官

如果人体器官举办大赛，评选四种性格在头部最发达的器官，“嘴巴”当之无愧将成为红色的代言物。

红色出众的表达能力，往往并非来源于后天的刻苦训练，而得益于他们天性的感染力以及与生俱来的表现力。看看幼儿园的小朋友，你就会发现，红色小孩往往是讲故事课而非写作课五角星的获得者；相反，蓝色在书写过程中得到的快感，远胜于表达本身。

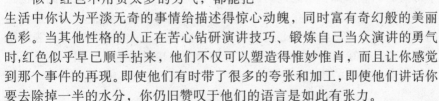

似乎红色不用费太多的力气，都能把生活中你认为平淡无奇的事情给描述得惊心动魄，同时富有奇幻般的美丽色彩。当其他性格的人正在苦心钻研演讲技巧、锻炼自己当众演讲的勇气时,红色似乎早已顺手拈来，他们不仅可以塑造得惟妙惟肖，而且让你感觉到那个事件的再现。即使他们有时带了很多的夸张和加工，即使他们讲话你要去除掉一半的水分，你仍旧赞叹于他们的语言是如此有张力。

因为红色天性中的表现欲和内心希望受到他人关注的强大情结，他们的表现力总是那样让人拍手叫绝。我的朋友老邬当年写作时，曾描述一个不懂英语的中国人刚到澳洲时，是如何完成商品购买行为的。

他决定去买一瓶牛奶。踏入一家Milk Bar，以带有几分羞涩的傻笑，让店主去揣摩这样一个信息"真不好意思，我知道我要什么，但我不知道我要的东西叫什么"。店主对他还以职业式微笑，并说着诸如"我能为你做什么吗"之类的英语。他低头躲闪开店主的关切，想迅速在店里发现他要的牛奶，并企图用手简单一指了结。遗憾的是，并没有发现。店主终于发现了问题，努力把语速放慢到不能再慢的地步，这反使他无比急躁，他突然决定动用手势来解决问题。他举了下手示意开始，他先对着店主圆瞪双目，弯腰垂臂做四肢着地状，接着双手点击自己胸部两侧并观察店主的反应，然后直起身模拟喝杯中物的姿势，五六个动作一气呵成，像做了一套操似的。也许，那个店主也颇有哑剧天赋，他成功了。

没有语言不要紧，红色表达能力有三大法宝："丰富的面部表情""夸张的肢体语言"和"富有节奏感的语气"。反正红色具备这样一种功夫。可以唤起全部器官进行情感和需求的强烈传递；若是蓝色，不喝也罢，让蓝色去模仿奶牛，没门!"牛奶可不饮，尊严不可辱"。

主持人的性格分析

红色善于调动气氛的能力,让他们轻而易举地成为聚会上的灵魂人物。这也难怪，凡是单位里开联欢晚会，人们总期盼红色成为主持人，或者人们盼望某个红色的同事可以成为自己小组中的一员，这样在小品表演时，很容易让自己的小组达到高潮。显然，红色成为主持不仅可让他自己快乐，下面的观众也无不为他们的欢快而带动。

相反，蓝色若成为娱乐类的主持，台下观众更多感觉到的却是生硬和不自然的刻意修饰。与此同时，他们不知道，在台上的蓝色此时此刻也正在经历着一场巨大的人生煎熬，蓝色有种强烈的本能，他们希望回避众人的关注，而那却是红色内心的最爱。对于蓝色而言，即便他在台上表现得非常出色，他在内心深处也并不享受这种众星捧月的感觉，因为蓝色不喜欢成为众人瞩目的焦点！

胡适担任上海中国公学校长时，曾聘请大批著名学者来校任职。当时将青年沈从文名列应聘之列，校方对此争议颇多，有不少人认为他学历太低，差距太远，况且此人不擅言词。就连沈从文自己得知消息，也大为吃惊，马上给胡适写信说："先生昨为从文谋教书事，从文可试一学期。从文其所以不敢做此事，亦只为空虚无物，恐学生失望，先生亦难为情耳。"蓝色性格的谦虚由此可见一斑，胡适却坚持聘用。结果沈从文一上讲台，就闹了一个笑话。他站在讲台上十多分钟，说不出一句话，课堂上尴尬得很。最后，他只在黑板上写了一行字："我第一次上课，见你们人多，怕了。"

现在你能明白为什么"人来疯"这三个字，永远是和红色联系在一起了吧？对于一个纯正的红色来讲，正愁没有更多的观众呢，人生的每个舞台和每次讲话都是显现的机会，岂能错过？

当然，我这样说并非意味着只有红色适合做主持人而蓝色不可。本书的关键是将"能力"、"道德"与"性格"区分来看。单纯从性格角度分析，看看李湘、陶晶莹、李霞、李咏、谢娜、小S；在大多数娱乐类的节目主持人中，我们可以发现红色的煽情和娱乐民众的本事，让遍布全国的娱乐综艺类节目中，基本上红色性格一片红；再想想崔永元、唐蒙、陈晓楠等，在深度访谈类的节目中，我们却见到蓝色性格可圈可点；对于很多纪实类的节目，黄色性格的现实主义，例如水均益、王志在这类节目中占有相当席位，更有甚者，便自己去做了导演和制片，杨澜（黄＋蓝）便是典型的代表人物。

显然，很难想象让崔永元或者白岩松弄个狮子头，站在《幸运52》的窗口大声向观众狂呼，手里努力伸出V状："恭喜你，答对了"的镜头，那种感觉会让他们认为自己很不自在；这就好比我们会认为，当李咏满脸充满历史厚重感地向屏幕前观众深沉道出"欢迎各位关注今天的焦点访谈，我们下期节目再见"一样，具有太多的滑稽色彩。

今天你CK了吗？

红色因为天性的激情和煽动力，他们具备将情感带动至最高点的能力；而黄色具备使事情发生，使人们行动的能量。但是因为在情感上的忽略，黄色往往不具备煽情到高潮的能力。

一个红色的销售经理在刚组建的新团队就职演讲中，引起了全场的轰动和雷鸣般的掌声。演讲行进中，这位红色经理找出原来的男女老部下各一名，当众询问男生，告诉大家你穿的底裤是什么牌子，回答"CK"。又继续问女生，你平时用的包是什么牌子，回答"LV"。在听众不知所措的眼神中，紧接着，这位红色经理大声宣讲："你们跟着我做，其他的我做不到，我的目标就是，让男人个个都可以穿CK底裤，女人个个可以背LV。"在众人狂呼声中结束了一场旋风式的演讲。

也许这一切在蓝色眼里，只不过是红色在哗众取宠般地扮演跳梁小丑，为蓝色所不齿和鄙视。可是我们必须承认——形象的、华丽和戏剧的表现力，让人们总是那么容易记住红色。不是任何时候都需要诉诸于理性的，人们在生活中还是需要更多的快乐和自由。就比如越好的广告越是空泛，“维维豆奶，欢乐开怀”，有什么内容?什么都没有。如果要像蓝色，一定要把事情说个底儿朝天的仔细，说豆奶含多少豆，多少奶，喝了有什么效果，不说半个钟头的广告费负担不起，就算负担得起，也没有人想看。

如果我们把“让他人心动”的能力界定为感染力，而把“让他人行动”的能力界定为影响力，那感染力更多是来源于红色，而影响力更多则来自于黄色。

真诚信任 感染四方

挖人者必读——红色老板的挖人诀窍

对于很多组织来讲，高层职位的核心人员因为良驹难觅，到同行中挖人是常用手法。除了选择猎头和你的开价以外，挖人者是否有足够的能量影响候选人，是个非常严肃和至关重要的问题。比如你从可口可乐把销售部的经理张三抓到百事可乐需要的能量，比你从微软把李开复挖到GOOGLE需要的能量，就是“珍珠港偷袭”与“原子弹轰炸广岛”的差别。另外，李开复是自己想离，还是人家不想离，你要设法勾引人家出轨，从挖人的难度上也完全不同。

我不知道GOOGLE的老大是怎么和李开复开口的，譬如说，双方落定，一杯香茗入肚：“小李啊，别看你现在笑得欢，你充其量在微软只不过是个副总裁，全球100个副总裁，在那你能干得了嘛事啊?我和你说，你过来，吃香的，喝辣的，整个中国给你管，没‘副’只‘正’，你要多少枪有多少枪，要多少地有多少地，要多少女人有多少女人，只要能把微软废掉，条件，随你开。”即使非行内人也知，这种座山雕式的语言来拉拢，只是土气横秋。

除了专业的谈判与程序外，到了一定级别，“挖人者”的个人魅力与影响力对于“被挖者”至关重要，有时因为对你的人不感兴趣，我就是不愿意跟你在一起工作，你能怎么样?以下我记录了一个红色的老板，是如何成功施加个人魅力的案例。

黄色的TOM已在A公司服务八年，A和B公司分属行业中全球最大，彼此冤家对头。最初B公司的红色老板通过猎头几次约见TOM，都被拒绝，主要原因是：TOM在半年前刚被晋升；年度调薪在即，自己有绝对把握大幅加薪；自己所负责的业务板块比对方公司实力强。基于以上3点，TOM认为自己根本不会跳槽，也就毫无兴趣商谈。

B公司的红色老板并未就此放弃，索性直接致电TOM约见，在电话里，红色天生的热情、生动的口才再加上毫不做作的诚意让TOM心中一动，终于答应见面一谈。在听了TOM的见解之后，这位红色老板便将他所掌管的组织结构、人员配置、业绩现状、未来目标以及战略计划，甚至还有一些敏感的办公室政治，都滴水不藏地和盘托出；并对于TOM未来的安排与个人发展，都做了非常吸引人的安排。所有的谈话在真诚和开放下进行，没有一丝隐瞒，这让黄色的TOM深深震撼。毕竟在竞争对手之间，这样做是冒险的。

由于红色提供的条件优于TOM的现状，虽然系统还不完善，但挑战对于TOM是有吸引力的。最后只剩下薪酬的问题了，而这也是最为关键的因素之一。由于A公司的加薪比例还未最终决定，红色老板就建议TOM按照预估比例，把年薪计算出来提供给他参考，而红色老板也完全相信TOM提供的预估数据。

后来还有一系列的沟通，由于红色老板一开始为整件事情定下了非常真诚融洽的基调，最后成功地把TOM挖了过去，这也是从A公司中有史以来被挖本地员工中级别最高的一个。

你以为红色的这个老板是个冤大头吗？你以为他不明白“害人之心不可有，防人之心不可无”的古训吗？红色只想表达红色对人的绝对信任，这对于其他性格是不可想象的。黄色的理性和注重事实，蓝色的理智和谨慎小心，绿色的安全和胆小怕错，都会本能地排斥这样的行为；惟独红色，他们的开放、透明、真诚让他们给人温暖。TOM从来就不是一个冲动的人，当我以巨大的诧异和怀疑询问他当时的心态时，TOM坦陈：我从来没有遇见过这样一个信任我的人，他的热忱使我没办法拒绝。

红色是天生的激励者。

马屁论

红色喜欢“被赞美”是出了名的大户。红色会因为你夸她的头花或者丝巾

"哇塞，好好漂亮喔！"而一整天得意洋洋沾沾自喜，然后反复拿出镜子来找出更多的理由来验证。果然你刚才说的话，是非常有眼光非常有道理非常有战略高度的，之后巴不得每天戴上这个丝巾在世界周游。就像我那个姐姐，我和她说"你穿这件红色真好看"，此后她所有买的衣服全部向红色靠拢；若是蓝色，你夸他发型酷毙了，他除了略带羞涩地说声"谢谢"然后迅速回避掉，实在不愿意被关注，更不愿意成为众人瞩目的焦点。

关于红色喜欢赞美，枚不胜举。我在电台作编辑的红色表妹，曾经在凌晨两点电话惊醒我，那时我正在梦中与我的美人坐而论道，她兴奋地宣告在今天的节目中她接到一个听众的表扬电话，是她整个一生中收到的最最开心的赞美。她是兴奋了，我的美人，TMD，没了！小丫头说话也够夸张的，25岁不到，就说自己"一生"中，知道"一生"是什么概念吗？但你必须得承认，就那个电话，足够让她之后一个礼拜，一直屁颠屁颠地去做事。

所以人家说，"千穿万穿马屁不穿"，仔细研究四种性格对于"马屁"的态度，还是有所不同的。因"马屁"一词带有贬义，大众们普遍用"赞美"替代，来看看四种性格对他人赞美自己时的反应。

四种性格中，本能最排斥赞美的性格，首推蓝色，蓝色性格对于深度的要求，让他们对一应口头的"马屁"觉得不仅无聊，甚至讨厌。她们欣赏的是那种用眼神传递的温柔有力的默认，她们会呕吐于"美女你真的很漂亮"这种俗套通用的赞美，而对于"迎面走过来一个和尚，居然也偷看了姑娘一眼，舌头尖尖禁不住舔了舔上嘴唇"这种高质量的且专门定制的"马屁"受用异常。对于蓝色来讲，不仅要绣花在外更要白玉在里，听上去不腻，品上去要有嚼头。由此可见，蓝色的完美主义的确是无处不在的，马屁，也绝不松懈。

绿色对于"马屁"的态度，犹如他们一贯的作风，紧抓"不排斥"和"不欢迎"两个基本点，心中默念"巧者劳而智者忧，无能者无所求，饱食而遨游，拟把马屁万句，换取扁舟一叶，归去"，保持着那种特有的平静。你对她说"姑娘年轻有为天生尤物波大臀圆"，她也嫣然一笑；你对一群女人都如此说惟独对她不说，她还是嫣然

一笑。

黄色因为内心希望别人对她的尊重和能力的认可，故此，对于推崇格外看重。如果你下的药轻，总觉得有些“隔靴搔痒”，用大剂量的猛药最为重要。尤其对于黄色女性，说她漂亮不如说她有才，说她有才不如说她能干，说她能干不如说她智美双全，说她智美双全不如说“男人和你生在同一个时代，是男性最大的悲哀”。总之，黄色对于自身能力极为认同，如果你只是夸我漂亮，那实在太低估姑奶奶了。

红色就甭提了，大小屁通吃。除了梦寐以求用杰出工作换来的好莱坞式的颁奖舞台的“大屁”，15元在襄阳南路搜来的戒指而引发“哇塞，魔戒，真得很炫耶!”之类的“小屁”通通照单全收。实在没有，自己给自己鼓气，高唱《我真的很不错》也是可以选择的。你担心会不会太多，会不会嫌烦?此言大大地诧矣!

对夸奖的话不嫌烦，是红色性格的一个重要特点。经常有很多红色女性缠着老公，一般地就说“你觉得我今天有什么变化吗?”更进一步地说“你夸夸我吧，你看我最近表现是不是有进步啊?”如果男方强硬，立马拉下面孔，“你烦不烦啊，天天要我夸你。”对不起，人家不会烦，受用得很呢!红色的下属希望得到上司的表扬；红色的子女希望得到父母的夸奖；红色的老妈希望你说，吃家里的饭菜比外面的鲍鱼熊胆不知道鲜美上多少；就连红色的保姆也会因为听到你说“你办事，我放心”之后，老泪纵横大吼两声“士为知己者死啊，士为知己者死啊!”不收一个大洋，帮你多蹭两个点的地板。

> **红色：有屁多多益善，无屁自去寻来；**
> **蓝色：屁不在多贵在精；**
> **黄色：小屁不可养家，滚；大屁方可定国，留；**
> **绿色：不因屁大而喜之，不因屁小而不喜。**

鼓励使我如此进步

红色喜欢受到赞美和鼓励，与此同时，红色在吃进很多“赞美”的同时，红色也从不吝啬“鼓励”给他人，这种无比优良的品德，对于长期受到“满招损谦受益”教育下压抑成长的我们来说，对于好不容易刚想得意一下就被罚写“谦虚使人进步，骄傲使人落后”一百遍的我们来说，不啻于是荒漠甘泉。

当红色发现美好的事物时，无论大小，他们不会像蓝色那样吝啬赞美，红色会毫不犹豫地表达出来：“哎呦，真的很漂亮啊!”“这事儿实在做得太棒了。”“你小子可以啊，看不出来啊！”“真牛，盖了帽了！”“侬结棍呃，介难搞定呃侬可以摆平，真呃是来赛！”这种口头表达方式，让人们真正体会到良言一句三冬暖，这至少比让你捕捉蓝色那种若即若离若有若无若是若非的眼神，要轻松愉悦许多。

我曾专门拜师学魔术，老师对我的鼓励非常大。现在回想起来过去的点点滴滴，他应该是个典型的红色。我们一起去参加魔术节观摩时，我常问他，我有可能达到专业水准吗？他总对我说：“当然，你现在就已经是专业的了，专业和职业是不一样的概念，‘职业’是指以此行来谋生的人，而‘专业’则是以手法来评判，你现在学习的都是专业技巧。现代欧洲的大师，多是在业余10年后转成职业的，手法可以练，而像你这样具备天赋的舞台表现力，很多人穷其一生很难学会，你一定可以做得到。”他说的这些让我好几天里找不着北，从太阳东升到月亮抬头，每日里一边抿嘴偷笑一边不停地练功练功练功，让我一心一意地只是想着，日后该如何回报他。

虽然我没有成为一名职业的魔术师，然而正是由于他当年的赞美和鼓励，让我尝试在演讲过程中不断地糅合魔术在内，并通过“四布合一”而正式奠定红蓝黄绿分别代表四种性格的标准。我感谢我的红色老师，感谢他永远的激励而从不严声呵责和批判，这让红色的我也得以快速成长。以我的个人成长历程来回顾，蓝色对我的鞭策我感激不尽，然而我更愿意誉为那是“痛苦地前进”，而健康的红色善用鼓励，却是让我“快乐地成长”。

当红色给予某人高期望和高鼓励时，他往往会实现那些期望的。

乐在变化　创新意识

亢奋天天都有，各有巧妙不同

在重复平庸和安于现状的平和中，是不可能产生激情的，因此激情源于变化和不确定。红色在内心深处不甘寂寞，且永远在追寻新的兴奋热点和新奇的活法。可以这样说，在红色的人生词典里，无聊、平庸与缺乏鲜活生命力的凡夫俗子式的生活是希望被剔除的，红色本身就是一团鲜红蹦跳的火焰。在生活的任何细节，红色都不乏相当的变化，譬如恋爱时，你如何称呼你的爱人？

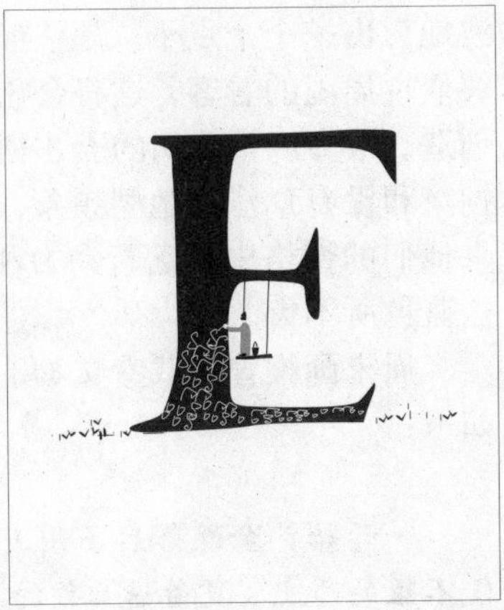

爱，对徐志摩来说，也如同太阳一般，每天都呈现出全新的面孔。我们从徐志摩给陆小曼信中的称呼，就可读到他那跳荡的心。从信中对陆小曼的称呼，粗略统计至少有26种之多。从“小曼”、“小龙”、“龙龙”、“眉眉”到感情热度的升温，称谓也变得诱人，“爱眉”、“眉爱”、“爱眉亲亲”、“眉眉我爱”、“眉眉至爱”、“Darling”、“眉眉乖乖”、“小龙我爱”、“至亲爱的小眉”、“小眉芳睐”；到陆小曼成为徐志摩的合法妻子，“爱妻”、“贤妻如吻”、“我至爱的老婆”、“亲爱的”等，即从友人到恋人、情人到爱人角色的转换，终于在称谓上也落脚在“至爱妻”、“至爱妻眉”。

我等红色凡人，非徐志摩文学之辈，甚难想象26种，但每日里只是“小心肝”“小宝贝”也是心有不甘，弄些适当的变化调剂一下，实在是种不错的选择。这种特质引申开去，典型的红色出去爬山，大多是前山上，希望后山下，如果仍旧前山回，重复同一条线路实在无趣。然而是否所有如此期待的人定是红色，未必！黄色也会如此，盖因动机是“挑战一条更困难的线路”，而红色纯粹是因为觉得走同样的路线，看同样的风景，实在无聊；而绿色是走新的路线更麻烦，还不如老路回去方便省心；蓝色若发现另一条线路可能有风险，宁可还是原路而回，比较安全稳妥。

“人即使不能长生不老，总还是希望延年益寿。有两种办法能够延长生命。第一，活得长些。第二，多些变化。每天换个文胸内裤，每周换个计算机桌面，每月换个网名，每年换个城市，相比常人，你多活了几辈子。”红色这种喜欢变化的特点，注定了他们会是四种性格中最有生活情趣的人。

红金蝶，蓝用友

喜欢变化的天性，很自然地就被红色转化为“创新”。他们的创新充满灵动腾挪和天马行空的流畅感。就好比友人的儿子正把他刚拔下来的牙，给打磨成新款的项链坠然后套个绳戴上，这种事儿也就只有红色才能做的出来。

作为健谈的、精力旺盛的和喜欢开玩笑的乐天派，红色擅长一波接一波地想出一个个点子、想法或者计划。对他们来讲，如果他们的新创意能够取悦周围的看客，这将会让他们使出浑身的解数，而激发更大的发明和创造。很多广告公司的天才创意人员来自于红色，也许正是他们那种不喜拘束和没有章法的驰骋想象，带来了一个个让我们目瞪口呆的构思。但如果他们的性格中缺乏行动力和坚持作为足够的支撑，就只能停留在表层，被蓝色所不齿。

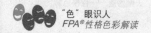

周末画报曾刊载专文《用友和金蝶应用软件市场上演南北演义》，摘要如下：

一开始，金蝶落后了用友5年。5年时间，在瞬息万变的IT界已是一段不短的历史。凭着这5年的沉淀和积累，用友早已一枝独秀、万人瞩目，殊不料却被金蝶一枪差点挑下马。金蝶凭什么？金蝶凭的正是它那不断创新、不断寻求跳跃式发展的精神。尽管用友保守的风格和总是慢人一拍的决策屡屡为人诟病，但用友却一直保持着领先的地位，始终没有被取代，这又是为什么呢？用友赢在它的稳健从容，赢在它的深厚积累。用友从来都不是风头最劲的领路者，从来都不是技术和产品的创新者，但是一旦看准了，用友便会不惜代价地重拳出击。因此，王文京说，他的"稳健"只是表面的，内心里其实他是一个强攻击性的人。

本人既不是金蝶的用户，也不是用友的说客，作为一个独立的专业性格分析人士，刚好学员中有位来自其中的高管分享了两公司的运作模式。一言以蔽之，两个国内软件巨头之战，其实就是红与蓝的大战，就是创新与稳健之战。借此从两人性格的角度来诠释："南金蝶，北用友"的实质就是"红金蝶，蓝用友"。

- 金蝶老板徐少春，典型的红+黄，在公司中层管理者中，红黄配为数不少；用友老板王文京，典型的蓝+黄，在公司中层管理者中，蓝黄配亦步亦趋。
- 金蝶倡导红色文化，故广告标语变化速度之快难以让人想象，常几个月一变，连自己内部的管理人员也搞不清楚当季流行的标语是什么，后来又更换英文标识，以体现自己的创新求变精神和国际化；用友倡导蓝色文化，多少年来"用友ERP"的广告牌从未变化，且一直是他们的得意之作。
- 红色的金蝶善于追求先锋性概念，善于把握市场机会，占了很多便宜，而蓝色的用友却略显保守和稳重，吃了哑巴亏。事实上连王文京都承认“用友从DOS向Windows平台转移上慢了半步，从而给难缠至今的对手金蝶异军突起的机会。”1997年金蝶开始涉足ERP领域，而用友却晚出金蝶半年时间。这对用友的市场又是第二次大冲击。

从金蝶的崛起，可以看到全部与红色的创新和善于转变有关。用友如果想不再被金蝶咬得这么死，看来王大人当从组织内部人员性格分布的角度，好好地高瞻远瞩一下。我并不是说红色单凭“创新”就完全可以打遍天下，果真如此，金蝶到今天不是也没把王文京拉下马来吗?这里只强调“创新”的好处，在上面你体会到就行了。

红色的天然优势

作为个体

- 高度乐观的积极心态。
- 喜欢自己，也容易接纳别人。
- 把生命当作值得享受的经验。
- 喜欢新鲜、变化和刺激。
- 经常开心，追求快乐。
- 情感丰富而外露。
- 自由自在，不受拘束。
- 喜欢开玩笑和调侃。
- 别出心裁，与众不同。
- 表现力强。
- 容易受到人们的喜欢和欢迎。
- 生动活泼，好奇心强。

沟通特点

- 才思敏捷，善于表达。
- 喜欢通过肢体上的接触传达亲密情感。
- 容易与人攀谈。
- 发生冲突时，能直接表白。
- 人越多越亢奋。

- 演讲和舞台表演的高手。
- 乐于表达自己的看法。

作为朋友

- 真诚主动，热情洋溢。
- 喜欢交友，善于与陌生人互动。
- 擅长搞笑，是带来乐趣的伙伴。
- 容易原谅自己和别人，不记仇。
- 富有个人魅力。
- 乐于助人。
- 有错就认，很快道歉。
- 喜欢接受别人的肯定和不吝赞美。

对待工作和事业

- 工作主动，寻找新任务。
- 富有感染力，能够吸引他人参与。
- 激发团队的热情和进取心，重视团队合作的感觉。
- 令人愉悦的工作伙伴。
- 完成短期目标时，极富爆发力。
- 信任他人。
- 善于赞美和鼓励，是天生的激励者。
- 不喜欢太多的规定束缚，富有创意。
- 工作以活泼化、丰富化的方式进行。
- 反应快，闪电般开始。

第四章　蓝色优势

思想深邃　独立思考

原来哈里·波特属于这儿

“话不在多，有思则行”，正如“嘴巴”对于红色的作用一样，“大脑”对于蓝色有着同样的意义。

因为蓝色在大脑上的高度发达，他们独立思考、不追随潮流、尊重自己的主见和思考问题上的深度。与此同时，思想上的力量有相当一部分与蓝色的悲观主义有莫大的关系，要知道，这个世界上伟大的悲剧作品，绝大多数都是蓝色作家写出。红色天性中对于悲剧力量的缺失和对于快乐的向往，让他们很难构建并且有意去创作悲剧作品。就像分析中国的作家群体，最先定会将路遥先生排斥在红色群体之外。

> **《基督山伯爵》与《约翰·克里斯朵夫》里的名言验证了蓝色的这种与生俱来的特质，其一，“开发人类智力的矿藏是少不了要由患难来促成的”，其二，“悲伤使人格外敏锐”，这也就是为什么蓝色在阅读悲剧作品时比喜剧作品更能得到他们灵魂的快乐，一种悲伤的“快乐”。**

蓝色的人喜欢不停地问为什么，故少时便有“十万个为什么”之称。他们喜欢钻研和发明，喜欢拆卸模型和玩具。童年时的蓝色与其他性格的孩子相比，就显现出与众不同的严肃和认真，即使是在襁褓里，蓝色在不哭不闹时，也总是眨着他们古灵精怪的小眼睛，似乎一直在思考着什么问题。蓝色正如德谟克利特所说“宁可找到一个因果的解释，也不愿获得一个波斯王位”。北方用“小大人”来形容的孩子，多半是蓝色，蓝色从小就有的一些思想让你不由不另眼相看。

我的一位黄色学员分享了她对10岁蓝色女儿的恐惧。在那次研讨会后，她终于明白了多年来一直怀疑女儿有病的想法是多么可笑。2005年超级女声在一场民众的盛宴中降下帷幕时，电视台采访了张靓颖的母亲。大体就是张母在那儿谈女儿艰辛，小小年纪还要抚养自己等等，很多人为此唏嘘不已。这位黄色学员不失时机地教育自己的女儿，问她做何感想？女儿回答：“张的妈妈在她那个年纪有抚养女儿的责任和义务，在张成年之前，最起码也要自己养自己，不能反靠未成年的女儿养。”又问：“如果是我们母女处于相同的境遇，你又如何做？”女儿答：“也许我会养你，但也会因此而瞧不起你，除非你有特殊原因。”母亲当场完全语塞。

现在，她明白了原来不是小孩本身有问题，而是蓝色的原因。还要再了解蓝色在童年时就显现出的天才和思考上的深度吗？看看哈里·波特，如果我们不能意识到他天性中就喜欢思考“这个世界为什么会这样？”的特点，我们也许会扼杀掉天才。

舞台上的很多高手也许出自于红色，但是真正的大师一级的人物却是蓝色！

成年以后的蓝色，逐渐成长为我们这个世界上面，大多数伟大的科学家、艺术家、哲学家、思想家、诗人……坦率地说，我认为这个世界上面绝大多数的天才出自于蓝色，当然我们也不能否认很多疯子也和蓝色有关，毕竟天才与疯子只有一线之差。

那些久违的天才与巨匠

出色的音乐家很多出自于蓝色。他们的自我约束精神促使他们自己每天练习。以音乐为例，蓝色的孩子从小开始，似乎不需要引导就懂得在练功方面的自控，不像红色的孩子那样，追求多样化的练习曲。蓝色是如此专注在一首自己没有完全练熟的曲子上，不仅是旋律，每一个音符对他们来讲，都是那么真实和重要。当红色贪图数量时，蓝色也许仍旧在早先的那首上不停地重复。

由于同样的原因，伟大的艺术家很多出自于蓝色。他们持续专注地深入，他们对发掘美和创造美的强烈愿望，他们那敏感的神经末梢所产生的——对世界上细腻的物质尽收眼底，并转化为自己思想的能力，都让他们留下一件又一件不朽的作品。

虽然米开朗基罗并不像他同时代的老前辈达·芬奇那样是一个全面的天才，他已经是在人类奋斗的两个独立领域里的成就都曾达到顶峰的唯一的艺术家。作为一位画家，他为装饰罗马西斯廷教堂天花板而创作的那套巨型壁画，被真正地誉为是历代最伟大的艺术成就之一。

伟大的哲学家很多出自于蓝色。他们的分析能力使他们产生强烈的愿望——去发现所有事物背后的“为什么”。当他们对某种事物进行哲学思考的时候，由于他们做好充分的准备工作，他们通常是正确的。

当常人被“白马非马”、“人不能两次踏进同一条河流”等命题已经纠缠不清的时候，苏格拉底已经确定了通过不懈的质疑来获取真理的方法；此后他的学生柏拉图在《理想国》中召唤：人类的直接经验是存在于人类的思维之中；再后来亚里士多德继承衣钵，不仅说出“所有的天才都有完美主义的特点”这样精妙的支持蓝色的话，更因他的卓绝和伟大而被誉为逻辑之父。

伟大的科学家很多出自于蓝色。当蓝色致力于科学研究时，注定了真理的探讨是孤独的。蓝色可以一直沉溺于自己所钻研事物的优美中，他们认定科学本身就具有伟大的美。一位从事研究的科学家，不仅是一个技术人员，并且是一个小孩，在大自然的景色中，好像迷醉于神话故事一般。这种魅力，就是终生能够在实验室里埋头工作的主要因素。

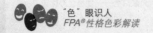

牛顿并不善于教学，他在讲授新发现的微积分时，学生都接受不了。在解决疑难问题方面的能力，他却远远超过了常人，他独自遨游于自己所创造的超级世界里。当牛顿费尽心血算出“万有引力定律”后，没有急于发表。而是继续孜孜不倦地深思了数年，研究了数年，埋头于数字计算之中，从未对任何人讲过一句。后来，在好友大天文学家哈雷的竭力劝说下，勉强同意出版他的手稿，这才有划时代巨著《自然哲学的数学原理》的问世。

蓝色，因为他们天性思考问题的深度和专注，是最容易在艺哲科领域取得伟大和丰硕成果的性格。

> **交作业的时候，红色交了很多作业，每个作业都是60分，而蓝色只交了一个，但却是100分的作业。**

大众就是Shit

“独立思考”并不等同于“独立”，与真正具备独立性的黄色相比，蓝色更多的是保持思想上的独立，人格上的独立，而并非情感上的独立。因为蓝色本身情感的高度细腻，他们与红色一样，也是容易受到情感影响的人群，不过在思想上的独立保持了他们对这个世界的审视，让他们对一切有怀疑的倾向。正如罗素先生所言：“须知参差多态，乃是幸福的本源。”大多数的参差多态，都是敏于独立思索的人创造出来的。

> **独立思考并不等同于独立，与真正具备独立性的黄色相比，蓝色更多的是保持思想上的独立，人格上的独立，而并非情感上的独立。**

像对于性格色彩密码和本书的态度一样，红色容易在开始就投入巨
任，蓝色总是用那种清高的眼光和不足为奇的神情开始他们
们不明白为什么这么复杂的人可以用四种色彩予以概括?他
是最复杂的，也许要用七种色彩才能够囊括；他们也不明白为

什么是用红蓝黄绿而不是用其他的色彩来描述。他们不愿意迷失于外人的赞誉而更愿意自己来检视，但是有时因为他们的怀疑性过强，这让他们往往在人生中的许多判断和抉择中会因小失大。鉴于此，我建议，蓝色的朋友对待新生事物，可以多尝试“以开放的心态和胸怀来接纳，以审慎的眼光和思考来接受”。

席绢与琼瑶小说流行的时代，走在马路上，遍地的女生都板着面孔，后来才搞明白内中奥妙。原来这两位所描绘的女主人公，皆为那种柔弱的不苟言笑的酷脸，最后却都遇见自己心目中的白马王子，于是普天下的红色少女们都开始憧憬着同样的梦幻发生在自己的身上。这样推论，学生时代出去打群架，连怎么回事都不知道，就开始跟别人干上的，大多是红色的男生，他们的不理智和缺乏独立思考的能力，很容易成为被他人利用的标靶。同样的道理，通常红色是最容易激情澎湃的人群，然而因为他们疏于在问题上的深度思考，当受到外界影响和其他诱惑时，他们渐渐会转移目标；而蓝色一旦经过思考和判断开始内心认同，他们产生的持久力却是难以估量的。

显然，红色因为他们对于潮流的狂热追求，在大量的追星族中占有相当份额；而蓝色虽然听流行歌曲，但很少追星，更不盲目随流，他们认为“大众就是Shit”，如果追，他们只追自己小众的星，他们用自己的独立思考抗衡着从众效应。

请让我一个人呆着

蓝色的内心是恐惧热闹的人群，一直不喜欢在熙攘的人群中穿梭，享受自己与自己内心的交流。不像红色，在人群中可以爆发出来很多的活力和才思敏捷；蓝色在孤独时，往往思维最发达。蓝色在内心最害怕的是，在熙攘的人海之中说着一些言不由衷的话题，他们宁愿三两个好友在一起或平淡或畅快地讲着心中想讲的话，亦或不言，只是相对而坐，在一种毫无拘束的状态下想着自己的事情，纵是不言，也不觉怠慢。

“请让我一个人呆着。”——在嘉宝的每部电影中，观众都能找到这样一句台词。在她的访谈录中，她说：“我自认为最幸福的时刻是一个人，或者和少数几个朋友在一起。”在好莱坞拍戏16年，嘉宝接连地搬过11次家，她避世的风格令媒体对她的追踪变本加厉……他们评选“嘉宝、卓别林和米老鼠"为世界上最伟大的三个演员。

梁朝伟曾在访问中说过："基本上，我是一个挺闷的人，又没想过改变自己。我喜欢演戏，不为挣钱、出名，只挑喜欢的电影才拍，求的是一种精神上的发泄、平衡，可以借此毫无保留地将压抑的感情、情绪表露出来而又没有人知道那是我，因此，演完戏后内心会很舒服。"他从小就养成了对周围恐惧、疏离的习惯，至今仍很少在公众场合出入。此外，梁朝伟最喜爱的作家竟是沈从文和三岛由纪夫，要知道这两位全都是蓝色，这是否亦由于他的蓝色使然呢？

杨丽萍带着她的《云南映象》在荷花奖上获得三项大奖，她宁愿缺席领奖也不会停下继续巡演的脚步。杨丽萍是出名的冷漠，不管你在她面前说多么开心的事或是多么伤心的事，她都没有太大反应。她和几乎所有的人礼貌地保持距离。她厌恶露脸，她不在乎任何奖，之所以来上海领奖，还面对传媒回答已经讲过一万次的事，无非是为了扩大《云南映象》在云南之外的影响。

蓝色是一个宁愿寂寞也不愿热闹的人，宁愿不语也不愿虚与委蛇的人，他们沉醉在自己的世界中。也许生性的孤独，他们怕的不是寂寞，而是，不得不面对着不想面对的人，而还要与这些人小心地措词和应酬。对于人世，蓝色更愿听到的是空谷的回音，而不是那些由于过于甜蜜而有点变了味的语言。

> **蓝色认为：生活的真谛，并不是在热闹中产生；哲理的产生，往往在一种痛苦的孤独之中。在人群的畅快中会掩埋许多灵感的意境。**

成熟稳重　安全放心

给离家出走的孩子号号脉

回忆你自己周围哪些人在你心目中，是想到"成熟稳重"就会跳入脑海的？也许从离家出走的现象里，我们可以找到答案。

绿色因为天性中对于稳定和安全感的强烈需求，即便你赶他出去也不愿意动弹，怎么会主动离家出走呢？相对而言，红色和黄色更容易离家出走。只不过红色出走以后，过几天没有东西吃自己会溜回来，他们只不过想让父母和他人紧张一下，借以换回更多的疼爱和关注，正所谓“色厉内荏”；而黄色一旦出去，多半是不会走回头路了，他们要用他们的行动表示，我已经长大，我不希望你们总是来控制我的生活，我要做自己生活的主人，除非父母向他们低头，否则宁可撞了南墙也不回头，他们的内心从小是独立和无所畏惧的。

红色的孩子离家出走，过几天会自己溜回来；而黄色的孩子，多半是不会走回头路了。

红色和黄色的孩子受到外界诱惑下很容易沦为问题青少年，最终产生仇恨心理，这不得不说是我们这个社会的悲剧。而这一切，父母理应承担起悲剧的责任，如果他们早些知道不同子女的性格色彩，知道不同的孩子有不同的需要，知道因材施教，那将避免多少成长的烦恼。

现在只剩下蓝色了，到底蓝色是否也存在离家出走的倾向？

以结果来看，蓝色出走并不多见，但并不表示他们没有这样的想法。与绿色在任何环境都可生存的好心态相比，蓝色当处于不理解同时又有强硬的家长时，内心充盈着无助悲哀的情绪，然而蓝色是那么地尊重道德规范，这让他们在面对痛苦时，轻易不会出头抗争，宁可采取牺牲自己的方式来解决。

毕竟采取极端方式的蓝色是少数的，回到我们的冒险问题。我们已经知道红色和黄色是喜欢挑战和冒险的，他们的冲动和草率都有可能让他们栽下跟头，这样“成熟稳重”是很难与他们挂边了，倒是“毛毛躁躁”的评价很有可能会尾随而来。而绿色和蓝色虽然都属于不喜欢冒险的群体，然而绿色过于的“不作为”是基于他们根本就不想变；蓝色却是完美主义者，在骨子里面他们期待做得更好，可是他们又是那样地在乎安全感，如果你有充足的证据和事实证明这件事情是可以做的，他们确保无虞后还是会行动的。

红色喜欢刺激；蓝色喜欢安全；
黄色喜欢挑战；绿色喜欢稳定。

这种行事稳健的风格，在企业的财务高层中是如此需要。对于大量资金的投入和管理来讲，典型的黄色和红色都有可能会导致"一着不慎，满盘皆输"的局面。当年史玉柱（黄色）投资珠海巨人大厦就是此中的象征。当蓝色处于这个位置时，我们可以想象他的谨慎，让他在可控的基础上平稳发展，当然，蓝色的谨慎也注定了他很难有飞速发展。

六种不同的蓝色男人

蓝色因为说话少，自然想得就多了；因为不苟言笑自然就显得深沉了；因为不率先发表意见，自然就有时间思考回应的方法了。以社会的评价标准来看，似乎男性冠之以"成熟稳重"比较吃香，对于红色女性来讲，自己是活蹦乱跳的，总觉得自己是个小孩长不大，再找个小孩（红色男性）那怎么办，红色的她们天真地以为找了成熟稳重的男人，吵架也就可以忍让自己了（自从读了这本书，才发现他们也有可能将会遭受到蓝色折磨）。但言而总之，有一点，蓝色的沉默寡言和谨言慎行让人感觉成熟稳重，从而带来安全感，这是确认无疑的。

这种沉默寡言的蓝色味道，又由于不同的气质幻化出以下多种类型的蓝色男人，不一而足：

- 睿智的蓝色，比如《肖申克的救赎》里的安迪（蓝＋黄）。
- 忧伤的蓝色，比如《日瓦戈医生》中的日瓦戈（蓝色）。
- 羞涩的蓝色，比如《与狼共舞》中的邓巴中尉（蓝色）。
- 清高的蓝色，比如《傲慢与偏见》中的达西（蓝色）。
- 严肃的蓝色，比如《音乐之声》中的冯·特拉普上校（蓝＋黄）。
- 优雅的蓝色，比如《海上钢琴师》中的"1900"（蓝色）。

以上众人都有一种蓝色特有的力量感，一种跟沉默一同呈现的力量感。相比较善于辞令的红色，特别是饶舌的红色男人，至少看上去让人觉得好对付；至于那些红色的女性，抬杠抢白之类的活儿谁也不怵，但是，当蓝色男性的沉默来到这个红色女性的伶牙俐齿面前，很多红色女人就会方寸大乱。并不是说一定爱上了他，而是——心虚，譬如遇见高仓健。

高仓健的魅力从何而来？在我看来，他的魅力在于沉默的力量。不要小看这沉默，它实际上是一块男人的试金石。记得一个女作家说过这样一段话："男人一沉默，夜色就来临，把女人给裹在里面，女人对于夜色，既有着无法克服的畏惧，又有着令人神往的迷恋，再飞扬跋扈的女人，也会被夜色征服的。"这段话好多年前在一篇散文里看过，现在想想，完全是为高仓健"度身定做"的。张艺谋拍《千里走单骑》时，本来为了适应他的表演风格台词已经很少，可老高还嫌多，只好再大幅度删减。所以张艺谋评价："台词很少，甚至不靠台词，就能把戏演得动人，环顾当今世界影坛，只有高仓健一人。"

我一直在想，高仓健究竟凭什么打动了那么多观众的心，也许就是靠沉默这个武器征服了大千世界。不仅他扮演的角色是蓝色为多，生活当中的本人也是一个蓝色。为何"高式"表演之风在中国电影界刮了二十年，群起效仿者无数，却少有领悟其真谛、得其精髓？因为表演者本身大多并非蓝色，做自己非本色的事想要得心应手毕竟不像演绎本色的自己那么自然顺畅。

> **蓝色外冷内热恰似"热水瓶"的特性，与红色外热内热的"汤婆子"（北方称"暖手炉"或"热宝"）形成了鲜明的对比。**

情感细腻　体贴入微

拜倒在蓝色的石榴裤下

虽然红色和蓝色是那样地迥然相异，在很多行为上的背道而驰实在是彼此难以忍受。然而婚姻中红色寻找蓝色伴侣的概率却远超过与其它性格的搭配。红色女性会为蓝色男性的稳重成熟所吸引，红色男性也会因蓝色女性的体贴细腻而享受。然而排除掉这一要素，无论是红色男性还是女性，他们最终被彻底击晕在幸福中，都与蓝色的"随风潜入夜，润物细无声"的情感传递方式逃脱不了干系。

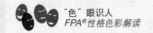

通常情况下红色究竟是如何拜倒在蓝色的石榴裤下的呢?猫小姐是这样回忆她的恋爱史的:

有一天，我突然很喜欢"雪狼湖"的主题曲，我叫他给我刻个CD，等我拿到CD的时候，发现他还刻了好几首小野莉莎的歌，都是我的最爱。每往下面一首，就很意外一下，都是不经意的，和他提过一次："我喜欢这首歌"，他就悄悄记得了。他从不对我的胃（我有胃炎，经常会痛）嘘寒问暖，但他知道桂圆是暖胃的，就五斤五斤地买，一粒一粒剥好，用个瓶子装起来，放在我包里，也不用说，知道我这个馋猫会吃的。

这就是蓝色无声的力量！蓝色的感动之处在于，连你也不记得的事，他都会记得。如果蓝色关怀一个人，他会试图去了解你，洞察你，为你做你需要的事情。他们是那么地不屑于用语言表达内心的情感，更毋庸轻言赞美了。

蓝色觉得"说"太容易做到了，远不足以表达内心强烈的情感，而实际行动的证明才是有意义的。

"甘爸爸"的无声父爱

朱自清的《背影》，自中学课堂后，那种意境一直浸淫在我的记忆中。当我有一个晚上从我的老父亲那里突然接受到同样的信号时，突然醒悟过来，两个蓝色的父亲在表达爱的情感上用的是一样的方式。

难得一年回一次家，一天晚上我在客厅工作，从晚上10点一直到凌晨1点，父亲一直在旁边的沙发上看报纸，到了凌晨1点，缓慢站起："行，你做吧，我去睡觉了。"我这才意识到父亲其实是一直在旁边等待和我说说话，又生怕打扰我。离开客厅前，父亲在门口对着电灯的开关面板画着什么，然后告诉我，这里的八个开关，我用铅笔在旁边划圈的两个是现在开着的，等下你直接关掉就行了（家里的开关并不统一，有的向上、有的向下是启动，且开关本身上没有任何标识），我站到开关前面，那个晚上一直无法再继续我的工作。

从那时开始，我明白了沉默有时比语言的力量要强大得多。蓝色的关怀不需要用语言，需要的只是实际行动。及至看了甘地的孙子在印度大学歌颂甘地的儿子的演讲，更加让我深信蓝色的功力。

16岁时，我生活在距离城市20里的乡下，我总是期盼着能到城里去看场电影。有一天，父亲要我开车送他进城，他要开一天会。由于要等父亲一起回家，从家出来时母亲给了我一张购物清单，父亲也给我安排了几件杂事，比如保养修理一下汽车。那天清晨，我把父亲送到开会地点后，他对我说："下午5点来这里接我。"匆忙办完父母交给我所有的事，我就去电影院看电影了。我完全沉浸在大片中，以至于忘记了时间。突然我想起与父亲的约定，赶到时已经快6点了，父亲正在那儿等我。

我骗他说："车还没有修理好，我只好在那里等着。"但他早已给修车厂打过电话，他知道我撒了谎，对我说："一定是我对你的教育出了什么问题，使你没有足够的勇气告诉我真相。为了弄清楚我究竟错在哪里，我要步行回家，在这条18英里的路上仔细想一想。"就这样，西装革履的他，沿着一条尘土飞扬、没有路灯的小路走回家。我不能让他一个人走，在接下来的5个半小时里，我一直开车跟在他后面。看着父亲的背影，我感慨万千，没想到我的一个愚蠢的谎言，给父亲带来了这么大的痛苦。

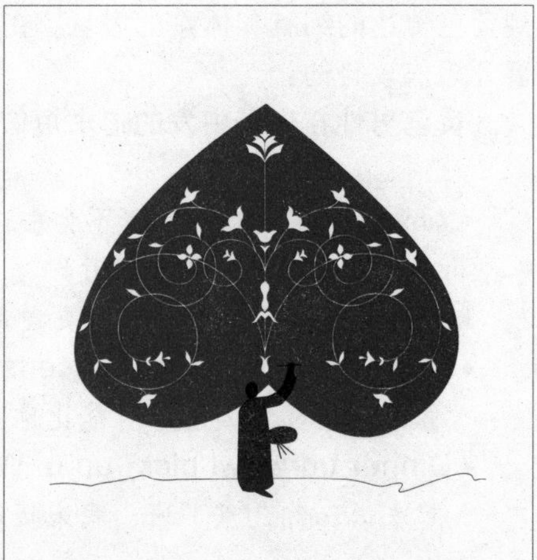

蓝色的"甘爸爸"（这位老爸，也就是甘地爷爷的儿子，我们简称如斯），为何有此行为？

其一，追求完美。一定要为自己的错误找到答案，否则不会善罢甘休，情愿自虐，这样心理也才会好受，他并不在乎体力以及其他方面上的付出，而是最在乎心灵上的感受。

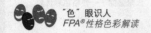

其二，他想好好反省，反省自己的教育过程和对孩子的影响力在哪里出现问题，目的不是要探询孩子去做了什么，而是想搞清楚他为何会说谎。

其三，在蓝色自省自责中会出现的自虐行为，加上蓝色的韧劲和执着，宁愿让自己痛苦；在这个过程中，也同时促使孩子去反省。

其四，蓝色认为行动的力量大于语言，借用这样的方式来传达内心深处的情感。

蓝色认为，欣赏和爱一旦用语言来表达是无比肤浅的！他们更愿意以行动来表达内心和想法。蓝色是远不屑去迎合对方的意愿而说一句皆大欢喜的话的，在蓝色看来，一切都说了出来就什么意义也没有了。

蓝色男人和黄色男人追求手法的差异

因为蓝色的"含蓄"，蓝色习惯、擅长并且喜欢用暗示的方法来让你明白他们的意思。从以下两位男性在追求女性的短信语言上，我们可以感受到蓝色传达的细腻和体贴的力量。在欣赏蓝色之前，先来看看黄色是如何展开短信攻势的：

黄色男性在恋爱中发的追求短信：

- 如果你决定要远行，我不会去送你；你回来，我一定去接你。（在女方决定是否出国的问题时）
- 这个世界上不会有人比我更爱你，对你更好。
- If I can't hv u, anyone else is just the 2nd best（如果我不能拥有你，任何其他人都不可能比你好。）
- Dinner tmrw, wl pick-up u. When u off? Zen in XTD（明天晚上一起吃饭，你几点下班，我来接你。新天地采蝶轩。）

这位黄色仁兄，条条短信干净利索、言简意赅、挥刀下落、直指目标，你可说他霸气十足，也可说他自信而富有进攻性，总而言之，连吃什么和在哪儿吃也容不得和你商量，全部打点好了，女方是绿色倒是很受用，如果是个非常有主见的，确未必能接受。就连发短信的时候，都嫌中文太罗嗦，效率不够高，到了后来索性全部用英文缩写来替代。假设黄色的功夫是“大力金刚掌”，是“招招生风，掌掌取命”，那蓝色擅长的就是“两仪太极剑”，是“延绵不绝，以虚御实”，看看蓝色一句不提“爱”字的短信，当知蓝色的功夫。

蓝色男性在恋爱中发的追求短信：

- 我在看一本书，很值得推荐，书名《柳传志说做正确的事》，这本书写得不错，很值得看。有机会看看，很想和你一起分享看后的体会。
- 你的胃好些吗？记得喝温水，别吃太热或太冰的东西；冰淇淋少吃，你就是嘴馋；我以后每天早晚两次准时给你短信，提醒你。（接下去你每天非常准时的，一定能收到相同内容的短信；他写的是被储存在手机里的）
- 普济岛以后再找机会我陪你一起去好不好？我们去杭州过元旦吧，我已经预订了天都饭店，31号下午4点20的车，希望我们一起去好吗？（杭州是两人第一次出行的地方，也是定情的地方；所定酒店也是同一家酒店）
- 我一直都觉得可以有思想上的交流比什么都重要，思想上的共鸣是我一直在追寻的；我们的交流让我有很多的回味，I enjoy this so much, much than anything else!《去年冬天》要重新上演了，我们再去看一遍好不好？我买了票了。（两人看的第一部话剧，当时很喜欢）

看看这位蓝色仁兄，所有短信，没有任何一句直白，相反对于思想上的共鸣提出了强烈的需求，所有的短信手法全部采用暗示，传达的是“我希望和你有心灵的交流，我是关心你的，我希望能与你构建一个家庭，我是一个怀旧的人，让我们在怀旧的过程中重新体验幸福的感觉”。如果女主人公不是蓝色，猜起来也要颇费一番脑筋。幸运的是，收信者也是一个蓝色的女性，他们排斥“我爱你”这样肤浅直白的语言，更加享受彼此“天王盖地虎，宝塔镇河妖”式的含蓄语言。

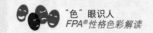

蓝色有非常强烈关心他人和希望别人明白他们在做什么的倾向，他们通常用暗示而不是直白的手法，来表明他们要传达的信息。

一诺千金　忠诚情谊

东邪与西毒的不同忠诚

生命对于蓝色来说，就是一系列的承诺，他们会毫无保留地把自己奉献给一个值得珍惜的情谊，腹心相照，声气相求，恩德相结。由于他们在人际关系上注重深入，他们的友谊可以长达一生。当我每次在研讨会上，请学员思考自己的朋友圈中超过10年以上的朋友数目时，蓝色在这个问题上，总是轻而易举地成为冠军。

蓝色是高度可靠的朋友，他们把口头上的任何诺言等同看作是如同笔墨般的书面约定，他们本人对自己能够维持如此长久的关系引以为豪，这样的忠诚使蓝色比任何其他性格都能够享受更丰富和深厚的情谊。一个红色的姑娘是这么描绘他蓝色男友的：

有一次，我们说好看七点的电影，约好六点在旁边的麦当劳吃饭，他五点半下班就在那等我了。结果那天我和一个客户谈事，延误到7点才结束，七点半才赶到。按照我红人的思维，我想他一定帮我买了汉堡，进去电影院等我了。等我到了那地方，发现他还在麦当劳里坐着，一份报纸一杯可乐枯坐了两个小时，居然自己没吃饭，他振振有辞：说好等你一起吃饭的。我倒了，蓝人啊，现在想起来，他真是蓝啊。

因为他们在承诺上的高度注重和甘愿以生命来维护的态度，蓝色得以成为四种性格中最值得信任的人群。

《射雕英雄传》中，东邪黄药师（蓝＋黄）与西毒欧阳峰（黄＋蓝）常因为两人的严肃，被人们在区分蓝色和黄色性格的判断上常会左右摇摆。

推理的方法有很多，比方说：黄药师是典型的完美主义者，在武功的设计上也呈现了唯美的蓝色艺术性。“兰花拂穴手”、“桃花落英掌”等闻其名想其形，自然美妙已极，而桃花岛也是这位多领域贯通的艺术大师的杰作。

除以上两点欧阳峰无法可及外，最重要的一点是蓝色对人高度忠诚。这样看来，我们就不难理解《射雕英雄传》黄药师在妻子去世之后，为何每日在坟前吹箫了，那种对亡妻的矢志不渝跃然纸上。相比较欧阳峰在儿子欧阳克死后，忍住内心的伤痛，继续踏上寻找《九阴真经》的征途。两者相比，黄色更加看重的是对事业的高度忠诚。

蓝色对人忠诚，黄色对事忠诚；
蓝色对人负责，黄色对事负责；
蓝色富有“责任心”，黄色富有“责任感”。

最简单的说法就是，这种忠诚让蓝色爱得深刻，并且全身心地把自己奉献给他们所爱的人，蓝色对待自己认准的情感一般是死心塌地的。这方面，茨威格所著《一个陌生女人的来信》堪属典范，徐静蕾饰演的蓝色女主人公是执着的，一份爱坚守了18年却没有表白过一言半语，若不是孩子早夭，若不是她自己时日不多，这个秘密还将会继续下去。

忠诚与负责是紧密相连的孪生兄弟，一个忠诚的人势必是负责任的。我的一个妹妹说：嫁人就要嫁林冲这样的。因为他懂得珍惜爱情，呵护妻子，对家庭负责，所谓“熬得住，把得牢，做得彻”。而林冲正是《水浒传》中典型蓝色性格的代表。

相比之下，红色因为害怕随着责任而来的压力，与蓝色相比，红色的责任只是放在嘴巴里说说。从童年时就露出端倪，就好比四岁的男孩亲了三岁的女孩一口，女孩对男孩说：“你亲了我可要对我负责啊。”男孩成熟地拍了拍女孩的肩膀笑着说：“你放心，我们又不是一两岁的小孩子了。”

解读《廊桥遗梦》的蓝色情感

影片《廊桥遗梦》中，女主人公与摄影师发生婚外情以后，为了家庭最终选择了结束;然而，在遗嘱中却要求把自己与摄影师埋在一起。让我们重新回顾女主人公给儿女的信，看看两个蓝色相爱的故事。重要的是，可以此信的摘录作为切人，来尝试进入到蓝色的内心世界。

亲爱的卡洛琳和迈可：

请你们理解，我一直平静地爱着你们的父亲。我过去知道，现在仍然知道是如此。他对我很好，给了我你们俩，这是我所珍爱的。不要忘记这一点。（"平静"两个字，非常清晰准确地表达了她对丈夫爱的程度和情感，这种"爱"更多的是"亲情"的爱而非"爱情"的爱，更像是一种责任和回报。）

请你们不要把他想成一个到处占乡下姑娘便宜的浪荡人。他决不是那种人，相反，他有点腼腆，对于已发生的事我和他有同样的责任，事实上我这方面更多。手镯里那纸条是我钉在罗斯曼桥上的，为的是我们初次见面的第二天早晨他可以见到。除了他给我拍的照片外，这纸条是他这么多年来拥有的唯一证据，证明我确实而不仅仅是他的一个梦。（对于她所爱的人在道德上的维护，表示了蓝色对于道德感的看重。同时蓝色在纪念品上的保存，代表了蓝色内心里浓烈的怀旧情结。）

如果不是因为你们俩和你们的父亲，我会立即跟他走遍天涯。他要我走，求我走，但是我不肯，他是一个非常敏感，非常为别人着想的人，从此以后没有来干扰过我们的生活。（蓝色女主人公因为照顾家庭的责任，所以即使内心情感的驱动非常巨大，但是责任心最终压过自己内心的真正需求。蓝色会因责任和承诺而放弃自己的快乐，当然这主要是因为有了一对子女，在没有子女的婚姻状态中，蓝色通常会选择分手。而对于摄影记者罗伯特的蓝色，本段也清晰地勾勒了蓝色将爱埋藏在内心的特点。）

不过我必须坦诚地告诉你们，从一开始，罗伯特比我更了解我们两人怎样是天造地设的一对。我想我只是随着时间的推移才逐步理解这意义的，如果在他与我面对要求我跟他走时我已真正了解这一点，我也许会跟他去了。罗伯特认为这世界已变得太理性化了，已经不像应该的那样相信魔力了。我常想，我在做出决定时是否太理性了。(对于蓝色的男性摄影师而言，他没有强力提出让女方和他走的原因，在性格的角度上很容易理解，因为——他期待对方能够自愿提出和他走，如果一定要把话说得很明白，一切都挑明了，那也就索然无味，没什么意思了。这两个蓝色，是可悲还是可敬?所谓“成也蓝色，败也蓝色”。)

如我所说，我希望你们理解，别把我往坏里想。如果你们是爱我的，那么也该爱我做过的事。罗伯特教给了我生为女儿身是怎么回事，这种经历很少女人有，甚至没有任何一个女人体验过。他美好、热情，他肯定值得你们尊敬，也许也值得你们爱。我希望你们两者都能给他，以他特有的方式，通过我，对你们很好。(最后一段，表达了对于希望能够被人理解，尤其是自己在乎的人能够理解自己的强烈愿望。因为蓝色的含蓄，蓝色对于理解和默契极其向往和看重。因为蓝色是完美主义者，他们常为别人对自己的偏见和不正确评价而苦恼。)

计划周详　注重规则

蓝色做事的第二准则

> **“做任何事情首先制定好计划，然后严格地按照计划去执行”，也许这是蓝色做事中仅次于“要么不做，要做就做到最好”最高座右铭之后的第二准则。**

当蓝色与红色一起工作

当蓝色与红色共同去完成一件任务时，蓝色欣赏红色层出不穷的新点子，红色却为蓝色安排的精确暗暗叫绝。

按理说，他们应该享受彼此优势互补。然而当蓝色开始沉醉于具体步骤的制定时，红色钻出来，大声宣告："兄弟，我又有个新想法，咱们看看好吗？"

红色充满无限快感，爆发完自己的阐述，痛苦降临到蓝色身上。因为起先他已实行的程序，通通被翻盘。

当蓝色彻底被红色的反复无常激怒后，最终他们总有办法说服红色。那是因为蓝色是坚持的，而红色不够坚持。

当蓝色与黄色共同去完成一件任务，先制定了一个大家认可的方案，然而开始没多久，黄色因为对速度的关注，突然发现有更近的路可以到达目的地，便毫不迟疑地用惯常的命令式的口吻要求蓝色。蓝色岂是一只软柿子，而黄色总认为自己的观点是对的，这让蓝色变得非常反感和抵触。在一场硬对硬的碰撞中，双方即使充盈着血水泪水与汗水，都不肯松口，这一切缘于他们都是坚持的。

黄色：用什么猫捉不重要，捉到老鼠最重要；
蓝色：捉到老鼠很重要，用什么猫捉和怎么捉的同样重要；
红色：捉老鼠并不重要，捉老鼠好不好玩最重要；
绿色：你们嫌不嫌烦啊，老鼠不去管它，放在那不是也蛮好的吗？

我经常建议一群欲游山乐水的伙伴，出行如果团队成员中找一人管理费用，最佳的财务总管当非蓝色莫属。假设你被红色蒙蔽，或者你们这群人通通是红色，这下走着瞧吧！不出三日，定让尔等有去无回！红色哥俩儿好啊，一群红人见到什么都亢奋，用钱无度全凭兴趣所至，天天不醉不休，不到三日囊中羞涩，面面相觑。倘若当初找了蓝色，出行前必约法三章，真正用起钱来锱铢必较，寸金不让，你若逼他花钱，一句话："今天预算没有这个"，把你顶将回去，初时心里恨得牙根痒痒，颇为不爽；最后打道回府时，才发现此行衣食无忧，尚有盈余，皆大欢喜。

这也就难怪，大多数组织里的财务人员以蓝色居多，这不仅与仔细、责任和数字感有关，更重要的是蓝色似乎天生就有未雨绸缪的意识。

从迟到的刘墉到牌亦有道

红色和黄色不愿受到规矩束缚，蓝色和绿色在"遵守规则"上却都很明显。两者相比，绿色只是惯性地跟从，懒得去想，你说怎样就怎样。对于绿色来说，和谐的人际环境比规则要重要；而蓝色刻意地要求自己按照既定的规则行事，他们是惯例的守护者。

红色：不喜欢被规则束缚的人，偶尔不按规则出牌会觉得新鲜有趣；
黄色：打破规则的人，他们更希望由自己来制定规则而不是遵守规则；
绿色：害怕违反规则的人，但绿色可能因为懒散而无法达到规则的要求；
蓝色：最遵守规则的人，并且竭尽全力做到规则内的最好。

严格执行规则在红色看来是非常死板的。台湾作家刘墉，近年因为丰富的小品文在大陆深得欢迎，刘墉本人的红色性格在文章的表达方式中多有显露，来看刘墉对于自己往事的一些回忆，从而揣摩红色对于规则的态度是什么。

台湾作家刘墉在美国大学教书结束，为了解学生们的想法，请大家提出批评。“教授，你教得很好，唯一不酷的是，你常在每堂课开始时等那些迟到的同学，又在下课时延长时间。”刘不解地问：“你不是也曾经迟几分钟进来吗？我是好心地等；至于延长时间，是我卖力，希望多教你们一点，有什么不对呢？”居然全体学生都叫了起来：“不对！”然后有个学生补充说：“谁迟到，是他不尊重别人的时间，你当然不必尊重他；至于下课，我们知道你是好心，要多教一点，可是我们下面还有其他的事，你这样一拖，就造成我们迟到。”

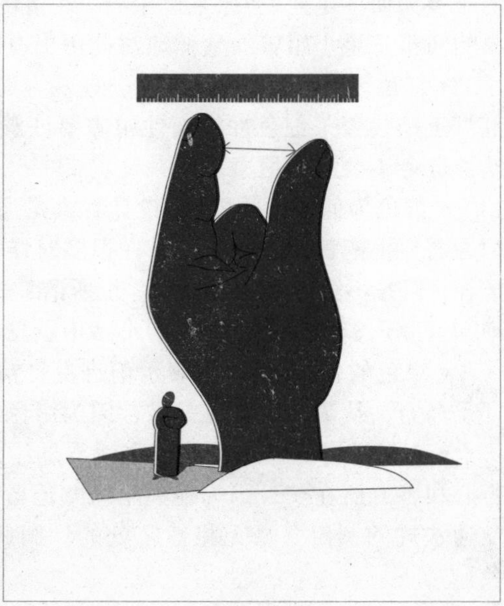

有人质疑为何我将刘墉归为红色性格？理由如下：

其一，刘墉少见富有逻辑性、系统性或有深刻性的文字或大部头著作，而以数量庞大的散文和小品文见长。客观地讲，以我的研究发现，少有大部头流传百世的文学作品出自红色之手，基本以出自蓝色为多。

其二，刘墉在教学时的动机，完全符合红色"关照他人和乐于奉献"的心理。"关照他人"表现在当发现有人迟到，宁愿等待以表现关怀；"乐于奉献"表现在希望多教大家一些，是自己心甘情愿地无偿付出。这正是典型的红色心态，尤其是当这种心态与游戏规则（按时下课）发生冲突的时候，往往是规则占据了红色的下风。

同理，我们将它升华到选择牌搭子的高度。几个兄弟打牌，说好12点结束回家睡觉。若是蓝色最后输了钱，游戏规则定好，说好结束就结束，各位还有机会定时回家睡觉。若是红色输了，兴致上来，那可不行，定要继续大战一番，规则是人定的嘛，可以再定。若是黄色输了，那你也甭想轻易溜走，要么继续打到他赢为止，要么赌金暂欠下次再付，倒不是他在乎钱，而是一定要赢。所以，我打牌，喜欢挑蓝色或者绿色的伴，省得给自己找麻烦。

交通指示灯色彩的含义

各位是否知道交通指示灯上红黄绿三种颜色的灯光设计出自何因?交警的服装为何多是蓝色?原来此中与"性格色彩密码"渊源颇深。我那充满想象的同事芒果小姐曾经精辟地对此历史有过说明。

• 红色为何表示停呢?从前一直以为是红色醒目，其实真实的原因是，红灯正是代表了红色性格天性中需要注意的——不遵守秩序，自由散漫，劝诫红色不要意气用事乱闯一气。

• 黄色为何表示暂停呢?设计者真是通晓了性格色彩密码精髓的高手，因为需要提醒黄色人的正是：在很多时候需要停下来，直线虽然是最快的捷径，但并不意味着是最好的。正所谓"一停二看三通过"，不要只是一味地知道冲杀，要学会在生活的小站中歇息。

• 绿色的含义呢?绿色表示前进更是精妙得紧——鼓励绿色迈开步子，开足马力，从眼前的路口前进，因为绿色缺乏的正是行动力。

• 为何没有蓝色呢？这根本就不是什么设计者的疏忽，而是设计者的苦心和善意所在——因为他们早就知道蓝色所代表的是谨慎和秩序，这和交通法规的制定是毫无相悖之处的！因此蓝色本来就是交通秩序的代言色！

所有标签一致对外

对于蓝色来讲，一旦规则制定，所有的人都必须严格遵守，蓝色通常接受法律和秩序的权威性，与此同时，他们也欣赏他人对高格调和高条理性的追求。

在一个蓝色掌权的家庭里，家里的规则是非常讲究的，比之刘姥姥进大观园的耳晕目眩也许有过之而无不及。这位蓝色规定：家里的筷子是分层次和部落排列的，银色金属的筷子专供客人使用，红木的筷子专供长辈使用，而只有竹制的筷子才是平时一家人吃饭所用，如果用错，那可是天大的事情；参观厨房间，你永远可以看见有五块抹布列队整齐，专事玻璃、瓷砖、灶台用品、厨房家电、手五大领域，各司其职；卫生间里面，洗发水、护发素、沐浴露、润肤露一字排开，更绝的是—标签一致对外。如果有一个标签朝里，蓝色不厌其烦地会半夜爬起纠正过来，检查确认完毕后才睡得踏实。

蓝色喜欢将东西摆放得整整齐齐，世界松散的一面令他们感到沮丧，并有强烈的意愿去调整无序变成有序，这样他们才能感受到些许的满足感，这就是蓝色那么喜爱收拾东西的原因。在将不规则的形式变成规则的过程中，他们感觉到这个世界是需要他们的，即使那是微不足道的。

讲究精确　迷恋细节

精确是这样炼成的

蓝色喜欢准确，这强烈地受到他们完美主义的驱动。对于蓝色来说，任何值得做的事情，必须做到最好。他们对于标点符号的正确与否和页眉页脚是否对齐，能够轻而易举地发现，并不厌其烦地改正。儿时的蓝色可能与你度假在宾馆时，会强烈要求和你互换一只拖鞋，因为他发现了两双同样是白色的鞋面却有不一样的花纹。在大部分时间里，他们的所作所为基本都是正确的，这是他们的生活准则，正是如此，他们绝对不能接受那些不精确的人，并力图将错误纠正到标准答案。

在成都的一次研讨会上，我遇见一个非常年轻的小伙子正在部队服役，借放假的机会赶来参加培训。之后，我不断在课堂上宣称他是“陆军战士”，没想到，他立即举手表示，他是“潜艇兵”不是“陆军”；当我再次口误时，他更加严肃和不爽地注视着我，重复声明。当场，我拿此作为一个极好的案例，用来说明调整我们的行为方式及用词是多么重要。

有趣的是，这个小伙子的性格是蓝+黄而并非典型的蓝色，因为典型蓝色的含蓄原因，会宁愿在下课后对你提出问题，以代替课堂中公开提出质疑。因为有了性格中的第二色黄色，小伙子才会公开提出这样的纠正。

> **对你来说，无关痛痒的词语，对其他人来说，却并非如此，学会理解并尊重他人的思想和感受，学会理解别人，是我们一生的功课。**

史上记载，曾国藩有次去视察湘军新造好的战船，问船有多长，答曰120尺，结果曾氏从船头走到船尾，怒曰：明明是135尺，为何虚报？原来曾一生严格自控，每日踱步修行。早已训练到每步路的标准尺寸都是3尺，绝对不会有一丝偏差，而刚才恰好行走了45步，故对于下属这种极不精确的作法表示深恶痛绝。

自律精确到这份上，连皮尺也形同虚设，“精确是这样炼成的”啊！

你难道以为烹饪只是为了吃吗？

因为蓝色的关注细节，他们容易成为最麻烦的人。但不得不承认，因为不会出错，这种“麻烦”带给我们对于结果最大程度的安全感。也正是因为这种不厌其烦的精神，他们将所有正在做的事情达到力所能及的巅峰状态。一个绿色的女儿是这样评价蓝色老爸的：

老爸很喜欢烹饪，他喜欢的并不仅是每日为了果腹所以做菜，而是把它当成闲暇时自娱自乐的一个节目。说自娱自乐也不准确，因为老爸对烹任每个细节的关注，是需要让观众学习和了解的，而烹饪的结果也是需要观众的认可。你知道素鸭的做法吗？要把豆皮用调好的腌料腌好，还要捆扎成形，老爸操作时的专注、享受，当成艺术在经营和投入的那种感觉，让人侧目。我想起自己，虽然也有几道拿手菜，但每次心里就在嘀咕，做菜的每道程序真麻烦，不知道有没有办法简化，而不是想怎么做得更好吃。以我这样的心态，做菜的水平可想而知，提高实在是有限的啦。

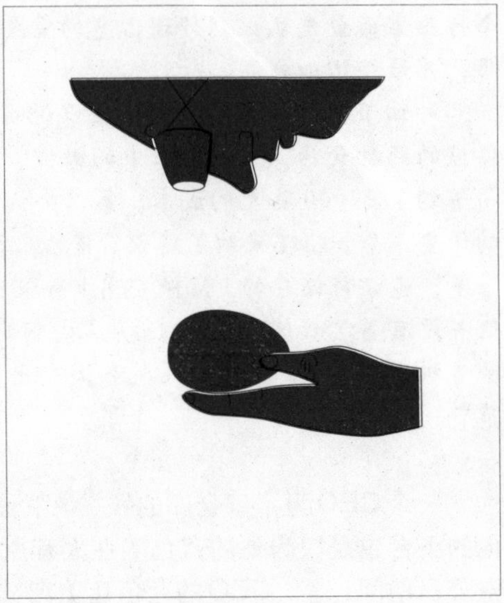

让我们再来看看商业机构中蓝色因为关注细节起到的至关重要的作用。在许多组织的管理者中，以蓝色为代表的理智主义者都占据着主导地位。他们希望企业的运作清晰可见，控制有方，不喜欢让人感到模糊困惑。规则、条例和政策是他们的思想指导，他们关注的焦点是细节，不给偶然情况留下什么空间。在追求具体数据和事实真相的过程中，他们似乎只对客观量化的东西感兴趣，所以难免有时也会给人冷漠的感觉。

超蓝CEO的空城计

蓝色的完美主义倾向，让蓝色一生离不开细节，凡事大小通吃，巨细兼顾，且始终维持一贯的专注，并且心甘情愿苦练到完美为止。蓝色欣赏那些不管从事哪一行，同样为了完美而耗费精力的人。美洲航空公司CEO罗伯特可能是全球民航业的领导者中，客观地说是蓝到极至的一位了。

美洲航空成为民航业中最复杂、最庞大、分析水平最高、使用计算机最广泛深入的一家。罗伯特梦想把什么都量化。如果飞机晚一分钟开出，如果取消订票，如果到达目的地的乘客比期望的要少，他一定要问清楚原因，并且要求确切的数字：即要总的分析表、百分比，也要总的数据。他在整个行业里面最先认识到处理信息的重要性——分析结果，降低成本促进销售，并最终增加利润。

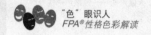

对细节的关注有两个例子足以说明。第一个例子是他取消了美洲航空供应的两种食物，一是色拉中的橄榄，二是鸡尾酒中的芹菜。这一项为公司节约了92000美元的成本。第二个例子是他建议一位机场经理减少仓库的保安人数。经理采纳了建议，将原来3位全职保安减成1位。罗伯特还是嫌多，建议将仅存的1位保安用1条狼狗代替，经理再次采纳建议。谁知，他并没有善罢甘休，还建议说："找个录音机来，放到狼狗面前，让它冲着录音机大叫"。罗伯特本人也承认"我很善于处理细节问题，我很喜欢细节"。

一个CEO为了省仓库的钱，录下狼狗的声音玩空城计，神人啊。最后他的下台也是因为他的蓝色实在太有点过分了。但不管怎样，执掌美洲航空公司期间，这位CEO的蓝色让美洲航空非常注重技术管理，重塑了公司的形象，使它看起来最突出的地方不像是一家航空公司，倒更像是一家计算机公司。

蓝色是完美主义者，对他们来讲，如果这个事情值得做，那就一定要做到最好。任何的松懈和放低标准让他们感到自己良心的谴责，那将是一种奇耻大辱。

考虑全面　善于分析

一套零损耗的产品购买流程

健康的蓝色深谙"三思而后行"之道，在采取行动前必定进行脑电波过滤，而事实最后证明，那些都是必要的和英明的。

当电视广告在播放健身会员卡优惠促销的消息时，红色可能立即被吸引，然后很快去购买并在友人当中大肆宣传。这也难怪，他们是那么地富有分享情怀和"我忧天下忧，我乐天下乐"的精神，所以既然我买了这个东西很快乐，我也要让你知道这个消息，让你快乐。而蓝色这种“先天下之忧而忧”的动物是完全不会去大肆宣扬的。

相反，当蓝色看到广告，让我们来想象他们的瞬间反应。

首先他会问为何要降价？其次还有没有可能继续下降？在同时运转无数个问号的同时，上网下载了所有本地健身俱乐部的信息。具体内容包括年卡、半年卡、季卡、月卡分列的价格（首先是总费用的预算考虑）；每个健身房与公司和家庭的距离（以便测算下班和节假日前往的交通总成本）；每个健身房成立的时间（考虑健身设备的折旧率和可能有多少最新设备）；综合因素具体又包括教练的配置，其他会员的层次高低等等不一而足……

完成第一步的壮举之后，蓝色在一系列的表格化分析后，选出三个候选者登上榜单。在最终决定前，蓝色会不厌其烦地亲临实地进行考察体验，并在每个健身场所当地物色若干民众进行抽样访谈，最终决定下来自己的“最爱”。说是“最爱”，对蓝色仁兄来讲，其实还是有些不精确，因为在蓝色仁兄看来，这个世界上没有最好，只有更好。（“最”字本身就代表了一种对生命不敬畏不负责任的表现）只能说，相比较下来，在当前情况下，这个地方比较符合我的需求。

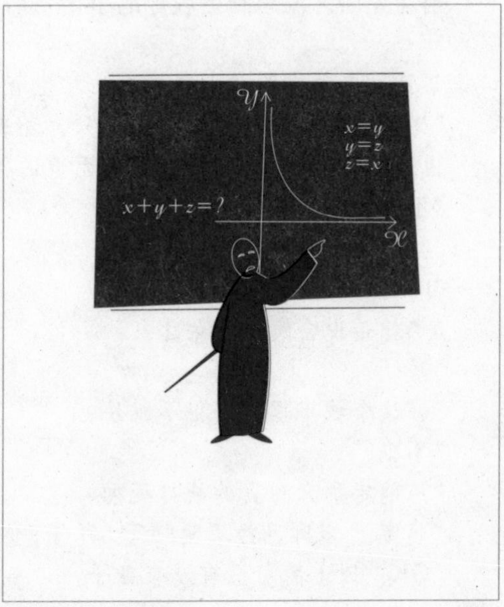

红色不仅对新款式是那样的敏感，更重要的是他们总是期待在刚刚出来的第一时间可以立即拥有，就像男人的处女情结一样，红色总是徘徊在这种“豆腐要趁热吃”的想法中。若无经济因素考虑，黄色却一直信奉“不求最好，但求最贵”，只要能够凸显身价和地位的都是不错的。而蓝色对于新产品的面世，总是保持一种等待的心情，除了他们坚信价格将随着时间推移而逐渐走低以外，他们总觉得新出来的东西性能不一定稳定，他们宁愿相信高品质是建立在时间的考验上的。

开枪打死一只鸟引发的分析风暴

蓝色之所以适合做律师，相对应的，律师从业者中的确有不少也是蓝色。除了蓝色的责任心、善于理解他人和细腻的原因外，更重要的是他们的周密逻辑和无懈可击的推理分析，往往在辩论时坚守原则，而不仅是摆出以势压人的螺丝道场。

有时你会被蓝色的问题气得七窍冒烟，但冷静下来却充满赞叹。在你看来不值一提的事，对于他们却是那样地举轻若重，也许正是这样严谨和不容出错的精神，才能达到至臻完美的境界。

我曾与一位百事可乐管理质量控制的学员保持联系，在某次的E-mail当中，我在结尾顺口问了句："最近有什么趣事和我分享吗？"很快，我收到了他的回复："乐老师，请你给出'趣事'的定义。每个人对于趣事的认识会有根本的不同。没听过那句话吗？人与人的区别有时比人与猿的差别还大。当然，这并不是说做猿不好。"

当场无语。没想到更震惊的事情在后面。隔天我看到一个笑话：

某日，老师在课堂上想看看一学生智商有没有问题，问他：
"树上有十只鸟，开枪打死一只，还剩几只？"
他反问："是无声手枪或别的无声的枪吗？"
"不是。"
"枪声有多大？"
"80-100分贝。"
"那就是说会震得耳朵疼？"
"是。"
"在这个城市里打鸟犯不犯法？"
"不犯。"
"您确定那只鸟真的被打死啦？"
"确定。"老师已经不耐烦了"拜托，你告诉我还剩几只就行了，OK？"
"OK，树上的鸟里有没有聋子？"

“没有。”

“有没有关在笼子里的？”

“没有。”

“边上还有没有其他的树，树上还有没有其他鸟？”

“没有。”

“有没有残疾的或饿得飞不动的鸟？”

“没有。”

“算不算怀孕肚子里的小鸟？”

“不算。”

“打鸟的人眼有没有花？保证是十只？”

“没有花，就十只。”

老师已经满脑门是汗，且下课铃响，但他继续问，“有没有傻得不怕死的？”

“都怕死。”

“会不会一枪打死两只？”

“不会。”

“所有的鸟都可以自由活动吗？”

“完全可以。”

“如果您的回答没有骗人，”学生满怀信心的说，“打死的鸟要是挂在树上没掉下来，那么就剩一只，如果掉下来，就一只不剩。”

当黄色力图用最简捷的方法解决最复杂的问题时，蓝色也许正在用最复杂的方法诠释最简单的问题以确保周详和严谨。而正是如此，他们经常运用现有的一个观点并使他发展，他们具有发明家的思想和本领。

为了让这个令人肃然起敬的蓝色学生的光辉事迹，能够发扬光大，我郑重地将这个故事放到我们的论坛上，之后我目睹的不同性格的评论，更加捧腹，让我坚信“所遇之人，必有红蓝黄绿，巧妙不同，自有规律其中”。

从BBS上截取了几个有代表性的性格对这个笑话的回复，没有丝毫的加工，从各人的语气、标点符号和文字上，各位自己感受红蓝黄绿的奥妙和变化吧。

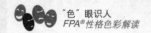

红色1号：酷毙了，COOL！！！！！！！！！！！！！！！！！！！！！！超级（ ）颜色！！！！！！

红色2号：哈哈，看来以后撒谎啊什么的事情也要看清楚对象才能再实施啊……

绿色1号：如果是我，可能会拒绝回答这个问题。一是觉得问这问题的人无聊；二是怕别人觉得我回答这个问题无聊。可是我又担心不回答好像是有点不给他面子，其实没有这个意思啦。所以作为绿色的人，会觉得红色人大惊小怪；红色人可能会觉得绿色人无趣。

绿色2号：艺术是允许夸张的，而且流传千古的发人深思的耳熟能详的典故都是因为夸张的巧妙而合理。这使我们更深刻地认识典型人物的典型特点。我以为这个故事很形象地让典型的蓝人跃然网上。另外，好像鸟的肚子里是不会怀孕的，应该改为：鸟巢里蛋壳里的鸟。否则让人家说你是优势过当，或是红色玩了一把蓝色的深沉。先声明我不是蓝色。

黄色：这个问题纯粹是无聊的人编的。

蓝色：楼上的朋友恐怕不是蓝色的人。其实，对蓝色的人来说，这个故事并不无聊，而只是稍微艺术地夸张了一点而已。如果这个问题在现实生活中拿来问我，我不至于反问你15个问题，但我在回答之前至少会问你5个的。

黄色缺乏幽默感，干脆也不屑去幽他一默；红色哪怕在无聊中制造快乐，也认为是一件功德无量的事，就连用省略号都是那么夸张；绿色处处配合和怕伤害别人，可谁也不能低估他们的那种你笑我不笑的冷幽默；惟独蓝色过分重视逻辑性与关联性，从最后一位蓝色的回应中，你可以感受到蓝色这种把笑话进行深刻分析的本领，这让我们不得不慨叹于造物主的精妙。

执着有恒 坚持到底

便秘者，少蓝色乎？

蓝色之所以容易成为最值得信任的人，除了重承诺外，从另一个视点

来看，也因为他们一贯是脚踏实地的和可预测的。所谓“可预测的”也就是“规律”。

一对双胞胎兄弟中的黄色哥哥汤小宝，蓝色弟弟汤小贝，两人共同酷爱奥特曼。黄色小宝拥有不下15个式样的玩具版本，并且仍旧不停地狂热扩张，见人便绞尽脑汁地花你直到给他购买为止；蓝色小贝只有一个模型“宇宙英雄”，其他一概不喜欢，最重要的是每天同一时间同一场地跳到当中怀抱模型仰天长啸：“我是宇宙英雄，奥特曼！”据说180天如一日，未曾改变，而黄色小宝从来不屑与此。

常见小贝一人于空旷处原地跳高，并口中富有韵律地反复轻呼：“多做运动，多大便；多做运动，多大便；多做运动，多大便……”原来小贝谨记母亲教诲，每日必定按时通便，不通顺时必原地弹跳，加速体内肠道蠕动以达效果，至此，口中真言方知奥妙。

通过对汤小贝小朋友的行为观察，让我对蓝色的童年有更进一步的了解，当然我不是想说明蓝色的童年都是那样度过的，但至少当我再次听红色妈妈说到“我那蓝色儿子为何每天跑步，就算雨天也在跑，是不是有病啊？”时，完全可以理解。有人质疑，难道绿色没有规律吗？需知绿色规律的关键在于“不变化”，而蓝色规律的关键是“坚持”，似原地起跳促进肠道蠕动这种事，绿色才懒得做呢。

想起前女友，这个我见过的最健康的人。她饭前便后洗手，饭后便后刷牙。每天早起，小便后喝一杯白开水，每天从广元路侧门开始，绕交大外围跑一圈。为了增加修养阅读名著，看着她以每天五十页的速度研究《约翰·克里斯朵夫》，我常被她的这种感觉不寒而栗。看到汤小贝，我又想起她，我总想大胆推断：在所有便秘和痔疮患者中，蓝色的比例相对较少。后面，我还将向各位证明心脏病、高血压、抑郁症、过劳死等生理和心理疾病与人类性格的关系。这里我们可以联想，比如暴饮暴食者，容易出现在自控力较弱的红色，遗憾的是，关于便秘的性格定律还未小心求证，在此聊作笑谈仅供参考罢了。

如果琼瑶和曾国藩生在同一个时代

蓝色对于自己内心有兴趣的事物所表现出来的巨大狂热，通常不像红色那样，以张牙舞爪的姿态显现给世人。但他们势必会化狂热为专注，这种专注，不仅是那种一根筋坚持到底的精神，更有那种一旦投入，身上散发的与生俱来的痴迷，脸上弥漫着如入魔道的迷离和执着。

在《还珠格格》以前，琼瑶阿姨已经完成了42部小说，你很难想象42部小说是如何写出的。再比如张小娴小姐（蓝色），七年前出第一本《面包树上的女人》后，此后以不为读者所接受的速度出小说，而李碧华小姐（蓝色）的速度也不可谓不快。与那些激情恣意爆发，灵感到处流窜，有则闭门谢客、发奋猛攻，无则卧床休息、痛苦不堪的红色作家们相比，蓝色严格地给自己圈定每日写作的时间，你真是不能不佩服这些写作习惯无比坚持不懈的作家们。

如果说红色作家的写作习惯，更像一只从非洲飘来的随时准备发情的雄狮；那蓝色作家的写作习惯，就更像一匹来自西伯利亚的孤独静守着的野狼。

曾国藩（蓝＋黄），堪称中国近代史上"立德、立功、立言"集大成的典范。让人敬佩的是，文正公为后世留下无数精美散文，其中包括1400多封家书，直到临终前一天才搁笔。是什么原因能让他在夜深人静的军营中、车轿里、城墙边、战船上完成这1500万字？翻开《曾国藩日记》和《曾国藩家书》，至少在不同的年代有十篇从不同角度特别提到关于"有恒"的问题，这足以解释"西伯利亚野狼式"写作习惯的真正意义。

假若琼瑶阿姨和曾国藩生在同一个时代，从这一角度，或许文正公可收下琼瑶这个学生，不说"立德"和"立功"，以"立言"而论，至少在写作精神上，琼瑶深得曾氏精髓。

> 红色要大快乐，但是小快乐一个也不能少；而蓝色如果有大快乐，小快乐我宁可一个都不要。

蓝色的天然优势

作为个体

- 严肃的生活哲学。
- 思想深邃，独立思考而不盲从。
- 沉默寡言，老成持重。
- 注重承诺，可靠安全。
- 谨慎而深藏不露。
- 坚守原则，责任心强。
- 遵守规则，井井有条。
- 深沉的理想主义者。
- 敏感细腻。
- 高标准，追求完美。
- 谦和稳健。
- 善于分析，富有条理。
- 待人忠诚，富有自我牺牲精神。
- 深思熟虑，三思而后行。
- 坚韧执着。

沟通特点

- 享受敏感而有深度的交流。
- 设身处地地体会他人。
- 能记住谈话时共鸣的感情和思想。
- 喜欢小群体交流的思想碰撞。
- 关注谈话的细节。

作为朋友

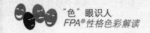

- 默默地为他人付出以表示关切和爱。
- 对友谊忠诚不渝。
- 真诚关怀朋友的境遇，善于体贴他人。
- 能够记得特殊的日子。
- 遭遇难关时，极力给予鼓舞和安慰。
- 很少向他人表达内心的看法。
- 经常扮演问题分析的角色。

对待工作和事业

- 强调制度、程序、规范、细节和流程。
- 做事之前首先计划，且严格地按照计划去执行。
- 喜欢探究及根据事实行事。
- 尽忠职守，追求卓越。
- 高度自律。
- 喜欢用表格、数字的管理来验证效果。
- 注重承诺。
- 一丝不苟地执行工作。

第五章 黄色优势

目标导向 永无止境

一个 MDRT 会员的演讲

如果上天有命，让你摊上一个黄色的子女，恐怕你的荷包从此非得大大出血不可了。黄色的孩子在童年时代就懂得如何在大庭广众之下，运用软磨硬泡等各种手段，以达到购买化妆品和玩具的目的。他们可不像红色那样容易放弃，就算你心狠下来，没让她此刻得逞，回到家里，她最后会将家里的阿爷阿娘搞定，反正曲线救国也是救，直线救国也是救。

以目标和结果为导向，不达目标，誓不罢休，是黄色从来就知道的。

在黄色朝目标前进的过程中，若有谁敢于表示丝毫的怀疑或者不信任，这不啻于是对黄色能力的莫大侮辱和挑战。由此引发的结果是在黄色的心中埋下一颗暗暗发狠的种子，这颗种子在黄色内心不断孕育，直到目标达成的那一天。

在保险行业的 MDRT（百万圆桌会议）顶尖会员演讲中，有人提到他能做到今天的成就，全部得益于两件事情：首先是他的母亲和周围朋友的打击，当他决

定加入保险行业时，他的母亲和周围的朋友都极力反对；其次，就是他曾经最爱的女友在两人苦恋数年后，投入到一个阔少的怀抱。他之所以咬牙做到现在，唯一的动力就是，有一天他要向母亲证明"我是对的，你们是错的。"让女友知道"你离开我，是你一生最错误的选择。"他毫不掩饰地表示，他最大的梦想，就是让那些认为他不能成功的人对他的预言，永远都实现不了。

黄色一旦长大成人，他们与生俱来的动物凶猛和那种执着的原始野性，自然而然就转化为对目标近乎疯狂的坚定，他们会为了实现目标想尽办法并不遗余力，不停地唱颂着"只有偏执狂才能生存"的口号前进。然而一旦目标不能实现，他们就会立即调整方向，从另外的角度对目标发起进攻，而非愚蠢地犹如堂吉诃德般地冲向大风车，也不会像茨威格或屈原先生那样只能以死铭志。黄色就如《麦田守望者》里所说："一个不成熟的男子的标志是他愿意为某种事业英勇地死去，一个成熟的男子的标志是他愿意为某种事业卑贱地活着。"

信念的坚持，至少也是生命延续的理由。虽然黄色和蓝色都是坚持的，但在信念的坚持上，黄色仍比蓝色要做得出色。

吾生有涯而目标无涯

全球收视率顶尖的《幸存者》的传奇制作人马克伯耐特，在他的自传小说《挑战——如何在生命游戏中生存和发展》的封面上，写了迈向成功的七个要素：只重结果；勇于面对失败；明智选择合作伙伴；毅力中见品格；无论对错，速决定；设置可达到的目标；努力向上，超越，再继续向前。七个要点剑锋直指黄色。按照法国前总统戴高乐的说法正是："唯有伟大的人才能成就伟大的事，他们之所以伟大，是因为决心要做出伟大的事。"

纵观亚历山大大帝、成吉思汗、拿破仑和希特勒，几乎无一例外全是黄色。他们决心要征服更大更广的世界，且取得了巨大的成功。在CCTV版的《射雕英雄传》中有这样一个情节，成吉思汗带着郭靖在草原上策马转了几圈以后，小郭拼命感慨草原的无比广阔，及对于大汗统一草原丰功伟绩的赞颂。而与此同时，成吉思汗却遥指大宋，坦陈人生真正的梦想。

黄色似乎很少有知足的时候，他们总是给自己定下一个又一个的目标去达成。成大事的黄色，都不能容忍平淡无奇的生活状态，渴望体验斗争的乐趣。

这种“置之死地而后生，知其不可为而为之”的意志与气概，是很多黄色有大成就者的共同点。他们能够知难而上，以弱抗强，由弱转强，扶弱制强，创造奇迹，赢得永久的辉煌。

在我多年的销售生涯中，每个月在公司都有巨大的压力指标等待完成。假设红色和黄色两种性格的销售人员，都提前5天完成了当月目标，他们分别会有如何反应呢?大体上，红色那位兴高采烈，邀上狐朋狗友大开庆功宴，下月再重新干过；却发现每次黄色已完成目标却依旧埋头苦干，如果同僚中有人超过他，定要弄个冠军方肯罢休。

最好的进攻就是最好的防守

国美的黄光裕（黄色）认为：“从事商业活动，危机感无处不在，但我并不害怕。我考虑的就是积极地去工作，一刻都不能停，稍有疏忽，可能就要被对手打败。”这种感觉颇与《兄弟连》里的台词描述得类似：“我们是伞兵，生下来就被包围。”

的确，和黄先生同样的黄色同仁们，经常发表此番“我每天的心情都是如履薄冰，如临深渊”的高论。如果说思危的根源正是不安全感，那我们应该如何来理解黄色怎么也会有不安全感呢?

以安全感而言，红色每日沉醉在快乐和幸福中。就算有时会有忐忑不安，稍顷也被生命中的嬉戏击打得烟消云散；而绿色因为本身需求无多，对环境的适应能力也容易随波逐流；理论上来讲，蓝色才是最缺少安全感的人群，那是来自于他们的杞人忧天，他们总是担心有未曾预测的意外发生，即便是做好了所有的战前准备，还是难以掩饰心中莫名的担忧，因而要推动自己不停地进步。

来看看黄色吧，为了强化竞争力，保证自己永远是独占鳌头和傲视群雄，他们会付诸于行动来继续巩固。黄色认为，最好的安全就是不断地占领和蚕食敌人的地盘，这正好应验了现代足球中精髓的一个理论：最好的进攻就是最好的防守。而对于蓝色来讲，最好的安全就是不断地建筑防御工事。黄色为了得到他们自己定义的这种安全保证，有时会自己制造出来一些假想敌，正是在这样一种"居安思危，不进则退"的推动中，黄色取得的成就越来越大。

红色：今朝有酒今朝醉，明日再担明日忧；
蓝色：天下本无事，庸人自扰之；
黄色：居安思危，不进则退；
绿色：无论风吹雨打，我自巍然不动。

求胜欲望　战胜对方

就是当汉奸，也必须是一把手

如果说"以和为贵"对于所有性格的人来讲，只有绿色是不需要学习就可明白的；那"胜者为王，败者为寇"就是为黄色专门度身定制的。黄色似乎不需要任何指点，在天性中就具备识别强弱的能力，与此同时，他们以此为自己人生的座右铭，并乐此不疲地每日教诲自己"强者生存，弱者淘汰"。

按照美国肯尼迪家族世代流传的信念：不能甘居第二。这种强烈的思想烙印使这个家族的成员活跃在美国上层，并产生多位政治家，包括第35任总统约翰·肯尼迪。有趣的是当年陈公博也曾在他的回忆录中说，当他劝汪精卫拖老蒋一道投日时，汪夫人陈璧君曾对他斥责道："难道汪主席当汉奸也只能做第二把手吗？"

连当汉奸也誓必要做第一把手，这黄色的魄力不由得让人吃惊不已啊。由此可知，"宁作鸡头，不作凤尾"的说法绝非空穴来风。言而总之，对于

黄色来讲，若能成为第一，那确是人生的一件快事，这可不像红色，领不领头并不重要，有没有快乐才是最重要的。

我观察过许多黄色的小孩童，发现他们更乐意和比他们年长的大小孩在一起玩耍；假设与同龄的人在一起，那势必是成为这群孩子的“孩子王”，率领这群队伍与另一群体开始激烈的“冲杀”。

当发现领导同龄的一群小小孩没有太大的成就感时，黄色小孩便趋向于寻找大小孩，这样做可以让他们自己学到更多的东西，或者进一步期待在“大小孩”中寻求自己的霸主地位并验证价值。

这就像黄色的女生逛街宁可和男生一起，原因恐怕也是在此。也许黄色女性在很小的时候便意识到，这个社会毕竟还是男权社会，既然没有办法在一开始施展自己的抱负，于是黄色女性先通过与男性的混迹，磨练自己的战斗力并伺机取得机会，这样总体上导致黄色女性的闺中密友并不多。当然，她们也是最深谙“男人通过征服世界而征服女人，女人通过征服男人而征服世界”之道的，要么是征服功成名就的男人，诸如邓文迪搞定默多克这类事儿；要么属于早期投资潜力股开始培养，比如说希拉里辅佐克林顿扶摇直上而后夫荣妻贵。

嗅取帝王诗句中的黄色味道

在人类文明进程中，蓝色在思想史上稳坐首把交椅，而抛弃笔诛口伐的篇章，若论帝王将相及对于历史推进的作用则非黄色莫属。在大多数的政治领袖中，我们都可以嗅到黄色的足迹，中国历来改朝换代的帝王和领袖中也不乏此文治武功之辈。我们尝试通过他们所做的诗词，窥一文而知全人，来寻找他们的共通性。

- 汉高祖刘邦《大风歌》　大风起兮云飞扬，威加海内兮归故乡，安得猛士兮守四方！
- 魏武帝曹操《观沧海》　东临碣石，以观沧海。水何澹澹，山岛竦峙。树木丛生，百草丰茂。秋风萧瑟，洪波涌起。日月之行，若出其中；星汉灿烂，若出其里。
- 隋炀帝杨广《饮马长城窟行》　借问长城侯，单于入朝谒。浊气静天山，晨光照高阙。释兵仍振旅，要荒事万举。饮至告言旋，功归清庙前。
- 唐太宗李世民《句》　雪耻酬百王，除凶报千古。昔乘匹马去，今驱万乘来。
- 大周女皇武则天《曳鼎歌》　天下光宅，海内雍熙。上玄降鉴，方建隆基。
- 宋太祖赵匡胤《初日诗》　欲出未出光邋遢，千山万山如火发。须臾走向天上来，赶却残星赶却月。
- 金海陵王完颜亮《临安山水》　万里车书一混同，江南岂有别疆封？提兵百万西湖上，立马吴山第一峰！
- 明太祖朱元璋《咏日》　东头日出光开始出，逐尽残星并残月。骞然一转飞中天，万国山河皆照着。

就连北洋军阀的老祖宗，实现了三个月帝王梦的袁世凯，居然也写出不少雄性勃发的诗来。譬如《登楼》："楼小能容膝，檐高老树齐。开轩平北斗，翻觉太行低。"在自家小楼上开个窗户，就跟北斗摆平了，睡觉翻个身，都嫌远处的太行山低。牛！

据《大明英烈传》记载，朱元璋做和尚时，一日，寺僧关了山门，朱元璋无法入内睡觉，露宿在外，当场口占一绝："天为罗帐地为毡，日月星辰伴我眠。夜间不敢长伸脚，恐踏山河社稷穿。"似我等山野村民，若是如此，兴许只会在门口念叨着"天灵灵，地灵灵，土地老爷快显灵。若有一床棉被盖，给你叩首到天明"。

从中国历代黄色的帝王中，我们可以发现，他们普遍最喜欢用的词，常有“日月、天地、风云、山河湖海”等字词出现；描述数量，动辄千万，口气巨大，使人觉得有恢宏气魄，主宰尘世之感。

以历代知名开国君王来看，除了周文王姬昌、唐高祖李渊以外，其余开国者莫非黄色。就这两位能够最终成事的，也是靠着他们两个各自的儿子周武王姬发，唐太宗李世民在后面的推动，而恰好这两位又都是黄色性格。

想起南唐后主李煜降宋以后，太祖赵匡胤赐宴群臣。席间问李煜，最得意的诗是哪首，李煜想了想，傻乎乎地背诵自己《咏扇》诗中的一联：“揖让月在手，动摇风满怀。”而怀抱超级美人李师师的宋徽宗赵佶，翻来覆去的则是：“玉京曾忆昔繁华。万里帝王家。琼林玉殿，朝喧弦管，暮列笙琶。”这两位治国能耐不行，也难怪会被人家欺负，最终弄得国破家亡。但南唐后主以传世之词作，宋徽宗则以独创的“瘦金体”书法名闻江湖却是不争的事实。

独孤求败最大的失败

在与黄色相处多了以后，逐渐发现黄色对于斗争的欲望是无处不在的，即便不能怎样，在口头上表示自己的硬朗和正确，对他们来讲也是过瘾的事情。

希拉里有次到加油站去，工作人员看到她，调侃她说：“你真幸福啊，嫁了一个做总统的老公。”希氏冷笑一声，回话道：“如果我嫁了你，你也会是总统的。”

黄色是在生命中那么地热衷于竞赛，他们习惯于将生命中所有的一切全部归于竞赛，一切都要比个输赢。想起我所有的球友、牌友和棋友，从未有服输过的时候，如果哪次你赢了他，必会让他内心不爽，于是黄色背后暗下苦功，稍后再来挑战你，直到他赢的时候才肯善罢甘休。而正是在这样一次次地挑战和不服输的过程中，黄色的技艺和境界迅速提高。因此对于黄色来讲，“不是东风压倒西风，就是西风压倒东风”是很容易理解的事情。

对黄色而言，对抗是一种享受，他们喜欢与势均力敌的对手对抗，不喜欢轻易获胜。面对强敌时，他们会感到力量倍增。武侠小说中的独孤求败大侠，因为武功太高，从未失败故而痛苦非常，到处与人比武，求败而不可得，一生为此而终日郁郁，失败对他来讲竟是如此珍贵，听到天下有武功高人，甚至愿意奔行千里，求得一败。从性格的角度上我们再来相比，同样是武林高手的老顽童周伯通，当红色的他武功太高没有对手时，红色只是为了解决如何处理自己人生过于乏味的问题，为了多些快乐和趣味，故而发明出每天自己打自己的“左右互搏之术”。而这在黄色的独孤求败看来，也许是那样地不屑和小儿科。也正因为如此，红色的周伯通没有对手时并不痛苦，只是觉得没人打架无趣而已；而黄色的独孤求败却觉得“一生得不到失败，竟是最大的失败”，这是红色和黄色性格两者巨大的差异。

假设黄色善用上天给他们的欲望，他们不服输的精神将会让他们在所有性格中最容易做成大事。然而如果他们辜负了上天的恩赐，发挥过当，最终将因为他们好斗的天性而自掘坟墓。

> **你不得不佩服黄色的坚定和执着，他们希望能够战胜别人，让别人服输的那种欲望几乎纵贯他们整个生命的任何一个细节。**

斗天斗地　敢说敢做

将挑战进行到底

黄色的吃饭、睡觉和呼吸的全部，到处充斥着行动的痕迹，通常没有任何困难能够真正击倒他们，他们极少被生命的打击吓跑，他们具有无比的战斗意志，使他们的对手难以轻易得逞。

悟空（黄＋红）是石头蹦出来的猴子，据说是日月孕育出来的，这样一个没家的野孩子，没有家族权威的羁绊，他的童年就是顽劣生事的童年。学得七十二变诸般本领后，他造反的矛头首先对准的就是更大的家——神仙世界的统治者。他大闹龙宫和天宫，去阎王殿将自己除名，正是表明他原本是一个彻底的自由身，无论最高统治者玉帝也罢，还是手握生死的阎王也罢，种种的权威在他看来都应该被他打倒。

而哪吒（黄色）出生在一个贵族家庭，父母都是有身份的人，他的叛逆之路更为艰难，更不为世人所容。他从挑战父权开始，进而挑战王权，直至以剔骨还父、寄身莲藕，清算和父母的最后一点“债务关系”。这种绝决的精神更是只有黄色才做得出来。两者的差别若以性格角度而言，黄+红的悟空除了性格主色是黄以外，兼有红色调皮搞怪的活跃，而哪吒则是典型的黄色性格了。

从悟空和哪吒的奋斗过程中，我们可以看到在黄色的精神世界里是没有“权威”两字的。有趣的是，一方面黄色希望人们把他们看成是权威，对他们无比尊重甚至内心崇拜；另一方面他们本身却将“权威”鄙视在脚下。

正是因为这样一种对于权威的怀疑和对于规则的不屑与公然挑战，武则天才成为古往今来一个天不怕地不怕、不信邪不服输、连日月星辰都为之一空的女性。按照武则天的思维模式：如果上帝不准她革命，她就革上帝的命；如果老天不给她革命的氛围，她就自己来创造；如果所有人都不赞成她革命，她就让大家谁都不要活。总之，凭什么只有男人能当皇帝，我就是不信这个邪，要颠覆一下这个万恶的规则。

女在外，父命有所不从

张爱玲是传统的，因为她生在一个显赫之家；张爱玲是叛逆的，1938年初，她毅然绝然地离开了家，即使是她那超黄色的父亲将她锁在不见天日的小屋中，最终还是出逃了；讲到张爱玲的离家出走，胡兰成曾经将她端坐在池塘边的一张照片名为“逃走的女奴”，意为生命的开始，世界于她是新鲜的，她自个儿也有一种叛逆的喜悦。

如果你不能理解黄色在天性中的这种反叛意识，也许身为父母，你会付出代价。想起王宝钏（黄色）小姐的英勇事迹。

王宝钏为相府千金，抛绣球选婿，砸中了家徒四壁的薛平贵，父亲不允意图悔婚，而王宝钏却认定为天意，与父亲三击掌，断了所有情分，王小姐以相府宦门之女，跟薛平贵搬入寒窑冷洞之中，直到薛氏“投军别窑”，

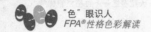

仍旧至死靡它，坚持不变。在《母女会》片段中，老娘来看她，她恩怨分明地唱道："娘亲不必两眼淋，女儿言来听分明，倘若爹爹丧了命，女儿不去哭半声，非是女儿心肠狠，他把儿夫妻不当人！倘若老娘遭不幸，披麻戴孝是儿身，守墓入土把孝尽，不枉老娘把儿生。"

净身出户，这需要什么样的勇气呢。就是王宝钏这种执着坚定的个性，才有毅力死守十八年。这种为了恋爱和婚姻自由而吃尽千辛万苦，不惜与老子决裂的勇气，实在是胡适先生需要羞愧的，来看看我们的胡适（红色）先生，你即刻便可以看到两种性格色彩行为上的巨大差别。

胡适跟表妹游山玩水，培养了感情。人家与丈夫离了婚，而胡适却躲了。是顾忌道德还是顾忌家庭？我们只知道胡适"不禁黯然神伤"了。再看，胡适出国前就被母亲包办了婚姻，而他也不敢违逆母亲的意志。留学其间，胡适爱上韦莲司，而最后还是和没有思想交流的江东秀过了一生，我们也不难想象胡适的精神的苦闷。

这就是红色胡适的婚姻，当他向大众拼命鼓吹新文化时，自己却守着一份旧式婚姻，白头终老。你很难想象这是那个发表"没有爱情的夫妇关系都不是正当的夫妇关系，只可说是异性的强迫同居"的惊世骇俗言论的胡适，那个写剧本《终生大事》反抗包办婚姻的胡适！

敢在老娘面前耍流氓？

十年前，上海的《新民晚报》上流传着一个听起来有如杜撰但确有其事的笑话。话说某男有露阴癖，在公交车上趁旁边女性众多的那会儿，开始展露那自以为优雅的高贵器官，众女子看到纷纷花容失色、两股战战夺路而逃。众人中却有一大嫂面不改色心不跳地冲上前去，一把抓住某男那活儿，厉声而斥："敢在老娘面前耍流氓！"当即，轮到某男开始手护阴囊、面色发白、迅即消失，大概怎么都没想到天下还有此等勇猛妇人。

以上尚不能完全称呼勇敢，但勇气却实在令人钦佩。勇气里最崇高的，并不是由"发达的肌肉"所散发出的勇气。希伯来英雄参孙赤手空拳杀死一头狮子，固然比多带着一根哨棒的武松出色；不过，这种事情对他那巨人型的躯体来讲，实在算不了什么，如果壮汉打老虎是值得歌颂的，那么侏儒打老鼠也一样值得歌颂。真正的勇敢到底是什么？

勇气在上面所彰显的，更多地是对抗外侮强敌和压力恐惧下的反应；而另一个层面，又将看到黄色对待生活的勇气，在后面关于蓝色过当的章节中，我们发现在面临生活的重大打击和压力下，很多蓝色会选择了断自己以表示内心的抗争，而有时，死并不需要勇气，活下去则需要更多勇气，在这点上，黄色表现出了前所未有的坚强和勇敢。

当面临压迫和他人对自己的侵害时，黄色的英勇和不惧怕就开始发挥作用了。自古到今，如果说打抱不平需要更多的红色乐于助人的性格，那么以寡敌众除了能力以外，在性格上更需要不畏权贵的黄色精神。

李敖当年买了一套公寓发现有问题，就去找公司理论。老板蔡万霖说："李先生，你知道我们蔡家兄弟是什么出身吗？"李说："你们是流氓出身。"蔡万霖愣住。李敖继续说："蔡先生，你知道我李某人是什么出身吗？告诉你，我也是流氓出身的，不过我会写字，你不会，要不要打官司，上报纸，你看着办吧！"蔡万霖以为李敖很有来头，一下子软下来，答应赔偿。

一旦黄色的想法遭到反对时，那只会激发起他们加倍的努力和挑战欲。就像一个电动玩具的机器人，当走到一堵墙面前，他们仍旧直行，企图穿越，与其改变方向或者计划，还不如把挡路的墙给废掉，这就是他们的逻辑。

坚定自信　永不言败

政坛人物众生相

前面帝王的诗句中，让各位感受的是黄色君临天下般的巨大梦想和目标，以下这组政治人物却个个指向黄色的坚定自信。

小布什坚韧不拔，执着顽强的性格，这一性格显示在对伊战争中，就是坚持自己的主张，置天下反战之呼声不顾，必要时抛开联合国，也要对伊开战。美国《纽约时报》这样撰文评价布什："布什是一个言出必行的人，他做事情往往只注重目标和达成目标的有限手段，却很少考虑他人的感受，这使得布什可以成为一名杰出的执行者，但并不是一名伟大的政治家。"《华盛顿邮报》专访布什时，他用惯用的语法表达自信时说："我连任，说明我的错误正确。"

丘吉尔生命力非常顽强，又极其自信，这种坚定刚强，让悲观与消沉的情绪丝毫侵蚀不了他，在每天24小时的生活里，他未曾让出一分钟给消极盘踞，他永远是一个精神抖擞、意气纵横的人。他自己说："若不是因为我将来有当首相的希望，我早就不搞政治了。"就靠这种不信邪的劲儿，他在六十六岁，当了首相；七十七岁，又当了首相。在战争中，坚决；在失败中，不屈。

普京刚上任时曾推行了一系列的政策，包括应对别斯兰人质事件，他被描述成一个超级教父形象："铁腕，声色俱不动，不妥协，谈笑间，樯橹灰飞烟灭。"在重大事件处理中，普京处处显示出惊人的决断力和超常的理智。普京自出任总统以来，作风强硬，政绩显著。在2002年10月的莫斯科大剧院人质危机时，普京并没有像很多领导人一样，只顾安慰人质家属，而是"强调他不向恐怖势力低头"的决心。

撒切尔夫人作为英国政治史上的铁娘子，她的许多政策都有强硬的色彩，她给人的印象是泰然且有非常强的自制力。她说："一个人如果总是在迎合别人，不要别人的批评，那么，他在这个世界上必将一事无成。"这是她铁娘子形象的真实内容。

拉姆斯菲尔德，这位号称比军人还强硬的文官，包括他的妻子都认为老拉本质上就是名摔跤手：极富对抗性，特别喜欢一对一地搏斗，且极端相信自己赢得比赛的能力。他带着一股要施展长期压抑的政治抱负的冲劲，70岁成为最年长的国防部长，却是每天早晨6点半开始工作，一干就是12个小时。

萨达姆·侯赛因自诩为“阿拉伯的利剑”，他尤其喜欢《老人与海》。像那位倔强的老渔夫一样，65岁的萨达姆抱着这样一个坚定的信念，“一定要做一件让你们所有人大吃一惊的事”。他信奉前德国首相俾斯麦的政治哲学：决定历史命运的不是议会的投票箱，而是铁和血。

赫鲁晓夫、卢武炫、萨达姆、小泉纯一郎、沙龙，不一一而足……以上众人，无论国人喜恶如何，性格角度上，我们必须承认他们具备的坚定自信与毫不动摇的素质，从政者当中黄色占的比例还是占据鳌头的。

我无法忍受我不是上帝

黄色内心深处的相信，不仅是对信念的坚定，更多地还有对于自己的信心，按照软银国际总裁孙正义的说法“最初所拥有的只是梦想和毫无根据的自信而已”。自信的要义是，当你什么都没有，也没有任何征兆显示你将成功时，你就能坚信一切即将到来。古往今来，成大事者莫不需要此种特质。红色的梦想再多，如果没有这种信念，只是漫天飘逸的肥皂泡而已；蓝色的计划再详尽和完善，如果没有这种信念，只是海市蜃楼的美丽幻影罢了。

哲学家叔本华一向以狂著称，但最不买账的就是他的母亲。其母倒也不是凡角，而是19世纪末期德国文坛十分走红的女作家，她从来就不相信儿子会成为名人，主要是因为她不相信一家会出两个天才。两个人最终彻底决裂，叔本华愤而搬出了母亲的家，临走前他对母亲说道：“你在历史上将因我而被人记住。”狂语后来果真变成现实。叔本华的私家弟子尼采继承了这种狂劲。在论证“上帝死了”时，尼采说：“世界上没有上帝——如果有，我无法忍受我不是上帝。”狂中带有几分周星驰式的无厘头味道。

国学大师章太炎一生孤梗，半世佯狂，持论偏激，行为怪诞，又不愧为“民国之祢衡”。他自称“章神经”，颇有自知之明。早年在日本，东京警视厅让他填写一份户口调查表，原是例行公事，章太炎却十分不满，所填各项为：“职业——圣人；出身——私生子；年龄——万寿无疆。”这与另一位洋傲哥的表现有异曲同工之妙。那人是谁？是英国文学家王尔德，此公赴美演讲时，海关检查员问他有什么东西需要报关，他说："除了天才，别无他物！"真是神气非凡。

在我个人看来，张爱玲的行事行文倒是大有王尔德之风。王尔德素以智力上的优势为傲，张爱玲也是"不聪明的人她就不喜"（胡兰成语）；两人都喜欢奇装异服地招摇于人前，在擅长自我包装方面堪称合璧；这样看来，郎咸平先生也颇有黄色风范。在总结沸沸扬扬的"国退民进"之争中，郎总结了最重要的一句话就是"我的意见不能成为主流那是国家的悲哀"。

我不想评价任何结果和具体的是非，只是让我们一起来体验一下自信可以产生出来的力量，无论你称呼为狂妄或狂傲也好，不得不承认，在他们这里"信念无敌，狂傲有理"。

黄色对于目标的执着，让他们认定逆境是一个伟大的教师，他们笃信那些一生都走着平坦大道的人是培养不出力量的。黄色性格通过逆着潮流而不是顺着潮流游泳，来培养出他们的力量。

控制情绪　抗压力强

黄色，不相信眼泪

曾国藩有一句名言："打落牙齿和血吞。"西方也有一句名谚："藏起受伤的手指。"两者大意相同，都是说在遭遇挫折时，要暗吞苦水，尽量不要显示于人前。这正是一种黄色的处世态度和做人谋略。

《非常道》一书中说，1936年国民党五中全会期间汪精卫受暗杀，幸而身中三枪未死。当时，汪夫人陈壁君听说后赶到现场，汪身受重伤浑身是血，跟陈说："我完了，我完了！"陈大骂汪精卫："你刚强点好不好，你硬一点好不好，干'革命'的，还不早晚就有这一天，早晚会有这个结果！"

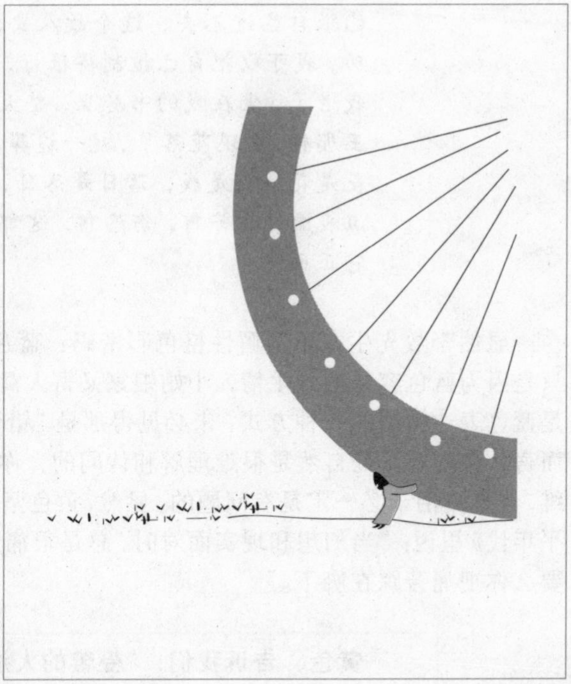

控制情绪外露到底能有什么好处呢？它的好处很多，比如：可以掩盖自己的软弱，以免自身形象受损；可以隐藏自己的实力，以免对自己寄于厚望的人失望而去；可以显示自己的强大，以免引来落井下石者。黄色性格从小就认为眼泪只代表软弱，生活只相信实力。黄色深明此理，遭遇任何挫折，宁可暗咽苦水，也绝不向人痛哭流泪。

以销售人员的心理素质为例，黄色虽然不具备红色与生俱来的那种热情，也不如蓝色的坚韧持久，但黄色具备的“大雪压青松，青松挺且直”的强大心理素质，让人好生羡慕。黄色即便贴了冷屁股，也丝毫不会影响到工作情绪和目标，这是什么原因？

那是因为在你看来痛苦的事情，他们不觉得痛。上天赋予黄色的敏感和细腻少得可怜，但正由于这种特性的缺失，却便宜了黄色的开拓和坚定。他们对于痛苦的不在乎，或者说他们能迅速从痛苦中爬出来的能力，使他们能更集中焦点在下一步，而非总在过去的阴影和失败中沉迷堕落。《人物周刊》有一段对李敖的采访：

人物周刊：您感到过痛苦吗？您的个人痛苦怎么办？

李敖：任何痛苦的感觉，在我看来都叫负面的情绪，在人生里都是可以从技术上把它消灭、或者减少的。

人物周刊：但是我很想知道，您先后两次坐牢，漫长的一两千个日子是怎么过来的，没有痛苦吗？您是怎么消解的？

李敖：敌人有两个：一个是环境，另一个就是你自己。不可以自

> 己跟自己过不去，这个敌人要消灭，这一点我做得很成功。我可以把自己控制得很好，我就没有多愁善感。现在我老了，坐在我的书房里，整天看到落日，我不会像林黛玉那样，发现花落了，就一边葬花一边哭。我没有这样子，花是花，我是我，落日是落日，我是我。你把它区别开，沮丧啊，痛苦啊，伤感啊，这都是错误的情绪，我们要把它正面化。

显然李敖先生并不了解性格色彩密码：蓝色的林妹妹边葬花边流泪，只是因为蓝色容易触景生情，小姑娘家又寄人篱下，因此有感而哭，这只是蓝色表达情绪的一种方式，未必见得那是"错误的情绪"。对黄色的李敖而言，在内心深处自然是很难理解和认同的，你可以说遇见困难要积极思维，但是流泪未必一定是有问题的。显然，黄色坚信行动可以改变一切。《和平年代》里说："当幻想和现实面对时，总是很痛苦的。要么你被痛苦击倒，要么你把痛苦踩在脚下。"

黄色，告诉我们："受苦的人没有悲观的权利，远征的人没有流泪的资格！"

"皮厚"——人言可畏的免疫宝

来看看蓝色性格的王小波对自己的评价："我自己像本世纪初的爪哇土著人，此种人生来勇敢、不畏惧战争；但是更重视清洁。换言之，生死和清洁两个领域里，他们更看重后者；因为这个原故，他们敢于面对枪林弹雨猛冲，却不敢朝着秽物冲杀。荷兰殖民军和他们作战时，就把屎橛子劈面掷去，使他们望风而逃。当我和别人讨论文化问题时，我以为自己的审美情趣、文化修养在经受挑战，这方面的反对意见就如飞来的子弹，不能使我惧怕；而道德方面的非难就如飞来的粪便那样使我胆寒。"

如果说蓝色是四种性格里脸皮最薄的人，那黄色就是皮最厚的人。蓝色在外人的攻击中很容易在外人的指指点点中开始坐不住，因此蓝色只能用"士可杀，不可辱"作为自己有朝一日忍受不了道德非难的退路。他们对于韩信能够忍受胯下之辱的作法，打心眼里钦佩，然而轮到他们自己，却做不出来。

而黄色“皮厚”的好处是，感受疼痛域限值极高。当感受到五分疼痛，蓝色已经觉得自己无力承受时，黄色还只是觉得隔靴搔痒。所以黄色可以轻易抛弃王小波遭遇的苦恼，做到“走自己的路，让别人去说吧”，蓝色却在乎别人评价，任何一点风吹雨打，都会让蓝色冥思苦想。而那时黄色在暗示自己：“你们怎么评价我，对我来讲就是个屁！重要的是，我做出一些什么！”所以黄色，恭喜你，“皮厚”——是人言可畏的免疫宝啊！

黄色是四种性格中最不受情感负累的人群，他们不会缩手缩脚，并不理会什么人言可畏，能够全神贯注地在自己的想法上开疆辟土，他们的我行我素和对于外人评价的置若罔闻，在此时此刻，却成为他们的有利条件。尤其在承受打击上面，当之无愧，黄色有他自己的勇猛。章子怡说：“我也知道被人理解好，但是任何一个人，他都没有理解你的义务。”章小姐的坚强和勇敢，是来自她并不在乎你们说的是什么，她是不撒娇的。不撒娇意味着没有情绪化，你们管你们的骂，我省得在这里和你罗嗦。这种在名利场中凶猛搏杀不在乎他人评价的勇气，是需要黄色来支撑的。

相比之下，黄色性格的武则天做得更绝，死后她的陵前立的是一块“无字碑”，也许她有意在身后留下一片空白，任由褒贬，随人评说。事实上，在我看来，她根本不在乎你们这群俗人说些什么。

现在，你选择继续开车还是撞死它？

学驾驶时，我师傅曾严肃地对我说：如果有只猫跑到你的车前，一定要狠下心来把它轧死。不可为了救一只动物而调整方向盘，以至于危及自己或他人的安全。对于悲天悯人和喜爱动物的人来讲，实在残忍。你必须承认，黄色是在让我相信他所恪守的一条准则——永远区分什么是对你最重要的。事实上，以结果而论，黄色提供的这条建议绝对是真知灼见，而很多人在受到情感和理智挑战的关键时刻，经常会让情感战胜理智，从而产生不可挽回的后果。

战场上有种治疗类选法（根据紧迫和救活率来选择优先治疗对象的方法）更能说明问题，战地医院的医生必须在伤员中进行挑选，哪些需立即手术以挽救生命，哪些稍后治疗可以康复，哪些却是无可挽救只能死亡。这些选择不能出错，如果他不愿或者不能做出判断并承担责任，他就是在推卸责任。

黄色具备的这种克制情感流露的能力，不仅让他们能够头脑清晰、不失去理智地判别和抓住重要的事物，在成就某些大事的过程中尤其需要，有太多的历史证明意气用事造成的千古恨。电影《教父》里，老爸有一句经典的台词"Keep your friends close, keep your enemies closer."（和你的朋友保持亲近，但要和你的敌人更亲密）黄色可以为了报仇卧薪尝胆，克制自己的痛苦情感，并通过这样放松敌人的警惕，伺机行动。从前一直不能理解勾践怎么会把自己喜欢的女人去献给吴王，其实对于黄色来讲，舍不得孩子套不得狼，他们永远知道最重要的是什么，并为了目标达成可以忍受一切的痛苦和折磨。

黄色不受情感干扰的能力，在推进事业的过程中尤其重要。

坦率直接　实用主义

谁最不喜欢使用MSN和手机短信？

问：最不喜欢发短信和用MSN的性格色彩是什么？为什么？答：黄色。一是浪费时间；二是太麻烦。

自从有了这两样东西，人们原本简单的沟通也开始变得复杂起来。尤其是同一屋檐下相距五米之遥，明明两句话可以搞定的事情，偏要用这种现代化的工具你来我去。扫视所见的商业大贾和成功人士，似乎绝大多数并不喜欢这两样东西，也许道理就在其中。对于大多数黄色性格来讲，用最快的方法把问题解决是最重要的。

在我看来，MSN也好，手机短信也好，倒是蓝色似乎最喜欢这样的宝贝，这种过程很唯美。应用在情感恋爱中，道理如出一辙。

蓝色一厢情愿地以为自己的心思别人应该会了解，所谓的默契、所谓的心照不宣、所谓的一点就通……后来头破血流之下，才发现周星星的名言真是有理："你要，你就说，你不说，我怎么知道？"当你与蓝色相处感到非常疲倦时，换个黄色试试，逐渐发现，黄色的坦率和直接会让人感觉非常轻松。从前总觉得黄色的"坦率"起码有不懂变通、不懂含蓄、不懂

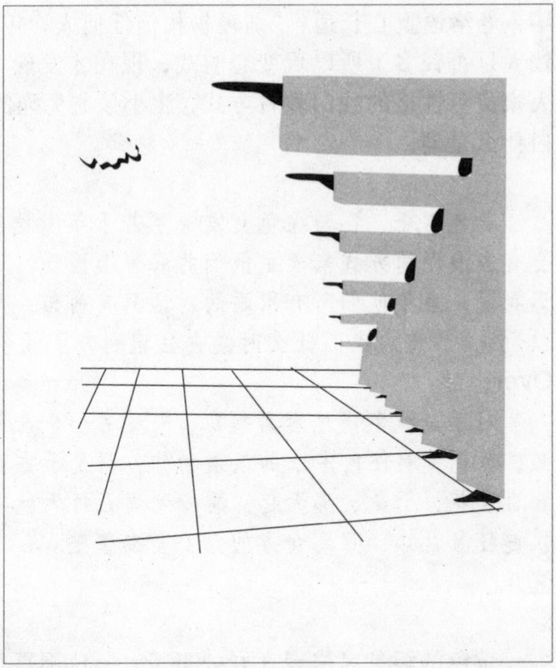

体谅别人的感受三条罪证。但突然发现，坦率可以让你不用费任何力气和脑细胞去揣测对方的真实意图。

对大多绿色来讲，“言不由衷”经常在他们的行为中出现，甚至已经习惯。用不在乎掩饰在乎，用微笑掩饰失望，用平淡掩饰情绪。两个绿色一起相约逛街，都很在乎彼此的感受，因此都从自己以为的对方的需求出发，而提出建议。比如一个绿色会以为对方希望吃点东西，因此自己并不饿也会做出这样的提议。而另一个绿色事实上根本不饿，但是以为提出建议的人希望吃东西因此也欣然接受。结果两个吃饱肚子的人硬坐在那里为了对方互相陪吃。这事在喜欢直接的黄色身上是断然不会出现的。

两点间直线最短

两点间直线距离最短!黄色早已发现是如此英明神武，富有前瞻性。

一个丫头因为从未品尝过辣椒酱，故大声吵闹着要吃，家人纷忙百般劝阻，惟黄色母亲拿起筷子蘸起辣酱后说：“姑娘，来试试吧。”此后，女孩莫敢再吃，见母如见虎。

年少时看《洛克菲勒传》，有一个情节实在匪夷所思。相传老洛先生启蒙他孙子的商业智慧时，这位石油大王让小孙子沿着扶梯爬上天花板并声言有重奖，待小朋友即将爬上，猛地抽掉梯子让小儿半空跌落，待小洛哭毕，老洛语重心长道："别轻易相信任何人，包括你爷爷。"那时还以为有钱人是否钱多了所以玩变态游戏，现在才发现，自己孤陋寡闻，原来那是人家黄色性格的独门教育方式，让小孩避免痛的最好方法就是——首先明白什么是痛。

黄色男士，在与绿色女友谈了若干年恋爱后，准备结婚，你以为黄色会有多浪漫的方式来表示他们的海誓山盟吗？现在已经是他的绿色妻子告诉我说，当年他们所有求婚的对话只有两句。某个慵懒的早晨，黄色醒来以后说："哎，我们什么时候去登记啊？"绿色更绝："你定好了。"对话Over，酷！

对手是绿色当然容易搞定，来看另一个黄色男士如何搞定一个蓝色女孩。黄色没有任何多余的浪漫动作，只是千方百计打探到女孩喜欢巧克力和百合花，于是从那天起，周一到周五每天就巧克力和百合花交互式地用快递狂轰乱炸，直到女方的办公室在整整365天全部被这两样东西包围和充斥。

黄色的粗犷风格现在好处来了，黄色不喜欢玩深沉，谈恋爱是为了什么，是为了结婚生子、传宗接代、安家立业、稳定后方，所以自打一开始黄色的目标就明确，逮到机会，就直奔主题。首先黄色开宗明义，上来就表明我想干什么。当然黄色也不像阿Q，用"吴妈，我想和你睡觉"这样很有创意的开场本来无可厚非，只可惜阿Q先生，给人家一吓，结果觉没睡成反被暴打一顿。这个世界就是这样，你最后和吴妈睡觉睡成了，你就是英雄；没睡成，你就是狗熊；这又吻合了黄色性格"胜者为王，败者为寇"的丛林法则。

回到黄色的直接，黄色知道自己干什么，上来就和你说："我就是为了和你睡觉而来的，而且不是为了睡一觉，是为了睡一辈子的觉！"但是你说："我已经有男朋友了啊"，黄色会说："只要没结婚，大家都是竞争上岗。"所以为了自己的幸福，黄色开始了自己的争取之旅。其实就算女孩跟他说，我已经结婚了，那又算个屁，结了也可以离的。在黄色的眼里，幸福是要靠自己去争取的，形式的东西通通滚蛋。

人们很少从典型黄色的脸上看到温柔的表情，他们往往给人让人畏惧的印象。他们觉得别人都很脆弱，容易上当受骗。有时，你甚至会觉得黄色的直接，简单得可爱！因为黄色性格的单筋思维，他实在不知道如何来表达内心深处的情感。一个黄色男士告诉他的未婚妻，结婚的时候我要送给你一个更大的钻戒，原因是他老爸当时送给他老妈一个很大的结婚戒指，他认为送个更大的钻石就是代表更多的爱和情感。

即使对自己喜欢的人黄色也不是通过柔和的语言来传达，而是以行动保护对方来表达自己的情感。他们认为支撑爱情的是责任，爱情就是保护对方，给对方提供安全，其他都是没有实际意义的。

我只对解决问题的方法有兴趣

黄色对于结果与实用的关注，总能让他们在最快时间里解决问题，而不是任凭问题继续泛滥或恶化。在出现状况时，黄色通常不关心问题是怎样发生的，而只关心解决问题的方法。在很多公司里，黄色老板的口头禅永远都是："好了，我知道了，这些不重要，重要的是怎么把这个问题搞定。"的确，我们有时会为他们极度糟糕的耐心而摇头，然而正是因为黄色永远将焦点放在结果和解决方法上的特点，我们的世界才得以推进。

想象一下，当家中遭窃了以后，不同性格的人可能会有怎样不同的反应，以下事件记录了一个真实事件的片段，在事件发生后，黄色的实用主义和关注结果的精神又一次显示出来。

家中遭窃，以红色性格为主的老妈（红＋黄性格）首先发现，立马在第一时间呼天抢地打电话给家里所有人。

红色母亲："女儿啊，不好了呀，出大事了，家里遭贼偷了，翻得一塌糊涂，所有的抽屉都翻掉了，东西散得满地都是，尤其是你的房间，更是看不下去，两扇门都废掉了，我的心都要跳出来了……"（红色不停地情绪化宣泄，只是说来说去，没有一句切中关键的话。）

蓝色女儿："妈，你没撞上贼吧？家里现金和物品少了什么？报案了吗？""噢，人没事就好，你别着急，存折我马上打电话到银行挂失，不会有损失的。现金和其他东西是没办法了，你先做个清点，身外之物只当是破财消灾。我这里还有点很重要的事情要谈，半小时以后回家，反正警察也没那么快到的。"（蓝色冷静且条理清楚，同时也会照顾到情感的需求。）

黄色女婿："你妈那儿遭窃了，我现在马上过去。损失严重吗？存折挂失了吗？警察几时来？（关注结果，问的所有问题全部是和结果与解决方法相关的。）早就说了，你们家那门不行，容易出事，早该换了。"（什么时候都还不忘批判一下。）"你马上会过去是吧，这样吧，那我还是不去了，反正我现在也帮不上什么忙。你回到家赶紧看看有什么需要我在外面处理的。"（发现当时回家对于事情的解决没有任何实际意义时，当即决定放弃没有意义的"回家看看"的形式，同时对于情感的反应相对也比较迟钝。）

悲观主义是早熟，乐观主义是幼稚。伏尔泰说得对："乐观主义相信我们生活在可能有的最好的世界上，悲观主义则担心是否真是这样。"这两种人都对世界无所作为——前者是因为没有什么需要做了，后者是因为没有什么能够做了。而作为进化的现实主义者的黄色知道，他能够塑造他生活的这个世界——所以他采取行动。

实用主义往往引导黄色以最直接便捷、浅显明了的方式来说明和阐释玄奥重大的问题。

快速决断　敢冒风险

停电了，大乱，上！

正在举办晚会的房间里人头攒动，灯火通明，突然停电灯熄，让我们来想象这时房间里各种人的反应分别是什么？

全场顿时一片黑暗，突然有人传来刺耳的尖叫，惊慌失措之声不绝于耳。不用猜，红色跃然于纸上，究其根源，害怕？惊慌？非也，红色有时仅

是传递“太好了，太好了，终于天下大乱了”的欣喜感受，在心情激动的引导下，红色开始搜寻其他人群的反应，并不时地挑出一些话题以博得大家的认同。红色就是这样，他可具备随时寻找生命快乐的特质，只要不是什么夺人性命的灭顶之灾。

还没等到大家完全反应过来，黄色已经跳上桌面，号召大家点起所有的打火机，组织众人鱼贯而出，俨然一副舍我其谁的架式。在危难时刻，我们不由得不对黄色力挽狂澜、处理危机的临时应变能力，表示高度的欣赏。正是由于他们的亚瑟王般的英雄主义精神，在众人处于迷茫和无助时，黄色责无旁贷地担当起领导者的角色。

也许你会奇怪蓝色为什么不上去？并不是因为蓝色无心拯救这个混沌的世界，在前文中我花了不少笔墨来探讨蓝色行为中的一个最重要模式，就是凡事三思而后行，正当他们沉迷于“为何会停电？如果我跳上去什么姿势会比较优美？如果我上去麦克风没有声音大家听不见怎么办？”等问题时，黄色早已杀将出去。

就便宜了那些绿色，任尔等哭爹叫娘，怨天尤人，惊慌失措，愁眉不展，与我毫无关系，反正天塌下来有比我高的顶着，大家出得去我也出得去，大家出不去我也出不去，在这样的悠闲心态中，唯独绿色依然故我地欣赏着动荡的一切，间或抚慰一下旁边那些心灵受伤的人们。

长白山生死时速历险记

北京大公司十年庆，组织公司近200号人到长白山旅游，游毕，原定清晨5点从山中出发赶往机场，搭乘中午航班回京，老总为不让大家太辛苦，故建议8点出发。行进半途，大事！原来几日前当地山洪爆发，政府大坝泄洪淹了小学，死了部分贫苦人家的学生，引起村民在当天早上封路抗议。于是交通瘫痪一片混乱，七辆大巴被困路间动弹不得。

这时众人七嘴八舌开始献计献策。有人说全部人马拎上行李步行绕路而过，同时让旅行社派车再来接（根本不现实，没有可行性）；有人说原地等待（原地等死的最大问题是万一疏通不顺，无法赶上飞机）；更有人抱怨若早上5点出来岂不没事，还不如现在打道返回多逗留一日（公司事务繁多，当日全体必须回京不可耽搁）。在一窝蜂讨论声中，老总下车从过往村民处打探到，有一条山间小路也许可绕道而行。于是问道：确认吗？你以前走过吗？三个小时够吗？如果你确认，不要说两百，带到我给你三百还保你送回。

全部确认后，当即老总决定坐上小面包车带头，指挥全部人员走这条前途未卜的乡间小道。上车前村民提及有某路段限高，立即设法联系市政将桥拱下的铁架先锯掉回头再补偿；与此同时，设法找到警方关系，在转到大马路时请到警车开道以保证到机场路途顺畅；最后将原定餐厅的中餐取消，改为外卖送到机场。最后一刻前抵达机场，一行人按原定计划返京。

付出的代价是300元小费和将角钢架补修好，这部分的费用刚好可以从省掉的中餐当中扯平；原定返途中的两个景点没去成，取而代之的是回程体验了生死时速的感觉。然而最终目标达成，胜利完成任务，如果当初不这么走，还不定会出现什么状况。

在健康的黄色眼里没有什么事不能办到，只要他们想要去做。在危机关头，黄色表现出来的临阵不乱和快速决断，的确让人敬佩。红色需要黄色督促他们把有可能偏离轨道的目标拉回来；蓝色需要黄色给予一定的强迫以促使他们勇于行动而非止于思考；绿色需要黄色帮他们订立目标并且推动他们完成。这些成功的驱动程序里都已预先在黄色的内存中安装好，唯一只需要黄色自己的开机程序，一切就都可以完成。

> **工作能力对于黄色来讲，是他们的财富和责任。从商业的角度来看，追求进步和成功使黄色的人成为成功路上的王者，他们比其他性格更容易迅速取得胜利。**

抓大放小　高效行动

一条先知先觉的毛毛虫

黄色对人的洞察和判断上有很多偏差却对事情的把握很是了得。他们高瞻远瞩，能看到大方向。这种“先知”的能力在昆虫世界的法则中同样适用。话说有四条性格的毛毛虫为了追求自己的虫生梦想来到一棵苹果树下，我们看看它们分别是如何反应的：

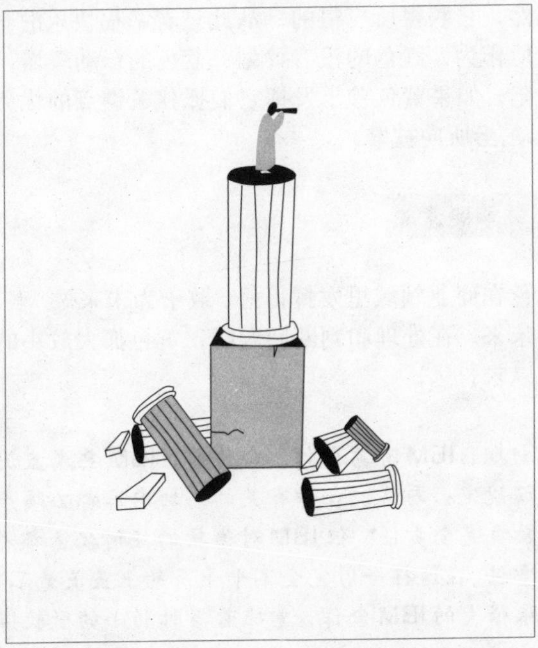

绿色毛毛虫爬到树下。它不知道这是一棵苹果树，也不知树上长满了苹果。当它看到同伴们往上爬时，就跟着往上爬。没有目的和终点，更不知生为何求、死为何所。最后也许找到了一颗大苹果，幸福过了一生；也可能在树叶中迷路，颠沛流离糊涂一生。

红色毛毛虫爬到树下。它知道这是一棵苹果树，也确定目标就是找到一个大苹果。问题是它并不知道大苹果长在什么地方?但它猜想：应该长在大枝叶上吧!于是就往上爬，遇到分枝，就选择较粗的树枝继续爬。最后它找到了，不过它才发现这并不是全树上最大的，因为在上面还有一个更大的，令它泄气的是，那个更大的是它当年不屑爬的一棵小树枝出来的。

蓝色毛毛虫来到树下。在还未爬时，就先找到一个目标。同时，他发觉从下往上时，会有很多爬法；但若从上往下却只有一种爬法。于是细心计算，最后记下确定的路径，这花掉了它多年的精力和心血。这下它可以开始爬了，然而当它抵达时，也许苹果已被别的虫捷足先登，也许苹果已烂掉了。

黄色毛毛虫不仅知道自己要何种苹果，更知道未来苹果将如何成长。因此他的目标并不是苹果，而是一个含苞待放的苹果花。他估计当它抵达时，这朵花正好长成一颗成熟的大苹果，而且它将是第一个钻入大快朵颐的虫。果不其然，它获得所应得的，从此过着幸福快乐的日子。

绿色的无所作为，红色的没有计划，蓝色的行动缓慢，在行动中都暴露了自己的缺陷，如果黄色善于发挥它们抓住关键点的优势，加之大局观和辅以立即行动,当所向披靡。

出名要趁早，并购要速决

健康的黄色在商业领域里发挥得好，敢于为未来做“长线投资”，所以他们容易赢得未来。在处理和判断问题时，黄色抓大放小的特质，让他们能够舍弃眼前以求长远。

微软创业初期，IBM有意合作。合作前，IBM要求盖茨在一份保密协议上签字，协议规定：与这次合作有关的一切内容都必须严格保密，如发生泄密，由微软负完全责任。但IBM对微软的任何秘密都不感兴趣，因此不负任何保密责任。在这样一份完全不平等条约上盖茨毫不犹豫地签了字。因为他知道，跟强大的IBM合作，意味着当时弱小的微软得到了一个大展宏图的机会，其价值远远超过所谓公平合理。正是这次合作，为微软日后的霸主地位奠定了基础。

为何外人感觉黄色在做决定时并不费力，那是因为，红色思考问题时，容易受到太多的外在信息干扰和诱惑，当太多信息统一集中在面前，他们无所适从；而蓝色最大的麻烦在于他们的较真，蓝色一不小心就会因为鞋上有灰万分痛苦，一定要全部擦掉才能穿鞋出门；而黄色心里也许会痛恨鞋上的灰，但他知道今天最重要的是出门见一个人，灰可以想办法在路上擦，如果人见不到，一切全是白搭。事实上当红色为穿哪双鞋而焦灼，绿色为是否该出门而思索，蓝色正在擦灰时，黄色已经走在了路上。

黄色做决定不费力，归根结底，完全是因为他永远知道，什么，才是最重要的。他们能够抓大放小，永远关注结果！结果！！结果！！！

从前看到张爱玲说："出名要早呀！来得太晚的话，快乐也不那么痛快。"总觉得她有点急功近利，岂不闻"少年得志者，人生多悲凉"的古训，及至有一天发现伟大领袖早有宣言："多少事，从来急，天地转，光阴迫。一万年太久，只争朝夕。"六句话，二十一个字。突然明白，原来黄色只想说明一个意思：办事要争取时间。

功成名就之人将打高尔夫视为象征，王永庆自难例外。他早年对此道乐此不疲，但是由于时间宝贵，性子又急，每次等不到黎明即起，并派人用大手电筒照射，完成了这种本应悠闲的活动。当球迷们来到球场时，发现他早已经打完，准备上班去也。

埃利森对收购痴迷有加，而几次成功收购也使业界为甲骨文叫好。以收购仁科软件为例，这笔交易使甲骨文停滞两年的股票一天之内上涨了6%。当有媒体问到成功收购的秘诀时，埃利森答道：速度。看来，对帆船运动情有独钟的埃利森，将追求速度的运动宗旨贯穿在了自己的事业征程中。也正因如此，甲骨文一贯奉行的收购要诀是：以驾帆船的速度并购、并购，速战速决。

读懂盖茨11条人生箴言的所有奥秘

在盖茨写给大学毕业生的书里，有一个单子上面列有11项学生没能在学校里学到的事情。盖茨在书中谈到让你感觉良好的正确的教导培养出一代不知现实为何物的年轻人，这种教育只能导致他们成为现实世界中的失败者。对于即将走入社会的学生，他提出自己的11条箴言作参考，这11条箴言分别是：

- 生活是不公平的，要去适应它。（不要去抱怨生命中的不公平和遭遇的不幸，要用行动去改造，"适应"是主动的"改造"而并非被动的接受，同时告诫人们要学会接受现实,所谓"改变不能接受的，接受不能改变的"。）

- 这世界并不会在意你的自尊。这世界指望你在自我感觉良好之前先要有所成就。（对于蓝色，这可真是一阵当头棒喝，面子值多少钱一斤，撕下来扔在地上踩一踩，没有成就一切都是空谈，所以要学会控制自己的情绪而去行动。）

- 高中刚毕业你不会一年挣4万美元。你不会成为一个公司的副总裁，并拥有一部装有电话的汽车，直到你将此职位和汽车电话都挣到手。（不要奢望一步登天，但是面包会有的，一切都会有的，这些东西只要你去做，去行动，迟早都是你的。）

- 如果你认为你的老板严厉，等你做了老板再这样想。老板可是没有任期限制的。（在你有任何的不满之前，先要做你应该做的，而不只是做你喜欢做的事情。大器早成和晚成都是器，关键是你要成为"器"，五"子"登科是要做出来的，行动！）

- 烙牛肉饼并不有损你的尊严。你的祖父母对烙牛肉饼可有不同的定义；他们称它为机遇。（"不管白猫黑猫抓住老鼠就是好猫"，"条条大路通罗马"，"英雄不问出处"，国人早有无数精辟用语阐述盖茨这么直白没有文采的话，唯独只有一个意思，做什么都是做，只要最后做成最重要。现在去行动吧。）

- 在你出生之前，你的父母并非像他们现在这样乏味。他们变成今天这个样子是因为这些年来他们一直在为你付账单，给你洗衣服，听你大谈你是如何的酷。所以，如果你想消灭你父母那一辈中的寄生虫来拯救雨林的话，还是先去清除你房间衣柜里的虫子吧。（“千里之行，始于足下”；“治大国若烹小鲜”，“不积跬步无以成千里”，“不除衣柜何以平天下”。先从小事开始，马上<u>行动</u>。）

- 生活不分学期。你并没有暑假可以休息，也没有几位雇主乐于帮你发现自我。自己找时间做吧。（耻于休息，勤于工作。不停地做！做！！做！！！在<u>行动</u>中发现和寻求自我表现的价值和机会。）

- 电视并不是真实的生活。在现实生活中，人们实际上得离开咖啡屋去干自己的工作。（不要浪费时间在一些无聊的不产生任何价值的事物上面，同时切记，电视中的虚幻将误导你只是停留在幻想并且腐蚀你的意志，所以立即<u>行动</u>，去做你该做的事情。）

- 如果你陷入困境，那不是你父母的过错，所以不要尖声抱怨我们的错误，要从中吸取教训。（聪明人不是不摔跟头的人，而是不在同一个坑里连续两次摔落的人。假使抱怨本身不能解决任何问题，那就请去寻找解决问题的方法，去<u>行动</u>。）

- 你的学校也许已经不再分优等生和劣等生，但生活却仍在做出类似区分。在某些学校已经废除不及格分；只要你想找到正确答案，学校就会给你无数的机会。这和现实生活中的任何事情没有一点相似之处。（“胜者为王，败者为寇”，生活的残酷性在于，人们并不看你付出了多少，人们关注的只是最后你得到了些什么，所以，努力让自己成为优等生，方法就是首先想成为一个优等生，其次去做些事情让自己成为优等生。）

- 善待乏味的人。有可能到头来你会为一个乏味的人工作。（按照性格色彩的分析，黄色和绿色更容易乏味，绿色的乏味多是由于他们的一成不变所带来的枯燥感，而黄色的乏味多是由于他们对工作的疯狂使他们毫无情趣和情调。按照前后文的理解，本句中“乏味的人”更指向黄色，因此，此话我们可以理解为——善待黄色的人，有可能最后你为一个黄色在工作，哈哈！)

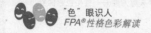

根据这11项法则，本人惊奇地发现居然其中八条是直接和行动力有关，号召人们“坐而言，不如起而行”。据此，盖茨对于大学生人生之路的所有建议就是：“要做就做黄色的人。”想起网络作者写“菜鸟妓女”与“资深妓女”之间的对话。“资深妓女”说：“只要你能进这个奥迪，你就能进那个奥迪，然后你就能进所有的奥迪，但事情的关键在于你必须要先进一个奥迪。”这话让人忍俊不禁，让人沉默发呆。在我看来，“资深”已得黄色性格精髓——先去做！

> **只要有什么新想法，立刻就会付诸实行。这样的行动力是黄色的能量所赐，同时也起到了消除忧郁的作用。他们的日程表总是排得满满的，什么也不做的空闲时间，对他们来说，不仅非常不健全，甚至还是一种恐怖。**

黄色的天然优势

作为个体

- 不达目标，誓不罢休。
- 不停地给自己设定目标以推动前进。
- 把生命当成竞赛。
- 行动迅速，活力充沛。
- 意志坚强。
- 自信、不情绪化，而且非常有活力。
- 坦率，直截了当，一针见血。
- 强烈的进取心，居安思危。
- 独立性强。

- 有强烈的求胜欲。
- 不畏强权并敢于冒险。
- 不易气馁，不在乎外界的评价，坚持自己所选择的道路和方向。
- 危难时刻挺身而出。
- 讲究速度和效率。
- 敢于接受挑战并渴望成功。

沟通特点

- 以务实的方式主导会谈。
- 喜欢主导整个事情进行的方式。
- 能够直接抓住问题的本质。
- 说话用字简明扼要，不喜欢拐弯抹角。
- 不受情绪干扰和控制。

作为朋友

- 给予解决问题的方法，而非纠缠在过去。
- 迅速提出忠告和方向。
- 直言不讳地提出建议。

对待工作和事业

- 动作干净利落，讲求效率。
- 能够承担长期高强度的压力。
- 强烈的目标趋向，善于设定目标。
- 高瞻远瞩，有全局观念。
- 善于委派工作。
- 坚持不懈，促成活动。
- 掌握重点执行。
- 行事作风明快。
- 天生的领导者和富有组织能力。
- 竞争越强，精力越旺，愈挫愈勇。

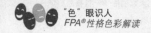

- 寻求实际的解决方法。
- 以结果和完成任务为导向，并且高效率。
- 善于快速决策并处理所遇到的一切问题。
- 富有责任感。

第六章 绿色优势

中庸之道 稳定低调

绿色文化的精华史纲

中国的传统文化号称五千年灿烂辉煌，然而本质上是一种十足的绿色文化。原来中国文化受儒家影响根深蒂固，传承下来，奉行中庸之道仍是祖宗之训，深入民心。

孔夫子本人精通“六艺”，年轻时是个官迷，壮年时周游了列国，其本人是个大红色，但他的学说却是：提倡学累了去当官，官做腻了再学（“学而优则仕，仕而优则学”），没让人边工作边上夜校进修，大概是怕累坏了。他主张“礼乐”治国，让老百姓听听歌，像小孩过家家一样，天下就太平了。后来孟子提出“仁政”，称“人皆可以为尧舜”，他反对战争的原因是倒霉的总是人民。这种非暴力思想，进一步支撑了孔夫子提倡的“仁者爱人”、“和为贵”、“君子和而不同”和“矜而不争”等观点，需知以上一切都与绿色血脉相连。

道家是与孔夫子的儒家相辅相成的。其祖师老子主张“无为而治”，那就是什么也不干！而在《道德经》中，老子更把“水”作为道家文化非常重要的一个载体，将水的绿色文化发扬到了巅峰状态。《老子》第八章曰：上善若水。水的不争在于它的柔弱本性。无论高处有什么样的无限风光，它只是淡淡而过，顺其自然地向下处而去。道家的庄子提倡宽容、多元化、反暴力的思想——他提出“宽容于物”、“兼怀万物”、“天地与我并生，万物与我合一”；。

一些文人墨客大概还嫌儒家绿得不够，还要学学道家，以致被称为“外儒内道”，即里外一起绿。对中国文化有重要影响的还有，佛教的慈悲理论。这样儒、道、佛三位一体，绿色文化就成了中国文化的重要部分，从此便发扬光大起来。

绿色文化的精华说起来就是一种追求和谐的文化，不讲究过度的文化，点到为止的文化，得饶人处且饶人的文化，留得青山在、不怕没柴烧的文化，强调平衡的文化。

懒人有懒福

绿色爱静不爱动，在做人做事上就成为了一种恒持的定力。不像蓝色进到一个陌生场合，会找个角落站着，冷眼旁观周遭的“敌情”。可爱的绿色始终奉行“能坐着绝不站着，能躺着绝不坐着”的原则，不放过每一个可以松弛一把的机会。

绿色坐下来就不爱四处走动，绿色遇事以不变应万变，在失去许多机会的同时也少犯了不少错误，还用不着费劲去改正错误。公司不景气，绿色也懒得跳槽，大有同老板共存亡之意，能博得一个忠诚的名声，也少了许多颠沛。

一家现任香港保险业内翘楚公司的最高主管BILL，超级绿人，大学工程专业毕业后进入了通信行业，没几年公司变革被裁员，当年无其他机会就进了保险业。一年以后，保险公司内乱，群雄揭竿。他的直属主管联合了其他一些中坚跳槽到同行公司，临走前打算带他走，BILL最终仍是没去。与我访谈过程中，他透露没去的原因是：其一，刚到新公司才熟悉，又要变化太麻烦；其二，也不清楚那边公司情况如何，至少现在的情况还算不坏，那就先留下来再说。这样他成了公司当时为数不多的坚守岗位的员工。因为核心力量缺失，黄色大老板只能起用入行资历不深的忠诚的BILL。若干年后，当年跳出去那些人的公司倒闭，而原来准备带他离开的那个上司，又重新回到这家公司，作了BILL不知道多少级以下的部下了。

“天上掉馅饼”的前提是BILL本人也付出了非常辛苦的努力，然而他分析当时不跳槽的两条理由，却让我在理解绿色“追求平稳不喜欢变化”的动机上迈进了一大步。以这个角度而言，显然四种性格中，最不容易有跳槽倾向的性格是绿色，绿色的稳定性对于大多数需要平衡的机构来讲，显得那样弥足珍贵。

> **绿色是典型的温和者，就像水是他们的吉祥物一样，他们无孔不入地绕过生命的险阻，而不是一定要铲除路中的障碍。绿色和善的天性充满了温柔的吸引力，他们对所遇之人几乎都保持着仁慈和柔软。**

婚姻稳定的性格规律

从生活的角度来看，家有绿色，人生之福。绿色自从结了婚有了配偶就懒得去找情人，自然是一心一意。婚姻当中红蓝黄三种人寻找绿色作配偶各有原因，然而有一个共同点千古不更，那就是——绿色天性中具备一种平缓情绪的功能。无论你在外面受了多大的委屈和折腾，只要见了那张和颜悦色平静的面孔，再暴的脾气和再大的嗓门很快就可化作乌有，他们是绝佳的情感缓冲器和摩擦稳定剂。

在日益频繁的婚外恋现象中，绿色最为稳定。绿色贴近自然，对各种花样翻新多作壁上观，不轻易凑热闹，刺激绿色的神经非常困难，对什么明星绯闻、蜚短流长，全部一笑置之，因为容易满足，本身需求无多，绿色也不容易受到外界环境的诱惑。

香港乐坛擅长演绎痴情恋歌的男歌手许志安，少有与人争风吃醋的是非和负面消息出现。入行十多年，亲密伴侣传来传去只有一个，然后就是一两件不了了之的所谓绯闻，这显示了他不爱高调宣传自我的个性。前几年他有一首大热歌曲《烂泥》，说的是一个男人愿意死心塌地守护爱人的心声。许志安自言这正反映了他的爱情观，这恰恰是绿色甘心忘记自己、顺从伴侣的特性。

一对绿色，家里卫生也许糟糕一点，生活毫无激情，但也各得其所，相安无事。若是两个黄色或者蓝色，却有很多“1+1=0”。你要忙东，他要忙西，劲使不到一处先不说，甚至相互指责谁也不服谁，只好劳燕分飞。所以夫妻双方只要一方是绿色，婚姻稳定度相对要高。

如果说，红色给我们激情和快乐，蓝色给我们稳重和信任，而黄色给我们勇气和坚定。无论是谁，当我们和绿色相处时，我们感受到的是轻松、自然、没有压力。

味淡者味永，睡不着眯着

绿色充满了温情主义，他们是"温和、谦和、平和"三和一体。如果说蓝色是一杯茶，绿色就是一杯白开水。

就像你要想品出汪曾祺的味道，需要假以时日。汪先生的走红也就是近几年的事，他的文章追求的就是淡，字里行间都透出它的平和。以汪的性格是安于竹篱茅舍的，不然他不会在寂寞里坚持他自己的风格这么多年，但他自己说得很对，"我看似平常的作品其实并不那么老实，我希望能做到融奇崛于平淡"。

他散文里随和的结构也呈现绿色性格的特点。当别人问他写文章怎么结构时，他说"随便"，居然和绿色点菜的方式一样！他的"随便"让人感觉到什么是自然成文，非常亲切，平凡而随和，但随和中有深厚的文化底蕴。在汪曾祺的《胡同文化》中，提到北京文化就是胡同文化，胡同文化就是封闭文化，封闭文化就是"忍"的文化——穷忍着，富耐着，睡不着眯着。"睡不着眯着"这应该引为绿色性格的睡觉大法，一种绝佳的养生工作。

红色：睡不着便拼命给朋友电话或者短信；
蓝色：睡不着辗转反侧；
黄色：睡不着便不睡，爬起来工作；
绿色：睡不着眯着。

另外一件轶事更可彰显绿色对于平淡和轻松的追求。

汪曾祺（绿色）师承沈从文（蓝色），师徒二人都比较低调，但比较起来，蓝色的沈从文更唯美一些。关于这对师徒，曾有这样一个事情：沈从文看到一个大胖女人从一座玲珑美丽的小桥上走过，感觉很难过。汪曾祺就很不理解，这么正常的事情，沈从文怎么会感觉到难过呢？

原来，蓝色的作家觉得大胖女人走小桥的画面不协调，不够有美感，所以蓝色的内心感觉有东西噎着不舒服。而绿色的作家却认为桥是用来给人走的，什么样的人都可以走，这才是最自然的事情，何必要想得那么复杂和麻烦呢？绿色的随和、轻松、追求舒服、自然平淡的感觉，搭建了绿色低调做人的基础和境界。

乐天知命　与世无争

我只要一个女人足矣

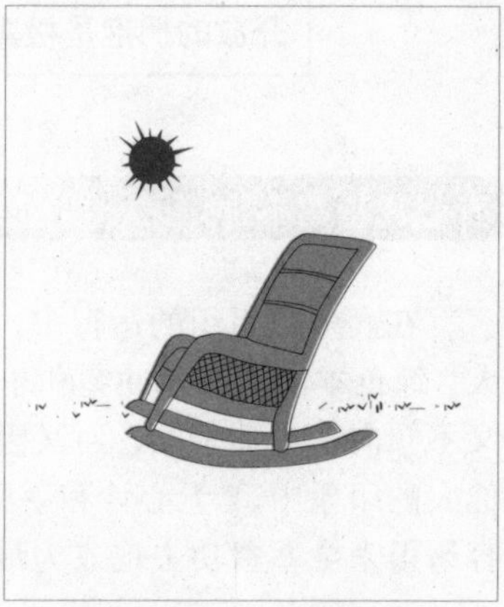

亨利·米勒在《北回归线》中写道："我对生活的全部要求不外乎是几本书，几场梦和几个女人"，而村上春树则说："我的梦是拥有双胞胎女朋友，带上双胞胎姐妹一起去参加晚会，左一个，右一个，多么石破天惊。"如果说米勒的梦是一个爱情亡命徒的真实告白，那村上却是狡猾的，用顽皮讲了一个永远的白日梦。

其实，在红色看来，村上的白日梦也忒小了些，带上双胞胎姐妹又算得了什么？想那真正红色的梦是："左手拉着Twins右手提着S.H.E；跟班林志玲、秘书小S、司机安吉莉娜·朱丽；李嘉欣坐在车顶长摆雕塑状不起；在十二女子乐坊敲锣打鼓的伴奏下，品着大长今做的小菜，与妲己侃侃大山，和女娲摆摆龙门阵；同褒姒娘娘探讨探讨烽火戏诸侯的历史，再用虚拟网络空间回到古希腊，让她和引发木马屠城的海伦王后一比高下；谈累了就同莎拉波娃打打球，特别指定要库尔尼科娃做球童；回到卧室，发现妮可·基德曼和凯瑟琳·琼斯玉体横陈；心情好的时候就帮西施、貂婵她们做做心理咨询，心情不好的时候让秦淮四艳来个全身指压；主要工作是带着超女全国巡回义演赈灾，终身辅助身份是世界小姐的首席评委。"

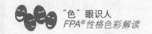

而对于绿色来说，亨利·米勒上面早已道出了他们的心声，惟独把"几个女人"变为"一个女人"就可以了，因为周旋于几个女人之间，那会让绿色感到无比麻烦。正如我的密友胖胖曾经告诫的那样："想找一天的麻烦，你就请客；想找一年的麻烦，你就装修；想找一辈子的麻烦，你就讨小老婆。"诚哉斯言。胖胖大多时候气定神闲，除了在便秘和追他女朋友之外，似乎从来没有努力逼自己干过什么，也从来不给自己压力。绿色讲究的是"日日深杯酒满，朝朝小圃花开"，他们总能找到简单而精致的快乐，这无论如何是其他性格望尘莫及的。在我目标狂妄躁狂发作时他总是开导我："你知道幸福是怎么来的?拼命喝水，三天不许撒尿，什么烦恼都忘记了。三天之后，上一趟厕所，都一抖，好愉快啊。幸福是多么容易获得啊。"

> **绿色，知足又没有脾气，他们对生命提出的要求不多，他们经常能不吝付出，能体验到这种心灵开放的拥抱是极其幸福的。**

有心栽花花不开，无心插柳柳成荫

在大多数组织的运行中，绿色是四种性格中最不容易卷入政治斗争的人。绿色本能地排斥冲突和争论，当机会来临时，他们天性中的"无所谓"又不倾向于主动争取，而又因为他们本身不属于任何一个小团体，同时在他人的印象中，"无心计和手腕"已经成为绿色的一个代表符号，这样他很容易得来全不费功夫地成为最终的胜利者。

在一次深圳举办的高管研讨会上，一位担任法院院长的学员从进入教室开始，便与其他学员们表示出了极大的距离，无论是正襟危坐的姿态，毫无变化的严肃表情，还是说话时富有逻辑和滴水不漏的言辞，都使周围感觉到这是一个典型的蓝+黄性格。然而在我们的性格测试后，惊奇地发现，这位法官居然是绿色的！周围的人始终无法理解为何他看上去如此不像绿色。

课间闲聊的一场对话，让我找到了真正的答案。

“贵庚？”

“35”

“以你这样的年龄，目前这样在你们系统内你算发展得如何？“

“不错的了。”

“有没有想过什么时候可以成为市法院院长？”

“这可从来没想过，我也从来不会去想的。”

“那你怎么当上现在的职位的？”

“这也不是我自己要做的，是他们叫我做的。”

原来当时可一起竞争上岗的还有另两个人选，只不过，另两个同事属黄色。业务能力上，大家的专业水准相差无几，然而以群众关系和人缘而言，绿色远超另外两名黄色的候选人。于是在参考民意的基础上，绿色顺理成章地担任了现在的职务。

如同这位法官一样，绿色往往不努力去争什么，可奇妙的是，最后很多好事却始终会落在他的头上。也许绿色不具备其他性格的感染力或者影响力等强项，但你会发现他们与人相处融洽而且从来不制造麻烦。

绿色很容易超脱游离出政治斗争之外，因为他们内心深处对金钱和权力的欲望不执着。黄色有着活跃的推动力，然而由于他们的强势却树敌不少。等到真正选择领导的时候，最高阶层和民众往往会对那些没有敌人的绿色情有独钟。

阿甘—— 800 年后的郭靖

让汤姆·汉克斯扮演阿甘，实在是个明智的选择。集中在汤姆·汉克斯的口碑，总是那样地不动声色、儒雅、敬业、认真、从不支离破碎、不温不火，有时甚至很无奈也很怯懦，像平常人和普通人一样，他总是在最值得善良的地方发出光来，闪烁出音乐一般的光芒。更重要的是他的风格低调，从来不带任何绯闻也不愿去炫耀。这些特质无一例外与绿色惊人吻合。

绿色的行为中，经常有让人认为傻、笨、容易被骗、该争取的不争取，是否果真如此呢?我们把《阿甘正传》中的阿甘和《射雕》中的郭靖对比一下，来观察一下他们的共通点：

阿甘，人称"800年后的郭靖"，仁慈、健康、平衡、宽恕和智慧，他身上有这个世界上每个人都需要的东西。

- 阿甘同学入伍后，被问到参军的目的，他毫不犹豫地喊到，自己来到军队就是为了服从上级命令。这答案是智商为75的阿甘同学的真实心声，但有点心计的人恐怕需要绞尽脑汁才能想到这个答案才是拍马屁的上上之选。于是阿甘被热泪盈眶的上级认为是个天才，是最优秀的士兵。
- 战场上，阿甘同学毫无主见，人行则行，人止则止，被通知要逃跑时，就拿出猎豹的速度把同伙远丢在后边。他后来救人的逻辑更简单：战友落在后边，作为朋友，自己当然必须回头找他。寻找途中偶遇伤员，就顺手牵羊地救上一救，这个非常自然。于是阿甘同学成了战斗英雄。
- 养伤期间，阿甘同学练习乒乓球的方法简单得惊人，他只需要牢记"眼睛不离开球"然后心无旁骛地把球回击过网即可。于是他很快成了优秀的球员。
- 退伍后，仅为了一个随口的诺言，就开始冒冒失失地买船捕虾，阴差阳错，阿甘同学靠着运气以及一根筋到底不知回头的韧性成功。于是一举成为富翁。

郭靖，有人把他的人生称为"阿甘闯天下"，无论如何，他成为第一大侠和娶了黄蓉是不争的事实。

- 郭靖同学草原中长大时，4岁不会讲话，最后却精通汉蒙两种语言，封为金刀驸马，最后郭靖更成为金庸笔下的第一大侠。
- 郭靖同学厚道仁义，很多事他是明知道吃亏，但为了别人，还是愿意做。特别表现在对杨康，他知道这是个什么人，但因为兄弟情，必须帮他。
- 郭靖同学跟七个师父学不好武功，怕师父着急，越急越学不好；反和老顽童、马钰学不当回事时，学得最好。郭靖同学武功高超的程度，最终《倚》中张无忌说得很清楚："我太师父言道，未必聪明颖悟的便一定能学到最高境界。据说郭靖大侠资质便十分鲁钝，修为却震烁古今，太师父说，他自己或者尚未达到郭大侠当年功力。”

- 当成吉思汗意欲取道中原时，郭靖同学对成吉思汗说“死后能占多少地？”时，他就比铁木真聪明了。不管做什么工作，最后是要一个做人的结果，就像郭靖最后悟出了做人的道理。

从阿甘与郭靖，我们可以看到典型绿色的优势：

善良（天真地本能地与人为善），守信（一根筋），做事时全神贯注一丝不苟并锲而不舍（不能想得更深更广更全面），重视人与人之间的爱（心灵始终生活在妈妈慈爱的叮咛和教导之中）。两个绿色性格的楷模始终遵守着这些基本的简单规则，对于更复杂的人生道理他们没有能力去领悟，结果善有善报恶有恶报的规律，让他们生活得成功和幸福，也就顺理成章了。还是《手机》中严守一说得好：“做人要厚道啊！”

机灵人、聪明人、精明人与明白人

我曾在进阶研讨会上，对完成基础研讨会的学员提出如下问题：“大智若愚、大智若智、大愚若智、大愚若愚如何对应四种性格？”假设“智”在此处更多地象征着“智慧”而非“聪明”，我尝试用四部古典名著中的四个人物来诠释绿色性格的“大智若愚”。

机灵人（红色）：脑瓜灵嘴也灵，能说会道，人前显人后白，假设是个喜欢占便宜的红色，一般自我感觉良好，时有才高八斗，怀才不遇的冲动，容易患得患失，情绪波动大。典型代表：《西游记》取经路上那位爱闹腾、好耍小聪明的八戒。

聪明人（蓝色）：思维缜密，天才多出自此。才华不外露；重长远，不争一时先后长短；善于控制但不善于调节自己，心胸不广同时拘泥于形式，过于执着对错，缺少豁达。典型代表：《三国演义》中聪明反被聪明误的周瑜，遇见更蓝性格的天才诸葛亮，一步三计，算计太多，把自己最后给气死。

精明人（黄色）：精于打算，不肯吃亏，对于利益把握准确无误，有一万个心眼。精明人往往才华外露，锋芒毕显，好斗，他们是生活中最活跃的一群。典型代表：《红楼梦》里算尽机关，出尽风头的凤姐是也。

明白人（绿色）：大智若愚，善于藏拙，返璞归真，真人不露相。明白人可以独善其身，世事洞明，淡泊明志，进退自如，荣辱不惊，生死泰然，心静如水。典型代表：《水浒》中功成身退，唯一没去打方腊的入云龙公孙胜，梁山的第一明白人。

老子说，"知人者智，自知者明"。"明白"是人生的最高境界，许多英雄人物，天才巨星终其一生也难企及。机灵人、聪明人、精明人始终离明白人仍差一步之遥。让我们来看看在人生道路上，四种性格追寻智慧中常见的状态：

红色，因心思过于灵敏，心中千头万绪，是以样样难以精通，反不及愚钝之人专于一门；蓝色，不满足于自己的才智而持续向更高层次追求，但蓝色因为看待人生过于执着，无法"放下"；黄色，往往对自己抱有过多的自信，对那些才智逊于自己的人，潜意识里是一种居高临下的态度，这就让他们忽略了愚人的灵光一闪，却不知这种"灵光一闪"往往是智者百思而求的答案；而绿色，真正对大智慧矢志不渝的，常常正是这些"我自知我愚"的好学之士。

毕生无火　巧卸冲突

自动屏蔽功能

绿色的老孟，娶了一个红＋黄的太太。成婚35年，太太一直恪尽妇道，这些年以来，老孟从未做过任何一件家务事，甚至毫不夸张地说，连碗也没洗过一次，太太可算得上是把他伺候得周体舒畅。然而就是这样，两头的亲戚从来评价都说是小孟他妈前世修来的福分，找到一个好老公；却从未有人说是老孟的命好，找了一个好媳妇；这让我引起了极大的好奇。一个男人35年不问家中大小事务，享尽大老爷们之福，还落得好名声，这种美事一定要搞个水落石出。

清查半天，方知原委。原来红＋黄的太太时常为一些小事火爆，结婚几十年脾气一直维持在更年期的水准，而每次爆发时犹如洪水猛兽，有河东狮吼的风范。这在外人看来，芝麻大的事情就这样频繁地给老公脸色看，而老孟同志居然这些年能忍辱负重下来，真不容易。外人看不见的是家里孟夫人的辛苦操劳，却偏偏盯准了老孟抵抗山洪暴发的能力，这正应验了“好事不出门，恶事传千里”。

“母老虎”们有时会大声训斥绿色的男人，通常情况下，绿色扮演着低头认罪、接受改造的角色。然而因为绿色长期不反抗、不吱声、不回应，有时却让黄色恶从胆边生，拂袖而去，这时绿色紧张不迭，急忙恳请黄色继续施法，而黄色那时却气得连骂的欲望都没有了。总之，不管怎样，绿色，就有这个能耐，很少发火，也不会被你激怒，他们甚至认为，被别人激怒是件很累的事情，犯得着吗？

红色具备“选择性遗忘”，他们可以选择性地忘记那些痛苦的记忆，一直保存着美好与快乐；绿色具备“选择性倾听”，只选择听让自己心情舒畅的话。

消弥一场禽流感期间的吃鸡风波

绿色大侠们的这种“瞬间失聪”的功夫，红黄蓝三种人恐怕是一辈子也很难修行出来的。从本质上来讲，绿色不仅在外在的器官上避免争斗，在内心里面，他们也从来就没有争斗的意识。

说到底，绿色并不仅仅是在“选择性倾听”和“礼貌性回复”上表现出的不冲突，在一片祥和万事宁静的和谐环境中，寻求着轻松。有时候想想，明明很轻松的事情被黄色一弄反而收拾不了，看看人家绿色的妈妈是怎么漂亮化解的：

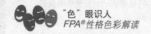

我儿子是典型的蓝＋黄，相处时只有正确引导他才有用。最近禽流感，有一天我儿子一定要吃肯德基闹得不可开交，甚至砸东西，而我黄色的妈妈就不给他买。两人大吵，我妈也气得心脏病发作，我看着他们两人世界大战。最后到我解决的时候，我只是告诉孩子现在鸡生病了，鸡妈妈带它去看病了，结果孩子忽然不哭了，反而问那小鸡多可怜呀。我把他的思想引导到了另一个话题他就过去了，而我那黄色的妈妈却吃了好几天药才好。

这样看来，黄色罹患心脏病的概率应该大大高于其他性格，为了一顿简单的争吵，却把自己赔上心脏病，这么不划算的辛苦买卖，打死绿色也不会做。黄色这种喜欢争斗的天性，在前文我已经详细阐明，有时斗来斗去，便成了竹篮打水一场空，可惜他们自己还沉浸在斗争的快感中。

绿色是自得而悦人的个体，很能够接纳生活上的任何人，他们能够契合所有不同颜色的性格，而不用担心行为差异上的南辕北辙。他们和善的天性及谦逊的为人，为他们赢来许多忠诚的友谊。

镇定自若　处事不惊

当凶杀发生在你的眼前

宁心，37岁，相识十年，从未见过他有任何激动的表现，从来说话都是那幅慢悠悠的语速，总之，别指望当他向你通报今日股指上涨或跌落500点的消息时频率有何差异。我对他能长期保持“任它风吹雨打，我自岿然不动”的平稳情绪表示了极大的敬佩之情，有段时间甚至怀疑弄个小狐狸似的媚姑放在他两腿中间，是否他也能像柳下惠那样毫无反应？我总是力图从他个人成长的经历中挖掘出来一些事件，以证明是训练导致他这种特点的形成，结果，却意外发现绿色的镇定自若绝大多数来自于天性中的平静。

请先想象一下，当你亲眼目睹有人暴毙在你面前时，你的反应是什么？恐慌？无语？紧张？上世纪80年代后期，当时19岁的宁心，的确经历了这样一种真实的经历和感觉。

宁心与黄色友人A合开的发廊，初期常受地痞骚扰，于是在店里备了两把菜刀准备自卫，没想到时间长了反和混混成了朋友。那时，有个红色女孩因为迷恋上了A的手艺，隔三差五地会到这玩，没过多久，事情就传到了女孩的男友B那里，并时常搞出些不愉快。某晚，B又带着他的朋友到发廊寻事，坐在店内，许是口里不干不净了几句，还没等他反应过来，已经窝气很久的A一把将B揪下椅背，迎面朝脑袋狠狠一砖当场拍得神智不清，上来几人拳打脚踢后，不知谁一刀刺进B的肋骨。动手的几个立即树倒猢狲散，B从血泊中挣扎到门口时，眼睛闭合了几下，一命呜呼。

半分钟，一切来去迅猛，宁心在旁边目睹了全过程，还没等他去劝阻，送命者倒下，夺命者逃亡。就在那时，宁心没有发出任何声音，脑子里的第一反应居然是，两把菜刀还放在里间，等会警察来查案，万一看到说不定会说不清，便先去把它们藏了起来。

“110”很快就来了……因为“夺命者”全部跑掉，无人可证明现场的宁心不是凶手，宁心开始了完全与外界隔绝的禁闭审查。29天以后，当时的四个犯案者回来自首，宁心终于回到自由。宁心的牢监体验，如同港产影视片翻版，既经历了开始时被牢友的暴打，也目睹了狱友被牢头逼迫喝尿的场景。

当我问到那段经历对他有何影响时，他告诉我说，经历了这些事情以后，他比以前更加平静了，在这个世界上似乎没有什么更难的事情，一切总会过去。我问他那时有度日如年的感觉吗？答案是：没有，好像只过了一天，因为每天过得都是一样的。而对他那时最大的梦想就是：“怎么弄到一根烟抽，然后每天想象着可以出去后有红烧肉吃。”

我一直佩服两件事情：其一，一个19岁的孩子，在目睹当时血溅八方后，居然会首先反应藏起菜刀，表现出来的冷静和平稳让我暗暗叫绝。其二，在那29天禁闭中难道他不感觉到委屈和恐惧吗?他唯一的回答是，“恐惧有用吗?既然我也想不出什么招，什么也都不能做，自寻烦恼是多痛苦的事情啊，问题总会解决的。”绿色居然想的不是如何得到自由，而是对香烟的美好憧憬和毛家红烧肉的无限渴求。

那一刻，我突然明白，绿色“宁可居无竹，不可食无肉”的心态是完全存在的，对于不是绿色的人来讲，也许需要毕生的修炼才能到达这样的境界。

“杀人”游戏中的最佳“杀手”与最烂“杀手”

民间近年流行一种称为“杀人”的推理游戏。举凡参与者，首先通过抽签决定分属法官、杀手还是平民的角色，之后群体论战，通过推理和辩驳找出当中的杀手，而少数杀手也要通过种种手段保存自己。在“杀人”游戏中，到底什么性格作“杀手”，才是真正立于不败之地的高手呢?让我们来回忆一下自己的表现：

红色抽到“杀手”时，因为容易兴奋，面上立即喜形于色，坐立不安状显现无疑，还没开始，便被发现。稍微好些的，“杀人”时手指紧张，集体讨论更容易露出马脚，或不敢与他人对视，或为表现无辜而过分对视；刚才还口若悬河，现在说话骤减，或说话前言不搭后语，逻辑混乱；当有人指认自己时，面色迅速泛红，心跳加快，还没等自己反应过来，已被众人发现，迅速亡下阵去。

蓝色“杀手”向来不露声色，蓝色将情感控制在内心而非脸上的天性刚好帮了大忙。加之老谋深算、思维缜密，“杀人”有章有法，因为游戏中经常需要通过高度的逻辑推理来说服众人，故蓝色在正反逻辑，顺逆向推导，排除法，反证法……等技巧的运用上似乎完全是天性，他们是富有计谋的“杀手”。

黄色“杀手”的最大强项在于他们直觉和判断力的准确。他们不像蓝色“杀手”那样是通过蛛丝马迹推敲出来的，却可以每每一点一个准，让平民胆战心惊。

然而蓝色与黄色共同的麻烦都在于，因为他们的强大，不管你是或不是，民众通常也习惯于先将其斩而快之，早早干掉以防后患；总之精明强干者在“杀人”游戏中似乎都不得善终。

惟独绿色，大多人认为绿色没有进攻性，每次几乎都可以留到最后，因为他在这个临时的社会里没有什么作用，大家容易会忽略对他们的关注。而事实恰恰是，绿色稳定的心态和素质让他们拿到“杀手”身份时，自始至终都能保持心如止水的风范。对他们而言，是或不是“杀手”，什么都不代表，一切不过是游戏罢了，绿色天性中的很难投入和旁观者的心态反而衍生出一种平静，一种恒定的状态，他们那样自然地保持杀手本色直到最后，而赢下战斗。

天性宽容　耐心柔和

你走你的阳关道，我走我的独木桥

“将军额上能跑马，宰相肚里能撑船！”绿色能成为马场和船码头，因为他们具备了两个条件：首先，不干涉他人自由；其次，对于那些曾经伤害过自己的人，给予原谅。先来看“不干涉”的意义何在。

“不干涉”在管理中，代表了让每个人都可发挥自己的积极主动性，而不是每天被吆五喝六地去做这或做那。绿色作老板不愿加班宁愿多享天伦之乐，自然员工也很少加班，工作上只要你们完成该完成的事就好。

“不干涉”在婚恋中，代表了男女双方彼此有个人独立的空间，而不是天天粘在一起，比起那些成天要死要活，恨不得24小时都合二为一的爱情来说，无疑是健康的。

“不干涉”在教育中，代表了真正给孩子独立的空间成长，让每个人做自己的人生决定，所以在绿色环境中长大的孩子，身心健康，个个活在自我的天地，而少有黄色与蓝色家庭环境中孩子们那种压抑的精神状态，绿色总是笑眯眯地说：“天要下雨娘要嫁，孩子们大了，由他去吧！”

对于黄色父母来讲，让你按照他们设置的人生路线行走，是必须的；如果不肯，势必触怒龙颜，罚跪罚站罚打屁股，成年时发现你的翅膀硬度已经超越家法的范围时，便大骂“父要子亡，子不得不亡。不孝逆子，竟敢以下犯上，家门不幸，家门不幸，家门不幸啊！”然后拉开架势，断绝父子关系。

对于蓝色父母来讲，让你按照他们希望的人生路线去走，是会让自己欣慰的；如果不肯，势必苦口婆心，像唐三藏一般，晓之以理动之以情，最后要么把你磨得含泪答允；要么你够坚持，他们最后黯然落泪，“怎么生了你这么个儿子？你这样固执，伤了老爸老妈的心了！”不坚强的主，就在稀哩哗啦的泪声中，违心答应了他们的请求。

无论是黄蓝哪种，共同的特性就是——待你屈服之后，最后总要来一句总结性发言。中心思想无外乎是"你现在小，还不懂事，老爸老妈是过来人了，这么做，知道你现在会恨我们，长大了，你就明白了"。我告诉我朋友说，我就是这样一路被教育过来的，他还不相信，说他们家的教育就八字方针"顺其自然，自然而然"。结果一看，人家爸妈那是不一样的品种，绿妈绿爸，多幸福啊！

血债要用血来偿？NO！

四种性格中，蓝色和黄色很难原谅别人，红色与绿色倾向于宽容。差别在于红色比较容易忘记；而绿色压根就没觉得有过仇，因为记仇实在是让自己太累的事儿，绿色才懒得去做呢。

绿色自己有了困难，也不愿向别人开口；被别人借了钱，为不破坏人际关系，也不好意思去要；人有失当之举，不去理会；自己被别人误解了也不愿花力气解释，时间长了别人明白过来反而不好意思，反倒容易做日久天长的朋友。所以绿色多的地方，必多和气而少戾气。

一个人被"错"关了27年，他会变成怎样?人们十之有九会说"血债血来偿"，而曼德拉这个黑瘦黑瘦的小干瘪老头，却对你说"NO"。

曼德拉心胸开阔，对他的国人更是宽容备至。2000年，南非全国警察总署发生这样一件严重的种族歧视事件：在总部大楼的一间办公室里，当工作人员开启电脑时，电脑屏幕上的曼德拉头像竟逐渐变成了"大猩猩"。全国警察总监和公安部长闻之勃然大怒，南非人民也义愤填膺。消息传到曼德拉的耳朵里，他反而非常平静。几天后，在参加地方选举投票时，当投票站的工作人员例行公事地看着曼德拉身份证上的照片与其本人对照时，曼德拉慈祥地一笑："你看我像大猩猩吗？”逗得现场的人笑得合不拢嘴。

据说曼爷爷经常挂在嘴边的秘诀是：别担心，放轻松，要快乐。他曾说，他最喜欢的事就是独自一人在柴科夫斯基的乐声中看夕阳。为什么呢？只有一个可能：因为宽容必须要“不愿记仇”和“不愿插手别人的事”，而这两点的动机都是因为“懒”。而“懒”，又是因为“对生活没有太多的要求”，没有太多的要求，可总要有点事做啊，于是绿色就选择了他们的人生最爱——“发呆”！

超级免洗垃圾桶

当你面临人生中痛苦时，会找什么性格的朋友倾诉呢？

> **如果各性格头部功夫比武，红色的嘴功、蓝色的脑功、黄色的眼功是各自的强项，绿色的耳功为家传绝学。**

红色倾听与黄色倾听——不听不听就是不听

红色和黄色因为对说都有得天独厚的强项，听上的功力自然大打折扣。一个红色主持人在做了《午夜访谈》的半年后，不堪重负，宣告退场。按照他的说法，每天接受那些世界阴暗面的信息让他近乎于崩溃。

假设我们认为红色有自我中心的倾向，黄色也难逃其咎。唯一的差别是红色更希望得到人们的关注和认可，因此说话的时候很容易用到“我”，有抢谈自己感兴趣的话题之嫌；而黄色则是你们都不用说了，一切听我的就可以了，反正你说的和我的想法不一样，最后还是要听我的，那就根本没必要说了。从这个意义上来说，黄色的自我中心凸显的是“天大地大唯我最大的老子天下第一”的感觉，黄色希望人们都按照他们的去做。与此同时，他们更习惯于直接给出回馈和意见，表示同情心那不是他们的风格。

红色失恋，痛不欲生。为将痛苦化解，必通过“垃圾转移法”来进行体内清仓。

找到另一红色倾诉，谁知倾诉进行中，不知怎地，许是触到了那位红兄的离婚痛处，结果倒好，那一晚倾诉者倒没说多少，倾听者倒将历史的种种伤疤尽情揭开，到头来两人抱头痛哭。

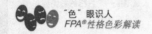

心里不爽，找到黄色倾诉，声泪俱下。黄色起立踱步于房间正色告诫："兄弟，哭什么哭，哭有个屁用！我告诉你，明天大哥我就带几个妞来让你选，我告诉你，人生最大的胜利就是找到更好的人让她后悔，这个世界三条腿的狗不好找，两条腿的人多了去了！"

原来，黄色只对解决问题的方法有兴趣，聆听啼哭让他们觉得你是弱者，而他们并不喜欢生活的弱者，他们根本不能容忍自己是生活的弱者，他们也不能容忍他们周围的亲人和所关注的人是弱者，他们必将摧枯拉朽般地击毁懦弱。

蓝色倾听——舍己救人

这样看来，还是蓝色和绿色好，他们会对你开放所有的调频调幅，至少会对你保持足够的接受信号。

蓝色可以帮助你分析问题，遗憾的是蓝色他们自己却会陷入其中不能自拔，仿佛自己成了故事的主人公。"只能入世不能出世"，往往让蓝色在咀嚼了他人的很多痛苦后，让自己陷入到绝望的边缘。这就是为何有很多心理医生在帮助了患者以后，自己最后却走上绝路。

这样看来，从港台很多心理医生跳楼自杀可以断定，大多数是蓝色。红色如果承受不了，就像前面那样，早就自动下岗逃之夭夭了；黄色在前部分已经阐述，他们的痛苦感知系统本来就极不发达，所以少受干扰；绿色也许觉得自杀太麻烦，连爬个楼顶都嫌累。

现在我们知道了，倾诉给蓝色后，你的痛苦没了，可痛苦却转嫁为蓝色的，因为蓝色不具备定时排泄功能，当长期郁结时，他们爆掉。现在唯一的重担只能落在绿色的身上。

绿色倾听——超级免洗垃圾桶

当你来到绿色面前，即使绿色正在做一件重要的工作，看到你来了，也会立即放下手头的工作，陪着你畅谈。这总比到黄色家里要好，你刚进门，她在厨房做饭，会热情地号召你一起和她在厨房里面，一面帮她剥毛豆一边聊天，还美其名曰“提高效率，工作生活两不误。”

在经历了红色以泪洗泪（你倾诉她，她马上反倾诉给你），黄色以声去泪（你倾诉给他，他直接给你建议而不听倾诉），蓝色以死殉泪（你倾诉给他，他自己受不了去自虐）的三种折磨后，我们才知道绿色这个“超级免洗垃圾桶”的好处。

按照医学的说法，人类器官中肠的长度恐怖得惊人，而我总怀疑绿色的肠子似乎比其他人总长度要短。他们一面和颜悦色地与你同喜同悲；另一方面，绿色，同时将你刚才倾诉的那些垃圾立即排泄掉，这种即食即拉的现象，从生物进化的角度来讲，显得是有些低级，然而，从心理健康的角度，你也看到了，正是他们天生排泄负面情感侵害的能力，让他们能够犹如常青树一般屹立不倒。

绿色并不重视利益交换，付出是最大的快乐。绿色乐于倾听别人诉说所有的事情，鼓励他们的朋友们多谈他们自己，他们擅长让别人感觉舒适。

笑遍天涯　冷面幽默

四种性格的幽默大比拼

蓝色幽默

蓝色注定是“黑色幽默”的大师。这种阴沉而痛苦的幽默，阐述周围世界的荒谬，以一种无奈的嘲讽来看现代人与社会的冲突，并将这种冲突扭曲和变形，显得荒诞和好笑，但本质上仍让人感觉酸涩。这当中登峰造极的人物首推导演伍迪·艾伦。他本人也说：“我是个不折不扣的悲观主义者。我觉得真正的幸福是不可能得到的，对于这一切你惟一能做的只是让自己尽量不去想它。”在“不去想它”这种小小的阿Q精神背后带来温情，是蓝色性格永恒的基调。

黄色幽默

如果推选幽默感最烂的性格，黄色，我定是双手双脚投上四票的。黄色思维的直线化。当聆听会心会意的文字时，黄色囫囵吞枣般匆匆嚼下，毫无感觉。更有甚者，发现众人皆笑，便问："你们在笑什么呢?"他人好心解释后，黄色下不了台了，于是鄙夷地说道："这有什么好笑的!"借此来掩饰自己刚才没听出奥妙的尴尬。

红色幽默

关于红色，严格意义上我更加倾向于用"搞笑"两个字来囊括他们的能量，在前文已经详细阐述红色的这种本领。红色搞气氛，做得漂亮，那是语不惊人死不休；做过头，就变成讲完笑话自己哈哈大笑，人家却觉得是把无聊当有趣。但典型的红色天性热情，为赢得大家的掌声和赞誉，有时甚至是愿意适当让自己出丑来博取哄堂大笑。

绿色幽默

幽默在紧张状态下是永远无法发挥出来的，绿色天性具备了随时轻松的状态，这是他们比其他三种人更在幽默上技高一筹的原因。绿色的幽默和红色的幽默区别在于：红色的幽默是张扬的、引人注意、无时无刻不想拿出来炫耀的；而绿色的幽默总是不经意的、状态放松的、叫人细细回味后才会突然失笑的，甚至效果有时要比红色引起的哗然效果更为显著，我们称其为"冷幽默"。

由此来公布幽默排行榜，黄色最末，蓝色倒数第二，红色老二，绿色排先。红与绿到底功力分别如何？关系有点像当年中国相声鼎盛时期姜昆和李文华的关系。这两人一热一冷，相辅相成，按照相声报的说法，犹似"一位慈祥的老妈妈带着一个淘气的孩子"，与我们的性格色彩描述如出一辙。

蓝色是黑色幽默，黄色是硬幽默，红色是热幽默，绿色是冷幽默。

从葛优的言行闻绿色的味道

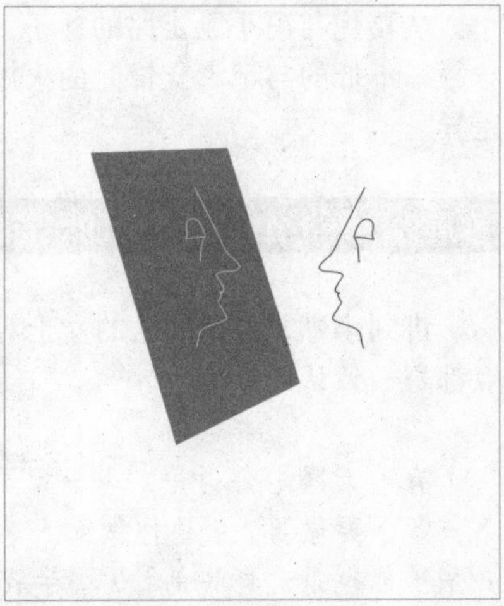

关于冷幽默，怎么理解？看看葛优就知道了。他的幽默，产生的力量是那样的自然和不经意。第一次注意到他的性格色彩，起源于张国荣离去次日，有记者采访演艺圈内的大腕谈感想，在诸多人痛哭流涕表明内心的悲痛之时，葛先生平静地只说了一句话："这事吧，不好说，我觉得是他自已没想开。"真是让你叫绝。看看中国电影百年纪念活动上关于他的采访，你可以更多体验到绿色的豁达和松弛。

葛优走路的样子和冯小刚不同。在人群里，冯小刚不怕被影迷认出，两手插在裤兜里，昂着头。葛优平视前方，面无表情，一旦被影迷认出，他一定会在瞬间换上笑容，甚至于哈下腰签个名。

记者采访他的有天晚上，一个年轻人围着他走了几圈，试探性地问："葛优？"葛优客气地点头，年轻人立刻慌乱地摸所有的口袋，终于找出一张折叠过的白纸："不好意思，只有这张纸。"葛优笑呵呵地："没事，不是欠条就行。"后来，我问他是不是对所有的影迷都这么客气，他显得很认真地回答我："这事儿是这样的，对我吧，也许是第5万次，对他吧，这是第一次。"

记：今年是中国电影诞生100周年，而你也入选了百年百大电影演员，先谈谈你的感想吧！

葛：我妈写过一本书《都赶上了》，书名是我起的，我觉得我一直在赶上好时候，像这个电影100周年，我也算赶上了。举个例子，现在的演员，他可以明年一下子红透全世界，但他没能赶上电影100周年，你明白我这意思吗？我算赶上好时候了。

记：你和冯小刚合作的基础是什么？

葛：首先对这个剧本你得很喜欢，还有我觉得应该有这么一方面吧，他写的东西由我来体现，我理解他的东西，比较准。要说脾气上，他比较急，我还是一个温和的人。他敢骂人家，这个我做不到，这是性格问题。

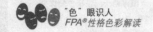

从葛优与冯小刚走路的样子，从葛优对随便掏张纸索求签名者，到冯导频率不低的与记者交锋时的火爆场面，你可以看出这两人性格上的巨大差异。

你有你的绿老公，他有他的绿老板

讲到幽默，两个红色的女士对他们各自的绿色老公会有时说些怪话这点都是一致认同：

有一天跟老公讨论"下一辈子做男人还是女人？"我想了半天说"我下一辈子要做男人，让你做女人来伺候我！"老公扭脸看了我一眼说："上一辈子你也是这样说的"……半夜醒来，感觉老公紧抱着我，窃喜！心想：这家伙平时挺酷的，没想到睡觉时一不小心就露馅了。于是感动不已，正准备好好享受他的拥抱时，听见他迷迷糊糊说道："老婆！好冷！"当时恨不得把他踢下床去。

比他们更红的一个女士插进谈话，说：我比你还气，我平时睡觉抱他，他都不怎么理我。那天抱着他，他说"老婆抱紧点"，我正奇怪呢，他说"好冷好冷"。你说我该怎办？然后继续说道："我有天晚上做梦居然梦到他出轨。"于是抓住他就问："说！你为什么出轨！！！"他一点都没思考，马上回答我："我出鬼，你出四个2把我炸了啊！"我晕！敢情他还以为我跟他斗地主呢！！晕死我！！！

我发现绿色的冷幽默通常都有顺藤摸瓜、偷换概念的技巧在内，从而出现这种喜剧效果。再想想，是什么样的女人才会问这样的问题呢？

也只有红色女性才会把半夜里的梦境讲给老公听；黄色的大多觉得很无聊；若是蓝色，梦到老公出轨，兴许心头马上涌起一股莫名的阴影和不祥的预感；而绿色，一个梦而已，一闪而过也懒得多想，醒了之后很快就忘了，梦怎能当真呢?这位红色的喜欢兴风作浪，弄点事情出来玩玩也好，于是才有了上面这样一段对话。或者用这样一个比喻，红色碰到这事好比打水漂，激起层层涟漪；蓝色，湖面水波不兴，湖底波涛汹涌；黄色会像镜面反弹光线一样，把石头弹回去；绿色，则如雁度寒潭，雁过而潭不留影。

开明先生是我佩服的一位绿色，身为一大型公司的董事长，毫无架子，谦逊亲和。从香港总部飞到大连参与分公司中层管理人员的培训，丝毫没有感觉自己董事长的尊严丢份。培训过半，因突发事件，开明先生须先行告退，在数次深表遗憾，我一边祝福："一帆风顺，后会有期，略备薄礼，尚请笑纳。"一边拿出已拆封的一包口香糖，我严肃地递过去，"不好意思，只剩一半了，路上可以享用。"

当我看到他接到口香糖的那种凝固表情时，忍不住哈哈大笑。眨眼片刻，他用他那并不标准的港式普通话生硬地说："好的，你的礼物我很喜欢，我好好收下，我也有礼物要送给你，希望你喜欢。"在我以无比向往的心情伸出两手接收时，他神圣而缓慢地从口袋里拿出一包崭新的口香糖递在我的手上，说："这是我的礼物，希望你喜欢。"

不像黄色，内心里总觉得自己高人一等，绿色的那种谦逊是由衷而发的。更重要的是，那些比他级别低许多的同事和他在一起的时候，丝毫没有任何人感觉到有老板的存在。而黄色和蓝色上司遍布的环境，你绝难体验这份悠闲轻松和舒适。当黄色愤怒于为何这些人胆敢不尊重我的时候，绿色只会用《道德经》中对于领导艺术层次的阐述来勉励自己："太上，下知有之，其次，亲而誉之；其次，畏之；其次，侮之。"

幽默感产生于轻松的生活态度之中，一个生活紧张的人是不可能产生幽默感。幽默需要那种松弛大度、不急不徐的风范来支撑。而这正是绿色所具备的。

先人后己　欲取先予

为什么他总是点"随便"这道菜？

绿色与朋友们一起出去吃饭，你能想象当菜单传到绿色手中，绿色最常点的菜是什么吗？

经过无数验证，绿色常倾向点一道名菜——"随便"。此中缘由：一方

面不排除绿色觉得动脑筋太麻烦，懒于做决定；然而更重要的也许在于，大多数绿色担心，如果自己的决定万一有人不喜欢，岂非很为难他人？为了不伤害他人或不让他人不爽，绿色宁愿将选择权交给他人，这样乐得其所。绿色就是这样处处为别人考虑的人。

就连在买车的问题上，绿色都是那样地照顾他人。绿色绝不会做第一个吃螃蟹的人，当其他部门的经理都以车代步开上轿车的时候，绿色的部门经理也开始考虑买车的问题。有趣的是很多绿色会选择面包车，并非是因为经济状况阻碍了车型的选择，有时却是考虑到其他同事的需要。我所知道的这个绿色性格的经理，为了自己的属下都可以平日出行办事方便，搞活动也可顺便多坐一些人，购买了一辆马自达的MPV八座压缩面包车，被众人誉为“仁者无敌”。

如果不考虑经济因素，红色可能对于外表炫而酷、颜色抢眼的跑车情有独钟；蓝色对于性价比和品质的关注胜过一切，当然色彩一定要低调；黄色宁可选择高知名品牌与颜色厚重的车型为他们的最爱。有谁能想到，绿色就连买车时，也会考虑是否能够多带一些人，这种为他人着想的思维模式已经到了出神入化的境界。

时代华纳老板的生意经

在美国《财星杂志》七十五周年特刊的专访中，记者采访了一些杰出的财经界人士，请他们谈影响他们最深的人和他们这一生最受用的建议。其中56岁的时代华纳公司董事长兼执行长帕森斯说了这样一句话“在谈判桌上留点余地”。

我得到的最佳建议是史蒂夫罗斯教我的，他过去经营这家公司，也是我的朋友。那年，我出席时代华纳董事会，我是从金融业转进这家公司，在会议中谈到如何把事情做好。史蒂夫对我说：迪克，记得每笔生意都是小生意，但人生很长，你会一再碰到这些人。你在每笔交易中如何对待他们，都会有长远的影响。你在交易时，留点余地，做到皆大欢喜，而不是吃干抹尽。

我遵循此忠告不下一千次。企业界大部分人不吃这套。我想，我们总是要和顾问、投资银行家、律师等人周旋，每次都是一场拔河，看谁能在交易中占到一点便宜。但大家往往忘了，这些顾问会继续进行下一场交易，山不转路转，你我总是会再碰面的。

绿色因为天性中不喜欢与他人争的特性，在生意场上也就能让人处且让人，而非据理力争，也少有要置他人于死地的想法，本着“夹着尾巴做人，老老实实过日子”的精神。如同帕森斯的经营哲学，绿色即使在生意的过程中也奉行“你赚我赚大家赚”的基本原则，且有时会让自己损失一些，来博取长远的合作机会。

目送你去和别的男人约会

在一对夫妻共同参加了我的婚姻研讨会以后，绿色的老公分享了当初蓝＋黄的太太在恋爱期间“摧残”他的意志和自尊时，他是如何度过的。

我和小澜恋爱一个月后，小澜的朋友要为她安排另一个男生相亲。按照小澜的解释，那个男人在我们恋爱前就已安排见面，只是因为当时那个人突然受伤而没见，所以现在出于礼貌，还是应该碰个面。你说我能不同意吗？而且由我送她上了出租车去往他们约定的地点。在这以后小澜和那个男人又碰面两次，不过对我来讲，我心里比较安慰的是这三次见面她事先都告诉我了。

其实，当时我完全知道她是想选择和比较一下，这是她真正的想法。当然，在对我没有承诺任何事情之前，她完全有选择权。而对我来讲，只有我在这件事情上表现很有气度、不计较的情况下，最终，才有她选择我的可能。因此，在她三次与该男生见面之前，我并没有阻拦，并表示同意她的想法，当然在她面前要稍微表现一点点的不开心，这样能让她明确我心里完全是有她的，而且她的感觉也会很好。最终我胜出了。

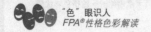

绿色充满爱心，凡事先为别人着想。他们以付出为乐，但情况常常是：不管别人是否真的需要，他们往往还是会一味付出。结果，他们不是满足了别人的需要，而是满足自己"想付出"的需要。

领导风格　以人为本

以仁待士，惹无数肝胆竞涂地

如果说黄色是靠着"目标管理"来达成他们的胜利，绿色则以"人本管理"的方式取得了前所未有的成功。他们对于人内心需求的关注，让人们感受到"我很重视你，就像你重视你自己"。GOOGLE的创始者非常低调，先看看对于少见的绿色创业者的介绍，再来看他的领导风格与理念。

GOOGLE上市后市值超过100亿美元，而该公司创始人赛吉·布林也理所当然成为美国新一代的亿万富翁。但他们并没有用这些钱去过奢华的生活，他们没有豪华游艇，也没有私人飞机，30岁的赛吉·布林仍过着简朴的生活，同平常人无异。赛吉的父亲在接受采访时表示："同普通人一样，赛吉租住着一套两居室的房子，开着一辆丰田小轿车"。这种小轿车并不是什么高档跑车，而只是一种混合动力的5座小型轿车，价值约2万美元，是一种环保型经济轿车，在年轻人中间非常受欢迎。

如何让天才们在公司里工作得更加舒适，布林有自己独特的方式。他通过保持宽松环境让员工把工作当成享受，在这个充满自由和个性的公司，平等也同样重要。作为创始人之一和公司的灵魂人物，布林的办公

室和其他人的区别不大，只是位置稍微好一点。

虽然西方有一句著名的谚语：世上没有免费的午餐。但在GOOGLE公司，布林将“免费”作为公司文化的一部分，实施起来达到细致入微的地步：员工用餐、健身、按摩、洗衣、洗澡、看病都100%免费；公司给员工最差的电脑显示器都是17英寸的液晶显示器；每层楼都有一个咖啡厅，可以随时冲咖啡、吃点心，大冰箱里有各种饮料，免费任喝。布林还允许员工带孩子和宠物来公司上班，这在美国很多公司都是不可思议的。此外，公司任何一个重要员工都有自己的独立办公室，每个办公室可以按照自己的意愿来装修。

绿色领导推崇一种员工都积极参与的工作环境，他们千方百计地保证自己所做的决定与这种环境保持和谐，这与黄色或蓝色通过不断要求来提高效率形成鲜明的对照。

绿色领导尊重员工的独立性，而不是把员工当作机器上的零件。这让他们博得了更多的人心和凝聚力。

卡特的一生，是绿色的一生

在美国近代史上相对比较有影响的绿色总统的代表是：老布什与卡特。前者当政期间，虽没有显赫的政绩，但在国会却有着良好的公共服务记录，鲜有严厉的对手发动挑衅和进攻。这也许是由于人们觉得绿色太软弱而没有必要攻击，绿色也是长期保存自己的能量；关于卡特，我们可以从威廉博士所著的《激情领导》对卡特的形容上，仔细探索绿色的风格。

当卡特一进白宫，就忙不迭地向大家展示他真实的女性气质以区别竞选时的强势感觉。他不会把两手交叉抱于胸前，不喜欢威胁或指责别人。他常常穿着羊毛衫，一丝不苟地回避着象征权力的服饰。他甚至亲吻过苏联领导人勃列日涅夫！他的这种方式使他在华盛顿和世界的丛林中走得多么远。(以羊毛衫代替象征权力的服饰，这对于黄色来讲很难想象，那些象征着权力的服饰对于黄色来讲意味着地位和尊严，但是对于绿色，并不需要这些。)

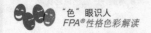

从大量的记述来看，卡特领导白宫的成就将是人们记忆中的众多他“没有”做过的事——他没有辱没他自己、他的职位、他的国家；他没有把国家引入战争；他没有犯什么大的错误，使国家内外陡然出现危机。倘若考虑到他就任总统前后的各种形势，这些成就确实具有很重要的意义。(从这段话当中，你可以和小布什的强硬国策展开充分对比，由于伊拉克战争而撕裂的美欧裂痕，阿富汗战争以后越来越多的恐怖主义事件，我们都能够明显感觉到黄色强硬领导风格下被不断批判的美国外交政策；而绿色却相安无事。)

令人啼笑皆非的是，引发卡特郁闷的竟是他对前伊朗国王巴列维的同情。在伊朗一片冲突的热浪中，卡特答应给伊朗国王提供政治避难。结果，卡特的举动激怒了一些伊朗人。他们包围了美国驻伊朗大使馆，扣押了数十名美国人作为人质。卡特此时混淆了他的政治判断。等他的感情稍微平静下来以后，卡特意识到他已经冒险地闯进了一个对任何一方都没有好处的政治泥潭中。(绿色的同情心，让他去拯救了一些原本根本不该拯救的人，同时让他将情感和政治判断混为一谈。作为一名政治家，不能将理性和感性截然分开，是个致命的错误。)

解救人质的行动没有成功，卡特黯然退去。在任期的最后三天，他一直在关注着人质危机。伊朗人为了戏剧性地向卡特表示他们对他的蔑视，在卡特离任33分钟后，释放了所有美国人质。卡特对这个事件安排的反应是：“我觉得一生中最幸福的时刻之一，就是我离任15分钟以后，有人告诉我，运送人质的飞机已经起飞了……那是一个伟大的时刻。”卡特认为，那52名美国人获得释放远远比在白宫执政四年重要得多。(最后对这个事情的反应，充分显示这是一个绿色人文主义者内心的真正独白，对于他来讲，人民利益优先于总统职位。而事实上，除了总统和诺贝尔和平奖得主的身份外，他还是全美最受欢迎的主日学教师之一)

绿色的领导风格是稳当而公平的，他们宽容歧义，并且提倡团体中的盟友情怀。他们具有令人羡慕的平衡力量，接纳任何其他性格色彩，并且愿意向他们学习。

绿色的天然优势

作为个体

- 爱静不爱动，有温柔祥和的吸引力和宁静愉悦的气质。
- 和善的天性，做人厚道。
- 追求人际关系的和谐。
- 奉行中庸之道，为人稳定低调。
- 遇事以不变应万变，镇定自若。
- 知足常乐，心态轻松。
- 追求平淡的幸福生活。
- 有松弛感，能融入所有的环境和场合。
- 从不发火，“温和、谦和、平和”三和一体。
- 做人懂得“得饶人处且饶人”。
- 追求简单随意的生活方式。

沟通特点

- 以柔克刚，不战而屈人之兵。
- 避免冲突，注重双赢。
- 心平气和且慢条斯理。
- 善于接纳他人意见。
- 最佳的倾听者，极具耐心。
- 擅长让别人感觉舒适。
- 有自然和不经意的冷幽默。
- 松弛大度，不急不徐。

作为朋友

- 从无攻击性。
- 富有同情和关心。
- 宽恕他人对自己的伤害。
- 能接纳所有不同性格的人。

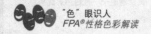

- 和善的天性及圆滑的手腕。
- 对友情的要求不严苛。
- 处处为别人考虑，不吝付出。
- 与之相处轻松自然又没有压力。
- 最佳的垃圾宣泄处，鼓励他们的朋友多谈自己。
- 从不尝试去改变他人。

对待工作和事业

- 高超的协调人际关系的能力。
- 善于从容地面对压力。
- 巧妙地化解冲突。
- 能超脱游离政治斗争之外，没有敌人。
- 缓步前进以取得思考空间。
- 注重人本管理。
- 推崇一种员工都积极参与的工作环境。
- 尊重员工的独立性，从而博得人心和凝聚力。
- 善于为别人着想。
- 以团体为导向。
- 创造稳定性。
- 用自然低调的行事手法处理事务。

第三篇

过犹不及——性格色彩过当

《孟子·离娄下》有曰：“仲尼不为已甚者。”所谓圣人不做过分的事，凡事适可而止。而“中庸”一词的希腊文原意，正是“适度的节制”。中庸之道，谈何容易。

对常人而言，谈到性格优势，总是内心萌动。然而直接强调个体的局限，总会引发人们的反弹，从而阻碍自我认知。故此，将性格的局限称为“过当”，可让我们知道优势不注意控制，必将转变为性格中的局限。例如：

红色的优势之一是无限的兴趣，他们容易在他人眼中多才多艺。但是因为过于追求兴趣的广泛性，于是都不太深入，给人博而不精的印象。

蓝色的优势之一是记忆力超强。但这种记忆容纳了所有该记和不该记的一切，然后一辈子抱着伤痛的感觉，背着沉重的包袱来持续地伤害自己。

黄色的优势之一是坦率直接，这让人们和他们的沟通是高效率和不用揣摩的。但因为他们过于直接，可能会伤害到他人的感情。当他们在批判你的时候，往往不会照顾到你的感受。

绿色的优势之一是乐天知命，他们的知足心态贯穿自己的一生。他们可以在小小的舒适和日常生活的常规中寻找到喜悦。但一旦过当，就演变成不求上进，他们将原地滞留，终此一生无所作为。

在我们犯下任何可能的错误前，去认清自己的负面倾向是有好处的。因为事先意识到，就有被修正的可能。就像一个潜在的预警系统，可以让你在失去平衡前及早准备，省得你哀嚎“早知今时，何必当初”。

我在本篇的以下四章中，将带您观看人们自我毁灭的步骤。虽然认识这些步骤是痛苦的，但觉察每种的性格局限性，让你可知道每种性格的人生苦痛全逃脱不了以下法则。每个性格中列举的八个核心过当，有的不过是让你破财消灾之类的皮外伤；而有的却足以让你痛彻心扉、遗憾终生。

如果你看完本篇，有捶胸顿足、追悔莫及的感觉，不必悲伤不必彷徨。所谓“朝闻道，夕死可矣”，还有机会可以“有则改之，无则加勉”。至于未来是否你的内心有所变化，取决于个人的感悟和意愿。

第七章　红色过当

聒噪咋呼　惹人厌烦

索取赞美综合征

红色极强的表现力和感染力是他们与生俱来的优势，然而因为内心对“受到他人关注和欣赏”的渴求，当他们无法遏制时，很容易被贴上“爱出风头”的标签，童年时便可见端倪。

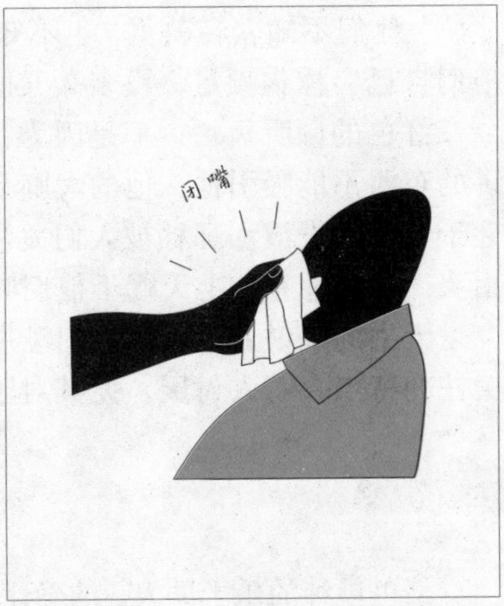

去一个朋友家串门，他红色的儿子充满热情地把零食全部贡献出来让我尽情享用，然后抓住我开讲他从幼儿园里学来的笑话，讲完后，我称赞他无比精彩。十五分钟后，他又跑来继续阐述之前的故事，且更加投入。过了一会他表哥来了，小家伙又去讲给他听，且一遍又一遍。整晚听到的同一版本就重复了六遍，看来，这孩子是患了“索取赞美综合征”。

若干年后，我的朋友老邬在他的小品文中描述了一个红色的成人。

最初见到C时，他的头发大波大浪，强烈着上世纪的文化和浪漫。现在，他的头发已处理得不那么长了，并和衬衫、香水等协调出很经商的样子。只是一旦动弹起来，你还是能看到他曾经担负过的一系列角色：代课教师、律师、业余朗诵爱好者、保洁人员、户外家具供应商、小型房地产开发商，以及幼年失去母亲后被姐姐们宠坏的弟弟。这个极具推动力的男人，在资源和自身条件很不理想的那些日子里，他总能实现他的推动，无论是推动女人、还是推动事业。他能让一个十九岁的女孩在半小时后，对他的感受流畅地实现从叔叔向情人的转折。他能在飞机上、酒席上、画展上，结识后来给他带来重大商机的人士。

C是个很热闹的人。他总是要在聚会上讲故事，在场的十人中有一人没听过，他就会把一个和他有关的故事，像第一次那样再讲一遍。他真的训练出了一大帮很谙于配合的朋友，他们的表情上，总能不流露因早已听过七八遍而可能产生的疲惫，并仍会不厌其烦地参与鼓掌。C还会适时地提议大家接受他的一次朗诵，并说明，如果他一时想不起词来，请大家原谅，那首诗已二十多年从未碰过了。诵毕，从呆若木鸡的人群里爆发出雷鸣般的掌声，二十多年没碰的东西，他竟能如此朗朗演绎！但是，第二天，会有没参加昨晚聚会的好事者问道：C昨晚是不是又朗诵了那首"啊，岩石上的大树啊"？

红色的表现力毋庸置疑，恰如其分地发挥让人羡慕，可惜红色缺乏分寸感，他们不知孰轻孰重，也不知如何控制。一旦不分场合地表现，事毕，他们自己会捶胸顿足，没多久又旧病复发，故伎重演。

红色的倾听极烂，那是因为：第一，他们的注意力容易分散，如果你讲的东西不能吸引他，他的大脑会被另外的事物所吸引；第二，他们太沉迷于自己的表演和那种被人们关注的享受了，以至于迫不及待地抢过你的话头，秀给你看。上天赐于他们吸引听众注意的能力如果善加运用，他们会是天生的演讲者；如果他们滥用，他们不停地喧嚣，持续希望别人永远关注的特点会惹人讨厌，尤其对于蓝色，那简直将是一种灾难性的感受。

烦人的红娘

红色单纯的乐于助人，的确让人心存感激、为之感动，但有时大脑并不判断是否是份内之事，在方法上过于热烈必然适得其反。一个学员告诉我他红色父亲的轶事：

我父亲是一个超红的人，将关心和帮助别人引为己任。某次他无意中听妈妈说到，我二姑怕上高一的女儿独自睡觉有坏人潜入（因曾有小偷摸到女儿房间偷东西），在那次事件发生后就提出陪女儿睡觉，然后夫妻就长期分房长达两年多。我妈对我爸说也就是感慨二姑对她女儿的迁就，而爸爸一听就情绪激动，说我表妹（二姑的女儿）太不懂事，怎能这样？一点也不为父母考虑，太没有人道了，一定要谈谈，非常激动！

于是主动就抓来我表妹，“你也大了，该懂事了，该为父母着想，怎么这么大的人还要你妈陪着睡……”。我这位蓝色的表妹一声不响，面对我老爸热情感慨的一番话，答应回去就自己睡。结果回家后把自己关在房间里大哭，被她妈问了三天后才说了大舅恳谈的事，还责备妈妈怎么可以把这个事情告诉大舅。二姑当场就破口大骂我爸多管闲事。

我始终坚信，“红娘”这个职业非常需要红色的特质，因为友人经营婚介所，数年前曾有一段时间周旋于此观察。据我的观察表明，优秀的“红娘”至少有一半来自于红色性格，盖因红色在天性里乐于助人、成人之美的性格特点在此行业可大放异彩。红色成就了很多婚姻，遗憾的是，有不少令人头晕的速配中蹩脚的撮合，也与红色脱不了干系。

红色普遍的操作手法是：我手里有个女的（男的），然后将优点相互包装一下，彼此夸大；让双方都充满了无限憧憬和遐想的空间，心里撩拨得很有期待。一见面男女双方都开始痛苦不已，心里大骂红娘。当婉转地向红娘感谢并拒绝时，红娘开始促膝谈心，“你不能先看中外表啊，内在的素质才是重要的，其实他在工作上是应该很有主见的啊”。结果人家又不好意思和他挑明，而红娘还是持续地高昂，使人烦躁异常，惟恐逃避不及。

红色希望别人能够全盘接受自己的好心，殊不知别人也有自己的想法，当红色发现别人不能接受时，觉得受到打击便消沉起来，这大可不必，只需掌控分寸即可。

女人发狂三部曲：粘人——委屈——发作

虽然红色与蓝色都是情感需求度极高的两种性格，然而蓝色更需要心灵的默契，假使不能满足，顶多只是折磨自己。而红色对于情感上的高度需求经常通过语言和体态来表达，假使不能满足，便开始折磨他人。他们一厢情愿地以为别人和他们一样，有时完全是真心好意，但由于太希望受到关注，结果搞得不可收拾。

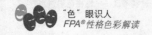

在婚姻研讨班上，两位学员对他们红色的伴侣提出了苦涩无奈的"控诉"：

第一位说："我明白夫妻相爱要多花时间制造情趣，因此每晚洗完碗筷，我的妻子都与我手拉手一同坐在沙发上看电视。问题就在这里，我最怕手拉手，尤其大热天时，满手是汗，十分不舒服，但是如果我照实告诉老婆，她一定会十分伤心，认为我拒绝她。"

第二位听了，喜形于色，争着说："我的处境与你同样可怜。每天晚上，我都喜欢对电脑静思一会，但是每当如此，我老婆都爱伏在我的背上，让我动弹不得，而且不断在我耳后吹气让我根本没法干活，到了晚上我老婆喜欢搂着我睡，把我当作大棉被，整个晚上不停地把呼吸往我面上喷。"

在以上苦笑不得的话语中，你已经开始感觉到了红色的"粘"。

对于爱说笑话的红色来讲，只要看到别人不苟言笑，红色本能认为是你不开心，就会设法关心地询问或者挑逗起蓝色的开心。而对蓝色而言，也许那时正在享受音乐或静读，蓝色非常痛苦于红色"总是玩笑般地拿走报纸，或时不时地说些笑话"的行为，在蓝色看来，那些笑话根本就没有任何值得笑的地方。蓝色在自己的思想总被打断时极端烦躁，当红色永远重复这样的"低级错误"，终有一天蓝色的火山爆发了，而那时红色却陷入到深深的委屈，于是双方大动干戈。

而当红色去粘黄色时，黄色不同于蓝色那样，只让痛苦和愤怒更多地在内心积压直到有一天彻底爆发；黄色通常当场开销，更为火爆。总之，两种性格都对红色的嘈杂和不停地"骚扰"有巨大的排斥，尤其是当处于压力状态下，蓝色和黄色更希望独处和专心解决问题，红色却从没有学会这时应该安静地走开，他们显然还没有意识到他们"因粘而作"的问题严重性。

口无遮拦　缺少分寸

嘴巴惹祸的三号红色

红色的很多麻烦与"嘴巴"脱不了干系。红色性格需要随时提防的是，他的那张嘴巴有时会给自己闯祸，以程度和性质的不同，又分成以下三种：

红色1号：没话找话

红色的热情和喜欢说话，让红色在与人交往时如果不说点什么，自己会觉得难过，所以有时会没话找话。来看红色1号：

- 且说一个游泳教练，性直爽而且嗓门大。一天，他在一个商场里购物。一个漂亮的女士向他打招呼。他定睛一看，是他的一个学员。他于是大声说道："你穿上衣服，还真认不出你！"

只要听话者不是蓝色，顶多就是觉得你这人说话很怪，或者最多让人尴尬，并没有酿成什么实际的严重后果。可有的红色却硬生生不识时务，人家已经开始极度不爽了，却还是自顾自地说下去。

红色2号：说话不经大脑思考

小刘的父亲正在住院，他最不愿听到说与他生病相关的话。那天爷俩打车回家，刚一上车，司机就非常热情地招呼他们："老爷子今年得七十多了吧？""哪有，才六十多。"父亲很不乐意的回答。"您这可够显老的。"小刘已看到父亲脸上的不满，连忙接过话，希望能止住司机的话。"他就是少白头，头发早就全白了，所以显老。""那老爷子的身体可够差的。"听了这话，父亲的脸已经拉得很平了。小刘赶快岔开话题："爸，您看咱们那边怎么叫临河里，以前就叫吗？师傅，您老开出租，临河里那边以前叫什么……"

幸亏小刘本人是绿色的，若是黄色，恐怕这个红色司机就有苦头吃了。"用得着你来多管闲事吗？话怎么说的啊？那是人说的话吗？没看到老爷子已经不高兴了吗?你就不能拣点好听的说吗?"不少红色只想表达自己的观点，说话前不用大脑思考，想当然地话到嘴边溜了出来。怪不得屏幕上面总有红色抽自己的大嘴巴，然后嚎啕大哭："我恨死我自己了，我也不知道怎么回事，就是管不住我的大嘴巴。"

红色3号："三八"气质和传播秘密

红色乐于分享的本性，总能让他们听到秘密时，内心有强烈分享的蠢蠢欲动。所以，如果你想把一个事情传遍给全公司的人都知道，你只要找到一个红色，然后对他说："我告诉你一个秘密，只有你一个人知道啊，你千万不要把它告诉给其他人喔。"很快，全世界都会知道。

一个红色医生的好友将自己准备离婚的消息告诉他，并叮嘱千万不可声张。但就在某次聚会上，他将这消息不经意地透露给另外的朋友，搞得那个要准备离婚的朋友十分生气。此外，有个朋友小李出于对他的信任，在紧急避孕失败的状况下，颇为不好意思地向他短信咨询关于毓婷的服用方法和副作用等问题。这位红色的医生非常热情认真地回答了全部问题，让发问者非常感动。没想到第二天医生就去告诉另外别人，说"你知道哇?小李把人家肚子给弄大了……"事情传到当事人耳中，发誓此生再也不想见到这个混蛋。

红色以为分享秘密与分享快乐是一样的概念，都是分享，并没什么不同。遗憾的是他们认为的"快乐"有时是建立在别人尴尬的基础上。而红色自己还一直快乐在混沌中，不知发生了什么事。怪不得，"闲谈莫论人非，闭门多思己过"，大概老祖宗就是发明出来专门警告红色的。

玩笑玩笑，玩到最后怎么笑?

红色喜欢开玩笑，有时却不分场合，比如有些玩笑是永远也不能开的，爱开玩笑的红色却经常犯忌讳。里根（红+黄）是美国历史上公认的最伟大的总统之一，然而就是这位伟大的领导者，有时也会随意，而因为他的身份，问题就变得严重了。

1984年8月11日，里根总统向全国发表广播讲话。在试话筒时，里根竟然玩兴大发，开了一个令人震撼惊骇的玩笑："我正式宣告，五分钟以后开始进攻苏联。"此玩笑瞬间传遍全球受到非议，并遭到报复。就在玩笑后的第四天，苏联太平洋舰队基地的一份密码电报也向苏联特种部队司令部发出一道命令："迅速与美国军队进入战斗状态。"美军监听后大为震惊并迅速进入一级战备状态，30分钟后，又监听到另一份苏军电报："取消前电命令。"

这起玩笑的伤害性在于，倘若里根某天发布真正的战争令而无效，那才是这起玩笑的真正报应。而事实上这种伤害性，最起码在国内的语文教材和中国历史上，有过真实的出现，《狼来了》的主人公放羊娃和《幽王烽火戏诸侯》的周幽王就是出自红色的这个范本。

除却玩笑之外，红色口舌引发祸机，多半是因为《西厢记》里面红娘曲词所谓的："小孩儿口没遮拦，一味地将言语摧残"，从而触怒了对方的缘故。出口伤人之辈有时也不是糊涂人，能发言尖刻机敏并出语惊人的，大抵还需要阅世透彻，具有一定的才情。可惜正是"欲一吐以逞，或自觉满口芳华，心痒而溢于唇吻，一泄为快"的才情害了自己。

情绪波动　要死要活

老周卖房记

"情绪化"排名红色事业的致命伤害之首。将这个问题提高到如此高度，是因为红色的情绪化，会任由情感来指引和操控事业的进程，当红色决定把自己的未来和人生交给情绪，而不是交给自己来控制时，意味着他们准备"破罐子破摔"。

红色的麻烦在于，任何一个挫折都可能会引发不稳定，而这种不稳定会让周围的人感到恐惧，从而没有办法把更重要的任务和机会发送给他。换句话来说，红色自己的波动，不仅波动了情绪，还把他的机会给波走了。

房产中介公司的老周撞上一个要买别墅的客户，看房首日客户就当即表

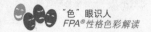

示对房子很满意，并带着家人连续看了四天。谈妥一切后，客户明确在电话中表示当天下午两点以前会过来付款。电话刚挂，老周在办公室里跳了起来，搞得一惊一乍，整个办公室的人都对他行注目礼。老周得意之际，买了一根新领带，打理了七分头，有说有笑地等那到手的鸭子。可谁知，下午两点以后，客户毫无踪影且手机关机，当时老周就像霜打的茄子脸色死灰，旁边的同事纷纷讥笑之时，只见这位老兄缓慢地拉下领带，当着众人的面用打火机付之一炬，然后转身离去，那个场面要多酷就多酷。

没想到，第二天上午，此客户重新浮出水面，又主动打电话给老周，说昨天自己有要事被耽搁，手机又没电，现在立刻就来公司付钱。这下轮到老周神气了，赶紧到经理处汇报，可没想到左等右等还是不来而且再次关机。从那天晚上起，老周直到现在已过去一个月，整个人还是处于游离状态，也没心思去做其他业务。

红色的情绪变化过大，让他们在面对打击时，似乎有些脆弱。与蓝色的不同在于，虽然在面临重大打击时的心理承受力，蓝色也不见得好到哪儿去，但至少在喜悦时，蓝色不像红色那样得意洋洋。因此打击来临时，红色迅速从高潮跌向低潮的反差之巨大，变化之惨烈，让旁人叹为观止。

郑钧的不靠谱

红色性格情绪化的另外一种形式表现是随性——根据自己的情绪走，让情绪指引自己而并非理智。《时代人物周刊》曾有歌手郑钧的专访，文中，郑钧本人显然对自己的"情绪化"和随性匹配了一个贴切的词"不靠谱"。

记者：能摘下你的眼镜么？

郑钧：坚决不能！昨晚我一夜没睡，其实昨天我过生日，特快乐，但等后半夜大家走了以后，只剩下我老婆、高晓松还有一个女孩喝酒聊天。我们都喝大了，然后就开始抱头痛哭，我也喝高了，出门打个车就直奔机场，当时我就想第一班飞机不管去哪儿的，买张票就离开，出去住一段时间再说，简直腻歪透了，就是想逃离这个城市。我在机场晃悠半天连一个座位都没有，当时快5点了，我给朋友打电话也都关机了，那时候真的是觉得我完全迷失了。等到大概六点多的时候，快开始卖票了，结果一看当时口袋里只有两千块钱，可能连买张票都买不了。琢磨半天，就又回来了，然后就在他们那儿待到下午两点多，公司的人狂发短信找我，后来今天就被安排做各种采访……

记者：演唱会马上开始，你要买2000块以上的机票去哪儿？都这么多年了，你怎么还是这么不靠谱？

郑钧：我觉得不靠谱也并非坏事，不靠谱也能让你快乐。这其实就是一种“自由”的感觉，“自由”在别人眼中有时候就是不靠谱。可是如果“大家希望你成为这样你就成为这样”就叫靠谱，这样就好吗？

记者：这么多年，你是越来越靠谱还是越来越不靠谱？

郑钧：其实我就是这么一个不靠谱的人。老是有人说我们是理想主义者，总是相信那些不可能的事情，老是干那些不靠谱的事，然而我们要第一千零一次回答，对，我们就是这样的人。不靠谱未必就是件坏事，自由的感觉是非常美妙的。靠谱的生活有时候是麻木不仁的，也许你会成为大家希望你成为的样子，有什么意思呢？像我这种天性自由的人，真的做不到。

记者：听说你为演唱会，一天排练四个小时，这很靠谱的！

郑钧：这是一个专业态度问题！演唱会之前必须经过不断地排练保持自己的状态。我也有特别严肃认真干事情的时候，对自己喜欢的事情是很靠谱的。比如说：小说的版式设计我要求很细，专程飞到南京跟设计师商议，在录音棚连续工作十几个小时，这些时候的我简直是劳模了。

在这段采访中，最少有两个关键问题值得我们关注。首先“不靠谱”到底是好还是不好？

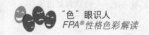

按照郑钧自己的说法，"不靠谱"是内心追求自由的表现。因为追求自由，所以不愿按照规矩的模式生活。可惜，他的情绪化已经影响了和他合作的人们，"公司的人狂发短信找我"已经清楚传递了，当一个团队和一群人围着一个红色转时，很有可能最后的结局会被红色给"吃药"（北方话称之为"撒鹰"）。幸亏在最后一刻，红色最终归队，否则会造成多方麻烦，而这一切只是因为红色的情绪化。

其次，一天排练四个小时的"靠谱"为何和"不靠谱"同时共存在一个人身上呢？

在开篇中，我特别提到，你最大的困惑可能将集中在"如果我身上同时有两种相反性格的行为，那我到底应该属于哪种性格？"事实上郑钧已经回答了这个问题，训练的"靠谱"只是专业态度问题。按照性格色彩的分析，准确地描述，郑钧是典型的红色性格，他有着红色向往自由和激情的动机；与此同时，当他面对他的艺术，他有强烈的蓝色完美的行为。

从MSN的名称变化透视红色

红色的情绪不仅写在脸上，为了表示他们内心的痛苦，红色会用一切手段宣泄出去，借以求得心灵的平衡，MSN就是其中的一个途径。

红色在MSN名称上还有一个巨大的特点非常显著：那些频繁变换名称，且在名称中经常出现情绪描述的人，绝大多数是红色性格。

Joyce，在五天内完成了一场轰轰烈烈的情感，从五天里她六次MSN的变化（其中有一天的上下午各变化了一次），你都可以猜测到大概发生了些什么。

第1天：　幸福的方式。
第2天：　那双眼睛触摸到了我灵魂最深处。
第3天：　快要倒下了！！！
第4天：　越想把握，失去的越快。
第5天上午：快乐时身边很多人，伤心时却只有自己。
第5天下午：我的天空为何挂满湿的泪……

需要特别强调的是，在四种性格中，最不会做这样事情的性格首推黄色。那是因为黄色认为内心真实情感的流露是不自强的表现。

而绿色也较少流露，是因为绿色的平稳注定其内心的情绪波动极少，加之绿色生怕写出来招来大家的关心和询问，从而带来更多的麻烦。不像红色，大多数的红色将自己的情绪写在MSN上面。他们期待你看见这些变化，给予询问和关心，他们并不介意自己的情绪被他人知道，这也正是红色内心简单和透明化最好的注解。

单纯的情绪变化在MSN上，当然构不成致命的伤害和后果，最多在别人眼里只是一个小朋友罢了。然而，麻烦在于，一旦这种情绪波动开始发挥，红色就走上了一条“自作孽，不可活”的道路。唐韵，护士长，有一个相恋四年的绿色男友，是我的一个心理访谈客户。

老刘（黄色）算是一个有头脸的公众人物，因数次往返医院，对唐韵产生强烈好感，之后每次去总是带上礼物，而唐韵也通通来者不拒，始终保持这种没有肉体的暧昧关系。

某日两人打车去戏院，在车上男人开始挑逗，唐韵半推半就之际嘴里却跳出“我们还是不要这样吧”。这让老刘憋了几个月的耐心全部化为乌有，老刘内心发狠，断！不出两天，唐小姐大大后悔，犹如热锅上的蚂蚁，拨打了无数次男人的电话，人家不接，换了个座机继续，接通后男人推说这三个月工作很忙，忙好会再找她。

听到黄色男人冷冰冰的语气，这位唐小姐跌入冰窖，发了一个感人无比的短信，大意是“内心很痛，一直割舍不掉你，我以后不会再来烦你了，谢谢你对我的关照……”老刘一看唐小姐放了软档，电话打来意欲复合，没想到，这位唐小姐又开始发嗲起来，一边哽咽一边下定决心和他割断，忍住就是不接。那男人足足打了十分钟，发现你唐小姐不接，从此以后就再也没有了声音。直到晚上，唐小姐又忍不住，电话再打回去，可惜她再也不会有机会了。

你没法把红色的话当真。因为红色的反复无常，跟红色打交道，你需要学会红色的语言，而红色自己在没有碰得头破血流前，是不会意识到情绪化带给他们自己的真正伤害的。

红色总是做让自己后悔的事情，他们以为自己可以控制事情的推进，事实上根本不具备这种能力。唐韵起先只是想玩一下心跳，并未想到下步如何发展，当发现情人带给她的刺激是绿色男友那儿从来得不到的，她本身性格中黄色的征服欲，便开始活跃。一旦动心，就一定要得到，但又没有足够的策略和计划。本以为耍耍女人的小情绪，可让男人诚惶诚恐，没想到男方开始冷淡，便歇斯底里地发作，她并不了解，黄色男人最痛恨的两件东西是"愚蠢+眼泪"。黄色具备这样的功夫：一旦觉得你非常麻烦，就会心里大骂"Fuck you"，在一秒钟内废掉这段情感，不再罗嗦。

冲动鲁莽　有力无谋

人体情绪中心发布的冲动警告机制

按照人体情绪中心发布的冲动警告机制，我们可以分成"清风""强风""烈风""暴风"四种不同级别的冲动。

一级"清风冲动"，比如一些单纯的红色，想到就去做：

小燕子在外面买东西认识了一个朋友，说来说去就搬到一起合租，没几天就觉得不合适，又搬到另一个刚认识的人那里合租。

单纯的红色因为"叶公好龙"，喜欢刺激却害怕挑战，内心深处胆子小，强风到处，除了被人当成"冲头"来斩以外，没有更大的危害。

二级"强风冲动"相比"清风冲动"，最大的差别在于，这种冲动多了一种"舍得一身剐，只要把你拉下马"的气概，只可惜最后的结局总是吹不倒别人，却把自己折断，陷入"没把对方拉下马，却把自己拉下马"的尴尬。

刁民甲家中电话被停，气势汹汹来到电信营业窗口质问自己为何"三个月未缴费并罚滞纳金"。原来甲负责公司财务，耍了个心眼，将自家话费私自纳入到公司的统一托收上，但却不知电信局自动识别系统无法操作，故甲的如意算盘无法实现。营业厅少许弱小女子见甲之蛮横咆哮，火速求救到隔壁营业厅好打抱不平的张大猛，红色性格的大猛闻之："岂有此理，明明是你这厮毫无道理，居然敢到我们这撒野。"飞奔至现场，见甲在那声音高昂，就气不打一处来。"你不要以为她们是女孩，就这样欺负她们……你要是不服，我们就出去单挑。"

就这样，哼哈对阵。本来甲拒绝缴费完全是理亏方，且所作所为也是很不上台面的事情，但正因为大猛的冲动，说了类似"单挑"的话，形势顿时逆转，适得其反的是，顾客本来"无理由投诉"变成"有理由投诉"，最后电信公司只能将他这笔费用不了了之。

据我得到的情报，电信局的局长大人是位黄色性格，听说此事后大发雷霆，将此事作为反面教材在全局通报批评，这大大地伤透了大猛一颗火热但脆弱的心。从此以后，大猛热情不复，除了对往事的悔恨，就是对局长的仇恨。在我们的周围有多少这样的局长，他们并不知道在指出问题前，对红色的热情需要加以鼓励和维护。可惜也许并未产生他们期待的效果，反将单位的世风沦落到"各人自扫门前雪，莫管他人瓦上霜"，这也算是种性格的悲哀。

回头来看红色的当事人。大猛原本是"路见不平，拔刀相助"，最后却好心办坏事，心里的那种痛苦郁闷恨不得拔掉自己的胸毛。他们不明白，"热情助人"与"克制冲动"是完全可以放在同一起跑线的。

一个有力量的人是不会经常感受到愤怒的，被无力感侵蚀的人却常会被激怒。

板凳向他们的头上砍去

如果此人的性格是红＋黄，除了红色的情绪化导致激动外，加上黄色的攻击性和暴躁，合二为一形成冲动的力量，这就进入到三级"烈风冲动"。

自己开了家服装店的红色店主格格（红＋黄），平日笑脸迎人，生意经营有方。某日清晨，跟老公拌了几句嘴，心情不爽，做生意也没兴致。这时，一个女孩拿来一件衣服，说是昨天在这儿买的不合身，想退换。若是平时，格格二话不说就会满足她的要求，只因心情不好，那天就不爽道："你昨天买的，为什么今天才来退？我怎么知道你一定是在我这里买的？"那女孩参加高考落榜，心情也不好，就跟她吵了起来。

那女孩也是个红色，没有吵架经验，吵不过她，气冲冲地走了，叫来几个喜欢打架闹事的男同学，将店砸了个稀巴烂。格格大怒，抄起一个凳子砸在一个男孩头上，男孩当即重伤倒地。接下来的事可想而知，进派出所，赔款。更严重的是，服装店的名声坏了，顾客都说她厉害，不愿到她这里买衣服，最后做不下去，只好关门大吉。

不管格格的武功如何，抄起板凳就朝鬼子们头上砍去的气魄与胆量就不是一般的红色所能做到，只可叹用错了地方。红色一生的错误决定和冲动行为皆受情绪所累，假如他们在心情不快与心情愉快时做出的抉择一致；在遭遇坎坷与顺风顺水时做出的抉择一致，那么，一生的成就将高十倍，生活也会愉快得多。但事实上，他们经常受情绪驱使，做出后悔莫及的事。

张飞之死

四级“暴风冲动”在破坏程度上往往容易把自己的命也给搭了进去。特别独立出来是因为这种冲动的爆发者，通常在组织或团队内担纲一定的重要角色。他们的特殊角色和地位，会具有更大的破坏性。

张飞（红＋黄），是《三国》中最单纯的人。他的喜怒从不掩饰，但因为他的冲动，最终因为赶制战衣，气愤难耐鞭打士兵，结果自己却被两名麾下小鬼在一个月黑风高的夜晚割去了脑袋。李逵（红＋黄）是《水浒》中最单纯的人。山下听说宋江强抢民女，也不问青红皂白，直冲忠义堂砍倒杏黄旗，好在李逵在108将中只不过是排名22号的天杀星，所以再怎么冲动也闹不出什么大漏洞。不像张飞，好歹也是个销售总监，和营运总监关羽并列在CEO刘备之下，这口子如果发作起来，可有不少麻烦。刘老大前半生征程经历了种种不如意，屡失机遇和地盘，仔细一瞧，这都跟张飞爱耍脾气使性子有多多少少的关系，列举一二。

- 讨伐黄巾时，B3（Behead 3 砍头三人组）碰巧搭救了落难的董卓，后来见董卓非但了无谢意，还显得很傲慢，张老三火爆脾气就上来了。刘老大和他想法不一致，但考虑到B3要共进退，就摆手撤了。
- 在占据平原小县后，县城虽小，也暂可遮风避雨。这时上面派工作组下来搞调研，当工作人员筹办调研经费时，张飞这次又没按住脾气，把人家痛打了一顿，于是一伙人成了在逃犯。

> **典型的红色在遭受人生压力时常表现愤怒。他们很有可能名闻天下，但因为他们的不稳重和不成熟，通常少有红色做到权倾天下的领袖或达到位高权重的影响力。他们本身对于快乐自由的向往，远胜过权力的角逐和力量的抗衡，就算对后者有兴趣，很快就被这场意志力的斗争击垮。**

张飞这种人物类型，在很多中国小说里都可看到。李逵、孟良、焦赞，还有《铁道游击队》里的鲁汉、《洪湖赤卫队》里的刘闯、《林海雪原》里的李勇奇都属于此类性格。在西方影视作品里，典型的代表人物首推《教父》中的大哥桑尼，在这位冲动易怒的老大的引导下，老教父遇刺后，不惜代价地对五大家族发动了全面战争，而让双方都受到了很大的损失，最终自己命丧黄泉。在性格色彩密码里，我们用“容易冲动的红＋黄”这样一句话浓缩和概括了这类人的普遍特征。

随意性强　变化无常

车到山前必有路，何需定下计划来

红色“变化无常”的主旨是“计划不如变化快”，他们钟情“计划无用论”，乐意享受拍脑袋做事的风格。

公司给每个客户经理分配了若干张可送给客户的抵用券以促进客户关系，当四种性格都是性格过当的情况下，让我们设想每个人可能会出现的不同反应：

黄色：马上就直接选定几个人并邮寄给他们。对象很有针对性，但也不询问别人是否需要。

绿色：他想给一些客户，但是因为手头上东西不多，给了张三怕李四知道不开心，结果索性全部放在抽屉里。

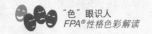

蓝色：把所有的客户罗列出来，计算，制表……为了安排这些券的分配，可能花了一整天时间，效率很低。

红色：马上打电话给想到的人，告诉他们大好消息，结果抵用券不够用。

以红色的天性来讲，打死也不愿意做蓝色那样麻烦的事情。就这么简单的一点抵用券，用得着搞得那么复杂吗?这种红色无计划的作法，因为事情小，所以顶多造成的后果就是效果不够好，没有对他人造成什么实质性的伤害。然而有朝一日，这位红色身居高位的时候，拍脑门做事的方式会让他人非常悲惨。

红色是那么不喜欢生命中会被什么约束，因此内心里做事宁愿不规划而代替以临时应变，并总用"车到山前必有路"作为自我开脱的说词。

变！变！！变！！！

红色有时也知道自己没计划的毛病不好，就索性装模做样地订了个计划。可谁知订了计划，又开始"计划不如变化快"。刚订的计划眨眼就可以废掉，让人更加胸闷。你想啊，如果你不订计划，其他人也就"兵来将挡水来土掩"不准备了；你订了计划，人家非常当回事去做，结果，你一变，人家前功尽弃，全部心血白费，这不是耍人嘛。

小表妹称本周末从苏州到上海来访，通常情况是原定周五下班后起程。大家在等她吃饭时，她说还在加班，并称周六一定到，要请大家吃午饭。到午饭时间，打电话给她，回答说："早上起晚了，没赶上火车，抱歉，下午肯定到了"。大家早已不期待下午可到时，果然，又接到短信说另有一同事要求与她见面叙旧。半夜回家，一通门铃，满脸红火，兴奋异常，开始列出给每个人的礼物，大聊一天的"奇异"之旅，此时已凌晨一点半，红色小妹越谈越勇，我等却早已哈欠连天。

为何红色总是高举着"计划无用，变化有理"的大旗在那里叫嚣?原来，红色对于一成不变的痛恨，来源于他们对于变化与体验的无限追求。当他们做着周而复始的事情时，内心对于这种死板和程序化感到痛苦万分。然

> **很多红色急切地希望获得人们的掌声，但是他们却不甘心投入时间和精力来赚取他们所要的赞美。红色在刚开始时的出色表现和他们特有的魅力总是能够吸引一大群的人，然而作为短跑的健将，他们却总是无法到达长跑的终点。**

而红色如果一味追求变化的快感，而不愿意静心专注在一件事情，长大成人，势必在事业上一无所获。

因为红色太喜欢变化，他们的很多新念头经常在马桶上产生，然后在拉起马桶的冲水扳手时便告付诸下流。他们缺少一种安宁的幸福感，正所谓“常立志”而不是“立长志”。红色性格极端沉不住气，而且觉得固守一件工作非常无聊。在所有性格中，跳槽频率最高的首推红色。有时并不一定是工作本身已经没有乐趣，而是红色会觉得是不是该挪挪窝了。他们认为既然要体验人生，那就应该疾驶在快车道上面。

为何她要脚踏四条船？

红色喜欢变化，除了对于一成不变的厌烦外，更重要的原因是红色对于“不确定”的钟爱。在红色的公式中，“不确定”=“可能性”，因为有了可能，人生就有了希望。

我们知道，红色是不断追求梦想的人群，如果人生完全有了规划和预知的结果，红色总觉得生活似乎缺少了些什么。这种心态推动着红色对于人生“不确定”的追寻。回忆起蓝色朋友一直对红色的强烈抱怨——“我希望现在就和你确定何时何地见，可你永远回答到时再约”。对蓝色来讲，计划本身就代表着安全，这对于蓝色来说是舒服的；而对红色来讲，将事情一早就确定下来，万一到时候有其他的精彩，那怎么办?红色宁可预留好所有的变通空间。

> **蓝色在等待自己心目中的人出现之前，会以巨大的耐心慢慢地筛选；而红色更愿意在情感的不断体验中去寻求自己的真爱。**

红色“万一有更好的”心态将会对他们自己的人生造成很大的误导，因为红色连把握现实的能力都没有，遑论把握将来。假设红色没有充分意识到自己的“不确定”在与他人相处所带来的麻烦，他们首先会在自己的情感上被自己所害。

一个红色女生，曾同一时间周旋于四个男人之间乐此不疲！我很纳闷她每日约会如何设计，并且好奇当她面对A时如何处理BCD手机的来电，她却正在并将要继续享受着这种众星捧月的感觉。

表面上看，她沉浸在被很多人围绕的感觉，其实更加重要的是，她们享受潜意识中那种“不确定的快感”。这种快感，缘于她们什么都想得到，什么都想尝试的心态，她们还没有学会“舍得”二字的人生内涵，她们只会在变化的穿梭中寻找那种虚幻的幸福感。这种情况在红＋绿上很少出现，但如果发生在红＋黄上，可能更加明显。

遗憾的是，大多数红色以为自己有能力驾驭这样的关系，最后通常都败下阵来，她们反而沦落成为自己情感投资战线过长的受害者。最终这个红色女孩被其中一位心理不健康的追求者，用硫酸终结了引以为豪的容貌，从此活在生不如死的年代。

不守承诺　杂乱粗心

没有“比较级”，只有“最高级”

以四种性格的可信任度来讲，蓝色为最。相对比，红色最低。究其根源，变化无常固然是一个原因；而夸大其词、说话没谱与承诺无法兑现，正是红色不易被信任中最致命的一枪。

典型的红色刚看了一部电影，会告诉你这是他看过的最棒的影片；参加完一个晚会又马上传达给你，这是他有史以来最难忘和最激动的一次聚会。他们的神情和真挚的眼神不由得你不相信。可是当你相信了一次以后，你会发现没隔多久，他又会最难忘和最激动一次，让你为自己当初的相信大受伤害。原来，在红色的一生当中，“最”××的事情至少发生N次；当然，他“最最最”喜欢的歌可能也至少有上20首。

红色说话非常夸张，在他们的语言词汇当中没有“比较级”，似乎永远都是“最高级”。

你问一个红色性格，今天晚上演唱会如何？红色可能会和你说：“通通坐得扑扑满，别提了，人山人海啊，根本没法描述；我告诉你啊，今天这票可贼难弄啊，唱得这个好啊，没治了！”可实际上同样的场景，话到蓝色嘴边，可能就变成“大概也就不超过80%的座位有人，门口15分钟后据说有很多退票，其实我觉得还没有上次唱得好，明显人老了，声音也不够亮”。红蓝两者的描述由此可见一斑。注重“效果”者注定有感召力，然而片面追求讲话的效果，不顾事实真相的一味夸张，难免落下夸大其词的印象。

三个款式的牛皮大王

“吹牛”的品种分很多款式。若是有一个朋友总是吹嘘羽毛球的功夫高超，感觉跟世界冠军有得一拼，结果切磋以后发现连你这个菜鸟都可轻易击败他，这种牛皮聊作笑料，只是初级吹牛款。当初级吹牛款升级后，变成虚荣吹牛款，功能更加强大。

我做销售时，某客户在电话咨询时极其热情，到了他那边无比顺利。当时的感觉只要是他们公司的事，他一个人就可拍板，我心里庆幸没遇到一个难搞的客户。后在多次涉及到具体操作时，他突然提到他的老板，这让我很惊讶，居然他有老板？他每次答应征询老板意见，却总在双方约定的时间内得不到回复。我只能一次又一次的电话催促，结果是不停地拖。明明当面都谈妥的问题，过几天又回来重新讨论。渐渐发现，他跟我们达成协议的地方，他老板全部不清楚，而且每次还要重新给他老板解释这个条款。

这种典型的虚荣吹牛款，内心受到虚荣心的支配。这就好比红色可能穿着昂贵的衣衫大摇大摆，但是那些衣衫并不是花的他的钱。他们对于表面的光鲜亮丽的追寻胜过对生命本质的追求。他们很少去考虑自己行为的长期后果，而只是把眼光局限在眼前的快乐。于是开始为自己套上一层光环，然后开始像我这个红色客户一样做“越俎代庖”的事。

更要命的是狂妄虚荣吹牛款，这种进化版比前面的升级版，火力更加勇猛而且充盈着舍我其谁的气势。前者还只是要面子，这种，不仅要面子上维护，还搞不清楚自己的斤两，这下苦头就吃大了。

小方财会大学毕业时，向所有人众声明“以我的才气，非五大事务所不去，少于一万的月薪根本不做考虑”。结果大学毕业两年，在家里待业了一年多，有一个公司曾愿意出四千元请他去做销售，还瞧不上人家。现如今据其他同学说，在一个公司里做会计，拿两千五百元，生怕被同学知道丢份儿。

红色是四种性格中最容易学会走捷径的，他们会把自己的半瓶醋不停地晃荡，他们认为不会对其他任何人有伤害，所以无所谓。许多红色非常富有才华，而且急切希望得到他人的认同和掌声，可惜他们不肯花更大的精力和幕后工作的勤奋代价，来获取更高的殊荣。

这种红色，一方面本身并没有耐心和自信作姜太公；另一方面把话先给放出去，眼高手低，自以为有多厉害，只会吹水，没有实际行动。每日里还只是感慨“千里马难觅伯乐”，正所谓“不能屈只能伸”。

说“我爱你”如同一碟小菜

吹牛与乱承诺可以说是红色的另一对好兄弟。

湖南勇士到上海创业，总对家乡人吹嘘他在上海做得如何成功，结果很多乡亲听到传闻远道而来投奔他。其实就他那屁大点的小公司根本不需要人，最后他又不敢直接面对，选择了逃避，只能由他的太太给他擦屁股，出面做恶人来说明实际情况。从此以后那个蓝色太太就被家乡人民一致认为——“上海女人，就是小气和恶毒”，这个蓝色太太郁闷至极。没过多久，实在忍受不了红色的随性和那种说话夸张吹牛的方式，愤而离婚。

这简直与《马大帅》中范伟饰演的“范德彪”是一个模子里刻出来的。那种“忽悠忽悠要面子”的特性放到这里是再合适不过了的，一句话——“打肿脸充胖子”，道破了所有的奥妙和天机。我们并不敢奢望红色将承诺看作泰山，但显然红色自己也该意识到，他们的确有将承诺当成鸿毛的问题存在。

如果说“吹牛”只是“违法”，那“承诺不兑现”就升级为“犯罪”，他们表现的是递进而非并列关系。

让我们从恋爱中的语言，再来迂回了解红色的真实心态与动机。

“我爱你”，常见于恋人中情感的直接传递。通常情况下，红色整体上表达这三字的顺畅、爽快与直接性远胜于蓝色。少有人研究此中因性格不同，造成的内心语言路线的不同。

当红色迅速投入热恋，说出“我爱你”代表的含义是：我希望你能够理解此时此刻我的千般柔情百般蜜意。至于以后怎样，以后再说，“人生得意须尽欢，莫使金樽空对月。”但蓝色恋爱数年，口吐三字仍难度重重，那是因为蓝色首先想到：如果我说爱你就要代表“为你负责”，我现在有能力承担责任吗？如果我说爱你，代表要和你结婚，万一不能和你结婚怎么办？……

以上是红色与蓝色完全不同的两条说话路线——红色是“从心到口的直线”，而蓝色是“由心到脑到口的圆周线”，这注定了蓝色在深思熟虑上超过红色；另一方面，蓝色说话喜欢留有余地，而红色，很容易说满，出了问题，连补救的话也没了。

马大哈的四个子女

长子：丢三拉四

典型的红色似乎拥有一只浆糊脑袋，只要人别丢掉，丢手机和钱包那对于红色实在是太正常不过的事情。终其一生，红色用在找东西时间上的总长度，是可以用年为单位来计算的。更重要的是，这两样东西的丢失有80%是通过以下三种途径：被《天下无贼》中的高手变走，随手放在桌上突然遁形，掉在出租车上。更厉害的是，凡在出租车上摔过跟头的无数红色，每次都信誓旦旦以后一定要开发票，坚持三次以后，如此麻烦的习惯便置之脑后了。我们实在很难想象红色的脑袋到底在想些什么？

红色一听说有人批判他没脑子，就来气了。但仔细想想，说的也有道理啊，于是下定决心不畏艰险一定要改正过来。比如说：以前用完东西随手搁在某处就再也找不到了，这回一定要手里抓牢。结果手里拿着钢笔，提醒自己绝不可以随手乱放，走到电视旁关掉电视，重新回到书桌，发现钢笔没了，回头一看，在电视机旁。

老大从北京医院拿到爷爷的胃切片检查报告后，回家取了行李脚不沾地赶到200公里外的乡下，谁知到乡下老家后，发现竟然把报告忘在门口的鞋柜上，没带回来。爷爷正等着检验报告到当地医院治疗，你说这不得把人急死吗！后来只好把报告传真回老家。

也许一生当中红色有十分之一的时间，都是用来在寻找东西的。你以为红色不想改吗?当然想!那为何改不掉?很多红色看了本书以后，就给自己找了个借口，对天长啸“我红，故我在，”“我终于找到经常丢东西的理由了……”!不要被他们蒙蔽，他们只是拿我的这本书来做挡箭牌，真实的理由只有一个——红色是最容易原谅自己的人。

次女：心不在焉

阳光明媚的下午，二姑娘慵懒地拿着一个walkman听听音乐，突然发现乌黑的长发有几根开了分叉，拿起剪刀咔嚓一刀，分叉没掉，把耳机剪断。“好准的眼神”“好高的功夫”佩服啊佩服！若是绿色，屁大股沉，坐在那才懒得去管它呢，晒太阳就专心晒太阳；红色吃饱撑了，晒太阳也闲不下来，典型的“多动症”患者。

这种红色的表现方式是：做事儿不用大脑，明明看他双目圆睁，其实脑子里已经开始大闹天宫。如果说红色和绿色都会心不在焉，他们的差别是——绿色做错事儿是因为按照不思考的惯性去做，根本没用大脑；而红色本质上是希望灵活用脑的，可惜在边做事边想女朋友的状态下，切菜时太激动，从此以后，在他身上就永远没有了左食指的编制。

三子：张冠李戴

学生时代，死党阿三给女朋友和其他女性朋友寄信，写的时候我就让这小子当心点，别得意忘形给弄反了。得到的回应是“开什么玩笑，怎么可能，老做了”。信寄出一个月后，两个女人都渐渐不和他来往了。

按照《现代汉语词典》的解释，“得意忘形”就是“形容浅薄的人稍稍得志，就高兴得控制不住自己”。这简直就是对红色过当的完美描述！思想没有深度，稍微刺激情绪就容易兴奋，缺乏自我控制力，样样都是红色。所以，红色要切记：“不能得意，不能得意，一得意就要错！”

四女：粗枝大叶

朋友从澳洲带回羊胎素口服液分别送给老娘和丈母娘，包装附有小瓶。有次回家，老妈举着小瓶向他抱怨，这羊胎素怎么这么难吃？仔细一看，小瓶里装的是羊胎素面霜，他老妈以为是买一送一结果当成口服液硬吃了一大半。这绝对可以入选本年度红人荒唐集榜首！最搞笑的是，赶紧采访超红色丈母娘的情况，原来也是吃了一口，但发现不好吃就停止服用。想起他老娘是个黄＋红，不仅粗心还有毅力来坚持这种粗心，硬吃了大半瓶。生猛啊！！！

四女秉承了马大哈所有的优良传统，并将他们发挥到能力的极限。相比较情绪波动、冲动鲁莽、变化无常，这马大哈也算不上是什么天大的毛病，这样红色终于有了一个可以原谅自己和调侃自己的借口。的确如此吗？糟蹋自己，是你自家的事情；只是有时，这马大哈如果帮你办事，那可要遭殃了。

柏杨先生杂文中曾经提到：在纽约大街上，一人晕到，送到医院，医生一看就以为是急性盲肠炎，一阵大乱之后，把他推到手术室，宽衣解带，就要大动干戈，却在腰带上赫然发现一块小木牌，木牌上写道：“敬告医生老爷，我有一种昏眩病，不要理我，过两小时会自然苏醒，千万别当作急性盲肠炎，我已开了七次刀，再不能开啦。”

估计这病人也是个绿色的主，能任凭他人开错七次刀。然而，不管怎样，总比"一个妇人在手术后卧床不起终于死去，若干年后迁葬时，骨架里赫然发现一把剪刀"的故事里的命运要好一些。至少我是害怕红色医生的，尤其是牙医，给你看过牙后，一直皱着眉，然后非常歉意地向你表示说"不好意思，我吃不准刚才拔的是哪颗，让我再看看好吗?"晕倒!

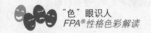

> **不要被红色"我无法改变"的借口蒙蔽，真实的理由只有一个——"红色，是最容易原谅自己的人。"**

虎头蛇尾　缺乏自控

如何走出"三天打鱼，两天晒网"的深渊?

"三分钟热度"送给红色，他们往往凭兴趣去做事，因此总是情不自禁地滑落到做"喜欢做"的事情，而无法集中在"应该做"的事情上。譬如老马在周一决定要辞去工作，自己开公司创业；第二天在晚上开始写起小说，周三宣布提前退休，要专心做一件事情全部时间投入到写作。每一个新计划都是煞有介事地视为人生最高的目标。而每一个都是在还没开始之前就已经出局，长久地滞留在空中楼阁痴人说梦的层次。为何如此?来探究一下原因：

第一，红色的兴趣为何那么广泛?

红色希望自己是全能的，他们不像蓝色那样，喜欢听到别人说"这个人做这行已有20年的专业经验"之类的赞美，宁可喜欢听到"这个人是画画、写字、乐器、芭蕾、游泳样样精通"。对于红色的内心来讲，"博"比

"专"更加重要。

红色喜欢拥有很多开放的选择，他们的想象力洋溢着强悍，一旦开始，感觉已经完成。拥有很多选择会让他们在万一失败的时候有逃脱的理由。老板陈天桥常说"盖茨最聪明的地方不是他做了什么，而是他没做什么。以盖茨的实力，他可以买下纽约，但他专注在自己的操作系统和软件研发，而不被别的诱惑所吸引"。对于红色，"不是做了什么，而是没做什么"这句话具有同样意义，学会理解"舍得"，将避免红色什么都是半瓶子醋的现象，是劝诫红色"贪多嚼不烂"的有力补充。

第二，考虑不周全。

小胖是很容易被新想法改变的人，他开了一个小的贸易公司。原来在上海浦东租了一个有派头的办公室，总共也就两个人办公。后来他觉得离家太远，无法照顾家里，所以决定买商住两用房，把办公室和家搬在一起。结果贷款70万买了房子，当时信誓旦旦地对老婆说："放心，最多两年绝对就赚回了。"搬到一起以后，又觉得女儿在家会影响到他做生意，有损他的老板形象，最后又在家的楼下租了一个办公室。同时还要求买车，说可以再贷款。

欠缺考虑的深层次原因是"红色过高地估计了自己的能力"。红色强烈的自恋倾向，让他们坚信自己是优秀的，而不愿承认自己不行。如果同时做几个事情，即便失败，红色也不会感到自己的能力不足，反之，如果专注在一件事情上而不成功，红色则很可能受到打击。

第三、虎头蛇尾，不能坚持。

胖胖和我说今年一定要去游泳。先是逛街买了游泳衣、潜望镜、耳塞，又办了年卡。劝他办个季卡就足够了，买多了万一不去多浪费。他严肃地望着我说，就是为了彻底杜绝自己的坏毛病，所以一定要买个年卡来逼迫自己进步，另外年卡比季卡也便宜。但到昨天，我问他去了几次的时候，回答说两次。"为什么只去了两次啊？""忘记了"，再问下去，恐怕连卡都找不到了。

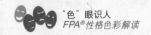

红色始终是那个"在金矿面前50公尺停下来的人"，这让他们在事业的进程中，平白无故地被自己损耗着。

红色苦思不解，为何人人都在玩命，而不懂得选择轻松的人生道路走？由于他们的激情澎湃，红色比其他任何性格都能着手更多的计划，然而完成率却是最低的，这正是因为他们不能坚持。

天下男女老少减肥者必读！

"女孩是不会向脂肪妥协的"这句话不知道害死了多少红色的MM！我曾见到数位身材凹凸有致的窈窕女子，这当中不少蓝色和黄色。首先人家知道控制自己的食欲，其次当发现身体发福的时候，她们懂得控制自己无休止的欲望，同时不会给自己找借口，这与性格有关，与"是否是女孩"没有必然的关系。就算是红色女子，也有身材好者，当然那大多只有三种情况：其一，自己的职业与身材有莫大关系，不加注意势必自毁前途，此适用于模特和演艺圈为多；其二，外界对身材的赞誉带来的虚荣的快感大于美食的快感；其三，她面临严峻的情感挑战，如果再不减肥，男朋友或者老公就要被狐狸精勾跑。在没有这三种压力的情况下，让我来演示给你看，一般的红色是如何减肥的：

早上发誓一定要减肥。午饭后闻到冰淇淋的味道开始原地不动了，心想也许晚上再减也不迟。下了很大决心，买了一杯提拉米苏当饭后甜点，拿的时候手开始发抖，这一杯下去，要增加多少卡路里啊？！但同时自我安慰，就最后一次应该不会怎么样吧？大不了晚饭、明天中饭、明天晚饭都不吃了还不行吗？吃的时候还要不停的告诉自己：好像不怎么甜啊，很小的一杯啊，没事的。

就这样，红色一边抵抗不了美食的诱惑，一边花大价钱吃减肥药、针灸并按摩着……有人看不懂，不吃就不用减肥啊，两边能省下来多少钱啊！你以为红色不懂这个道理吗？可惜一旦红色抗拒不了诱惑，减肥不果的红色女孩，为了给自己留有颜面，就对外宣称"我们不是男子汉，我们只是小女人，不用那么坚强"来为自己寻找意志薄弱的借口。怪不得好多红色女性经常是越减越肥。

这种缺乏自控从更深层的角度来讲，是和“容易原谅自己”紧密联结在一起的。譬如说：红色女友工作繁忙，从不定时吃饭。某次胃痛难忍，向你哭诉和寻求安慰，你心痛万分帮她抚平情绪，并且叮嘱下次一定要定时吃饭，不可如此不照顾自己，红色女友在当时疼痛之下，噙泪答应。病好后，又是生龙活虎，继续过去的一切，于是你劝告她要小心重蹈覆辙，她会迅速告诉你“没事”，身体非常好。她们似乎早已忘记了当时疼痛的那种钻心，一直要等到再下一次哭爹叫娘时，才记得你说的话多么英明神武。

你以为此后她会痛改前非吗？不，她们会继续，继续到什么时候？她们会继续到——有一天她们几乎疼死时，才会收手，从此不敢再胡闹任性、随意造次。这种强烈的“好了伤疤忘了疼”的特质，如果不加控制，会让他们付出更多的人生代价。

帕瓦罗蒂好吃是世界出了名的，尽管医生告诫他肥胖的危害性，但帕瓦罗蒂都因管不住自己的馋嘴，数次减肥均以失败告终。作为世界知名度最高的歌唱家，尽管他再富有，却无法买到身材苗条的福分。

马拉多纳在足球场上的天才毋庸置疑，但是，他成功后无节制的生活在退役后更是变本加厉，在继续服用毒品之外，又闹出了枪击记者以及不认私生子等丑闻。现在的老马是一出悲剧——他身上的器官已经难以负荷他硕大的身躯，多年吸食毒品对他身体的侵蚀也相当严重。

从某种意义上来讲，歌星迈克尔杰克逊的人生与马拉多纳殊途同归，从划时代的流行乐之王到丑闻缠身，两人都是被弄得焦头烂额，分身乏术，事业上也是日渐凋零。“缺乏自控”对于一个希望迈向成熟的红色性格来说是最大的拦路虎。

缺乏自控，实际上是和“容易原谅自己”与不为自己的人生负责紧密联结在一起的。

逃避责任　拒绝长大

敌人火力太猛，我只能逃了

逃避压力在现实工作和生活中的表现有很多方式。

比如小胖，是我们圈中的"活宝"，每次聚会的发起人。一次外出旅游在午饭时，因抢座位与人发生争执，可当我们与对方开始抡起板砖时，这家伙居然人间蒸发了，过后才发现他吓得躲到酒店楼上去了。

最搞笑的是我的一位朋友，连锁餐饮店的董事长，某日到商务大楼内新开张的分店巡查。因开张初期，生意爆棚，发现有几个宾客无人照应。这位红色老板充分发挥一不怕苦二不怕死的热情，丝毫不在意自己的地位，来到三人面前主动请缨。点菜完毕送单入厨，不想半天不见踪影，待到客人催促，红色老板发急跑到厨房一问，结果连单子都踪迹全无。这下可把老板急坏了，这边客人在催促，那边厨房忙得也是一团乱麻，无奈之际，老哥脚底抹油开溜。谁知运气不好，点菜的是个执着的黄色女人，到门外过道上兜了几圈，把他抓了回来，原来人家早从他的服饰上判断有油水，本想抓到个店经理弄点折扣，没想到抓了大老板罢了。红色老板好说话，黄色女人提出单要全免，好，全免！

红色无论是大是小，从业如何，性质却是相通，真正是"自己惹了麻烦又怕麻烦"。他们在天性中有本能地逃避压力的倾向，他们习惯于先选择做让自己感到快乐的事，而把该做的一直拖到最后，哪怕心里有紧迫感和压力感。等到发现实在无法回避，告诉自己"打不过还躲得过"，结果是"躲得过初一躲不过十五"。

本质上，红色缺乏对现实中可能到来的痛苦的思考，也就是说，红色内心本能想逃避痛苦，他们根本不愿意承认现实生活中是有痛苦存在的。当痛苦的经验接近时，红色逃得远远的，不是采取实际行动而是沉溺在想象的麻痹中。如果逼他们去承认痛苦，他们就试着把痛苦合理化然后逃避开来。

与女人做爱和与女人睡觉的区别

因为红色的多变和不稳定，相对而言，在情感中，红色最容易震荡。红色女性的变化更多地来源于她们的不确定，她们总觉得可以找到更好的；而红色男性除了这个特点以外，还有“逃避责任”这个问题同时存在。

> 昆德拉在《生命中不能承受之轻》中，刻画了托马斯关于“与女人做爱和与女人睡觉”的区别。他愿意到她们家去幽会，原因就是“爱什么时候走就什么时候走”。对他来说，做爱是为了离开，而不是为了滞留，所以做爱的目的不是为了上床而是为了下床。这里的表面原因是“做爱后希望独处的强烈欲望，讨厌深夜在一个陌生的身体旁醒来”。而深层的原因，是因为他惧怕。他到底惧怕什么？并没有给予答案。

做爱是性之间自然需求带来的快感，共眠则是这种冲突所需承担的文明责任，会因为之后需承担彼此缠绵的责任而变得痛苦不堪。所以托马斯希望他的女人永远做爱后能尽快穿裤子下床。托马斯实际上是个害怕承担责任的人，不愿留女人过夜，每个女人于他而言都有别样的魅力，却又没有一个特别与众不同。每个都是喜欢的，每个又都是过眼烟云。这与古龙笔下红色的陆小凤在某种程度上是惊人地相似。

红色，有贼心没贼胆啊！年龄带来责任，这种责任在天性里与红色的追寻快乐产生根本的抗拒。红色在天性中不喜欢自己过早地平静下来，总之越迟越好。

对红色来说，痛苦的心灵探索通常只放在他们应做事情的最后，他们更愿意随波逐流地漂浮，只要不堵塞就行了，他们喜欢新鲜的刺激，并且会随时抛弃沉重的承诺，只图一时的痛快。

如果我可以永远长不大

不少红色的内心总希望自己像孩子一样,为什么?让我们来探寻红色真正的内心世界:

原因之一是当他们还是孩童时，红色是很惹人喜爱的孩子，他们被父母和老师宠爱，所以他们不想离开这种焦点人物的感觉。原因之二是他们根本在内心深处拒绝成长。其他三种性格都希望尽早地远离童年，然而唯独红色喜欢幻想。当他们沉浸在自己的故事里时，他们只需要快乐地享受生活，而不必去承担和面对很多社会的烦心事和那么多的压力。对红色来讲，最困难的事情莫过于为他们自己担起责任，他们骨子里面一直有一个想法，总会有一些人来负起照顾他们的责任的，因此我现在要做的事情就是"今朝有酒今朝醉，明日再担明日忧"。

典型的红色女性因为这个特点，通常会在婚姻和情感上吃足大苦头，因为她们内心深处拒绝长大，她们总觉得会有人来为她们的人生负责，她们害怕为自己的人生负责!当她们把自己的命运交给别人时,她们开始活在别人的影子里，而这对于天性那么要求活出真实和精彩的红色来讲，意味的只是令人窒息。

典型的红色男性乐出风头好表现的天性，年轻时也许还会显得出彩。然而随着年龄的增长,红色男性最可悲的地方就是在于,即使年华老去,还是仍旧靠那么两三手的小聪明没有任何实力地卖弄；当岁月的痕迹已经爬满在面孔上,他们没有任何自己的财产,因为红色对数字概念的极大混乱,让他们是那么地不善理财。更要命的是，总是拿"生命就是活在当下"的话来安慰自己。他们认为那些存钱的人都是不懂得如何享受人生的傻瓜才干的，最后他们自己活在贫穷当中。红色的男性又不像女性可以随便找个依靠嫁了自己,心中常怀梦想,现实无比残酷,越到后来越是"眼高手低",就演变成阿Q了,只能用自我解嘲和精神胜利法来挽回自尊；与此同时,又因为年轻时红色经营人际关系总是停留在肤浅的表面,他们的亲密朋友也显得很少。

很多红色抱有乌托邦式的幻想，想象有一天困难会自动消失得无影无踪。这种充满刺激的幻想一旦成为他们的支持，将阻止他们的脚踏实地。因为他们总是有意识地逃避痛苦，他们总是无法从痛苦和挫折中学到更多东西。

红色啊红色,总是希望人生有一条轻松的轨迹可以让自己沿路跳跃而上,可惜这条路本身无力担负红色的生命中不能承受之重，浮夸不负责任之重！

红色的本性局限

作为个体

- 情绪波动大起大落。
- 变化无常，随意性强。
- 鲁莽冲动，轻信他人，容易上当受骗。
- 虚荣心强，不肯吃苦，贪图享受。
- 喜欢走捷径，虎头蛇尾，不能坚持。
- 粗心大意，杂乱无章。
- 不肯承担责任，期待有别人为自己的人生负责。
- 缺乏自控，毫无纪律。
- 容易原谅自己，不吸取教训。
- 不稳定和散漫。
- 拒绝长大。
- 借放纵来麻痹自己的痛苦和烦恼，而不去认真思考生命的本质。

沟通特点

- 说话少经大脑思考，脱口而出。
- 对于严肃和敏感的事情也会开玩笑。
- 炫耀自己，夺人话题。
- 注意力分散，不能专注倾听，插话。
- 吹牛不打草稿，疏于兑现承诺。
- 忘记别人说过什么，自己讲过的话也经常重复。
- 口无遮拦，不保守秘密。
- 不可靠，光说不练。
- 夸大吹嘘自己的成功。

作为朋友

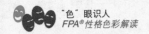

- 缺少分寸，过度的玩笑和热情。
- 只想当主角。
- 谈论自己感兴趣的话题，对和自己无关的话题心不在焉。
- 插嘴打断别人谈话。
- 健忘多变。
- 经常会忘记老朋友。
- 有极强的依赖性，脆弱而不能独立。
- 好心办坏事。

对待工作和事业

- 跳槽频率高，这山望着那山高。
- 没有规划，随意性强。
- 没有焦点，精力分散太多方向。
- 过高估计了自己的能力。
- 觉得没有必要为未来做准备。
- 不肯幕后工作的勤奋代价，来获取更高的殊荣。
- 不切实际地希望所有的工作都要有趣味。
- 很难全神贯注，经常性地走神。
- 异想天开，难以预料。

第八章　蓝色过当

消极悲观　迂腐封闭

抱怨让我的生活如此"美丽"

我们已经知道，红色和黄色倾向于积极和主动，蓝色和绿色倾向于消极和被动。"惰于思考"让绿色的确很难乐观，但至少绿色宁可不想也不会把问题想得太糟。而蓝色却在花开的时候，清楚地感到花谢花败的样子；在月圆的时候，清楚地想象月缺月残的黯淡。蓝色的杞人忧天总有把问题想象得无可救药的倾向，与此同时，他们会借助"怨妇式"的语言将这种倾向推波助澜。

蓝色是最喜欢抱怨的性格。

某日偶翻报纸，发现当晚迈克尔波顿在万体馆开演唱会，兴奋之下，致电另一蓝色波顿迷邀约同往。这位，当下连环发问："你怎么早不和我说？""有票吗？""等退票？你怎么知道会有？""万一等不到怎么办？"在我接连向他表示"此等千年难遇的机会，我来请客务必赏光"的意思后，这位蓝色友人终于千呼万唤始出来。

到了门口，人山人海，等了很久，一边寻觅退票，同时要接受他的轰炸："这么冷的天，哪儿能等到票啊？""早就和你说了，不行的吧，这不，白出来一趟。""你这个人就是这样的，总是突然袭击，上次就……""在这站着你不觉得很傻吗？你不觉得傻，我可丢不起这个人！"

待坐下来一直到演唱会结束，我每每

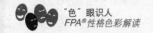

问他如何，他的回复基本套路就是"你说呢？这位置能看得好吗？""你觉得看不见脸的演唱会和买张碟在家里听有什么差别？""明显年龄老了，也唱不动了，何必出来浪费这个冤枉钱……"结果这个演唱会从头到尾，我被他无休止的抱怨给数落得晕头转向，伺候得好辛苦！

你有过类似的体验吗？蓝色从来没有意识到他们与生俱来的消极思维，配合上喋喋不休，唐僧式的喋喋不休，抱怨的挑剔的唐僧式的喋喋不休，足以对其他性格产生摧毁性的打击。这种打击的核心在于——破坏了他人美好的情绪。如果蓝色不能去除"没什么好""哼，我不觉得""我早就说过，这么做不行吧"这类的口头禅，他们自己的生活也将沉陷在一片凄风苦雨之中。

蓝色通常用消极忧虑的态度预测未来，并且觉得这样的结局是注定的，无从改变，进而造成行动上的不作为。不可否认的是，蓝色的韧性很强，但比起红色和黄色，他们缺少那种充满朝气和信心的蓬勃生机。蓝色会因为过早看到了消极面和事物的宿命结局而全身不安，从而导致他们的犹豫、游移和自我保护。

今年的确是第一，那明年怎么办？

蓝色好悲观和担忧，什么事都总使劲朝坏处想，做起事来很慎重，一失败或受损害就恐惧，又十分在意周围人的评价，总是首先想到不要让人家在背后指指点点。而完美主义倾向又对自己丧失了最起码的合理自信，在行为上容易呈现优柔寡断、忧心忡忡、畏首畏尾、踟蹰不前的特点。

DAVID任职500强销售总监，今年又是提前一个月完成了销售指标，在朋友为他举办的庆功宴上，所有人开怀畅饮，惟独作为主角的他闷声不响，可所有人全是为他而去，他一个人不高兴，让大家非常扫兴。后来问他原因才知道他的想法，"每年都是第一，今年又提前一个月完成，那明年只能再提前，否则就是没有进步，标杆的形象也没有了，明年怎么办？"

担忧和罪恶感对于绝大多数蓝色来讲，是家常便饭的心态，他们自以为经常做错事情，同时永远不停地在洗刷自己。蓝色在天性上追求凡事要更完美，这无形给自己一道枷锁，直到有一天太紧了，很容易走向极端。这种强烈的不安全感在《好兵帅克历险记》中是这样被批判的："谁都可能出个错儿，你在一件事情上琢磨得越多就越容易出错。"

一个黄＋红的老公在上海市中心汉口路走过时发现小户型酒店式公寓发售，单价12000元/平方米，凭直觉马上下了定金。回家汇报后，蓝色妻子面孔一板，开始发动滴水不漏的攻击："你到底有没有调查过？你又没有仔细了解过，为何那么爽快就付了定金？大脑为什么不先想一想？为什么要这么急？万一以后租不出去怎么办？价格这么贵，你以为转手是那么容易的事吗？报纸的消息，你怎么知道一定是真实的呢？你不知道只要出钱就可以做托的吗？"

第二天这位妻子亲自去调查了该地区方圆三公里内所有的酒店式公寓，当晚9点到11点，她伫立在已运营两年的另一酒店式公寓前，观察到住家灯亮仅有两成，据此推断出空置率高，出租困难的结论。凌晨家庭会议，从政府的不利消息出台，到报纸上专家评论的房地产热下调，直至附近一公里内的同类房经营困难，洋洋洒洒罗列一通，最终结论：绝不可买。为避免更大冲突，老公忍痛退掉。三个月后，房价涨为15000元/平方米，两年后，准备去那看看在那开公司的朋友，人家说你还是甭来了，我怕你受刺激，现在房价是40000元/平方米。

因为典型的蓝色很难去相信别人加之负面的思维习惯，他们总是会满腹疑虑。如果他去餐厅吃饭，会担心厨房是否足够干净？食物会不会污染？到超市购物，肉类有多新鲜？鸡蛋放了多久？蔬菜上残留的农药有多少？而且到处都有病菌，谁知道搭乘地铁的人会不会有SARS病毒？禽流感要爆发，所以今后鸡鸭鹅是肯定不能吃了；疯牛病泛滥，牛肉也只能暂停了；口蹄疫肆虐，猪肉必须全部隔绝，羊肉万一买的是"多利"的亲戚，那不是也完了；这样看来只能喝水，水里面也放了太多的消毒粉，味道太重。不健康的蓝色总是不愿面对现实，或者说不愿接触现实，总是对现实中的困难和危险感到恐惧，对未来感到悲观，对自己缺乏信心，逃避现实，就像契诃夫笔下的那个装在套子里的人。

胡闹！人是能用颜色分析出来的吗？

蓝色在科学家和研究者的群体中数目最为庞大，这与蓝色的刨根究底和怀疑精神是紧密相关的。巴尔扎克曾说："打开一切科学的钥匙都毫无异议的是问号。"在怀疑理念的驱使下，人类才会不满足于权威的、现存的事物和规律，才能发现问题，找出谬误。所以说，伽利略确定"怀疑乃发明之父"。同样，蓝色的特质一旦过当，自然成为疑心病的最大患者。

很多蓝色口里经常说："怎么可能性格是天生的呢?"蓝色经常会因为对这一句话的怀疑，将本书所有的一切全盘否定。因为蓝色的"怀疑主义"，他们自然而然排斥新事物。他们对新生事物虽然也有兴趣，但不愿率先尝试，加上遇见任何事情首先总是消极思维，不容易信任别人，有时候自己也觉得很累。为此，我建议所有参加研讨会的朋友结束课程后分享给家人，以观察不同性格的可能反应。你能想象典型蓝色的反应吗?

毫无疑问，红色最容易立即对这个新的话题打成一片。典型的红色大多常见"是吗，那你分析分析我是什么颜色的啊?"红色的另外一种反应是调皮式的"嘿嘿，我告诉你，我很复杂的，我是矛盾性格，你分析不出来的"。无疑，红色是四种性格中，最热衷于让别人来分析他们自己的。

假使你遇见的是黄色，那你是免不了被教训的了。"我还需要分析吗，我已经很完美的了。就凭你?想分析我?你还嫩了点。得了，甭说了，让我来告诉你星座和面相怎么来看人……"黄色的倚老卖老和强烈的批判性，让他们常以老大自居，或期待通过批判来表示他们的能力和懂的东西比你要多得多。换句话来说，我教你还差不多，怎么会轮到你教我呢?

还是绿色够幽默，绿色一边看着电视一边听你分享你的喜悦，心里想"人有什么好分析的，还不是一个鼻子两个眼睛"，然后听着听着就睡着了，也不来反驳你，但也没多大兴趣——我是什么颜色的有什么关系呢?你说我是什么颜色，我就是什么颜色。另外一种绿色的反应是，"喔，性格分析?不错啊，好的，听听看。嗯，有点意思。原来我是绿色啊，绿色，不错啊，环保主义者，也蛮好的。反正你不给我戴绿帽子就行了。"

蓝色的批判性不像黄色那样只批判别人不批判自己，他们批人批己。他们批判他人时也不像黄色那样犀利直接，首先是以怀疑的面目出现，进而才会上升为内心抗拒和挑剔。"人如此复杂是颜色能分析出的吗?四种，我看用四十种也分析不出来，又上当受骗了吧!和你说过多少次了，外面的东西不要轻易地去相信，你怎么这么容易就相信了呢?要和你讲多少次啊?脑子也不多想想，外面骗就是骗你这种人，知道哇?"

沉溺往事　郁闷难解

把痛苦进行到底

红色的情绪化在前章我们已有所领教，除了红色以外，在情绪化惊天动地的大军当中，蓝色是一支毫不逊色于红色的力量。虽然在发作方式上不像红色那样惊天地泣鬼神，忽上忽下左右摇摆，有举座哗然之效，却也凭借其“寻寻觅觅，冷冷清清，凄凄惨惨戚戚”的方式，经常在莫名其妙中拉下面孔或流下眼泪。更有甚者，一旦进入到沮丧情绪，要想走出，势比登天。

初学性格色彩，不少人多以为黄色在“情绪化”方面犹胜蓝色，此乃大大误区！蓝色对原则和尊严的强烈维护，时常会用“士可杀不可辱”的情绪力量来支配自己的行为；而黄色却肯为达成目标受胯下之辱。黄色的“情绪化”其实本质是暴躁。所有“情绪化”的性格以天性来讲，势必要具备一个先决条件，即情感高度丰富，正因为此，才会物极必反。在四种性格的对比中，红色和蓝色的情感更加丰富，两者一个在外部表现，一个以内心细腻见长。同样，当他们情绪化时，红色的波动比较显性和大幅度；而蓝色却是持续步入熊市，而且颇有一熊到底的架势。

比之红色很容易“跳出悲痛外，不在失落中”的快速情绪波动，蓝色更多活在历史和过去当中，长期无法走出低谷和振作起来，让周围的人也是苦不堪言。

在平抚心灵创伤方面，红色没那么麻烦，他们的开放心态决定了他们对外界没有太多的戒备心理。所以，并不因受到刺激而恐惧，变得缩手缩脚或不敢轻举妄动。他们照样保持着对外界事物的兴趣，并且能够将兴趣从一件事情（或人）上迅速地转到另一事情（或人）上，情绪也随着这种转移而恢复正常，几乎让人看不到受刺激后的强烈痕迹。而蓝色要想恢复，时间一般比较长，而且即便心情平复以后，心底的某个角落总还会留有一小片阴影，久久挥之不去。

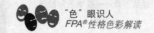

蓝色情感世界的四个层次

小学音乐课时，老师叫我上台唱歌，结果动作过猛力气过大，裤裆爆裂，全场同学立马狂笑，尴尬之下回家换了行头，下午重返，仍旧意气风发若无其事；而蓝色同学裤子前门有一粒未扣被台下发现，从此精神重恙，即使二十年后，每每在公司台上发言，立定后总是先低头偷望，方可继续。蓝色对于过去如果始终无法以宽容的心态来看待，他们将永远"一日被蛇咬，时刻怕井绳"。

一个红色老头和蓝色老太结婚35年一路磕碰，终于有一天老头无法忍受，提出分手。60岁的人了，各位，若不是有天大的折腾，老头也不会提出离婚。而老太事实上非常爱老伴，但口里从来不讲，只会自己折磨自己，临分手时，老太只提了一个要求，"你再陪我到苏州去玩一次吧，从此以后我就永远不管你了"。

结果当晚在苏州，老太给两个人都下了足以送一村人上西天的安眠药，本指望夫妻双双到黄泉，可结局却布满了黑色幽默的凄怆：老太经抢救活了过来，老头却永远安详地闭上了双眼。之后，老太愣是无法爬出悔恨和负罪的心结。所有的小辈一直和他说，"我们都已原谅你了啊，你不要再想了，人死不能复生"云云。但就这样，老太整天把自己在一个黑灯瞎火的小阁楼中关了三年，在某个清晨，家人看到一个纸条，"你们不要找我，他走后，我没有过一天人过的日子"，从此以后，就人间蒸发了。

典型的蓝色性格一旦过当，正如同《红字》中所说："遭受苦难的人在承受痛楚时并不能觉察到其剧烈的程度，反倒是过后延绵的折磨最能使其撕心裂肺。"你对她思想教育"后悔是比损失更大的损失，比错误更大的错误。"这话听起来无比正确，但其实没用。因为典型的蓝色具备毫发毕现的记忆和自残自虐的变态凶狠，他们有内在的愤怒、表达的激情和找抽的渴望。

在情感世界中，蓝色首先发现自己一旦喜欢上对方，会故意装出回避又偷眼望去的那种感觉，之后一旦进入情感，便像一个孤独的人保持着一种望月的思念姿势，也许等待的尽头只是一片虚无，这种思念的幻灭及明知幻灭却仍然不能不思念的心态，颇有“你知不知道?我等得花儿也谢了!”之风。但即使如此，蓝色仍旧坚信“为伊消得人憔悴，衣带渐宽终不悔!”最后发现此梦已成追忆，但又要重新开始的时候，却总是提不起太大的兴趣，因为过往的历史给他的印象实在太深。

典型的蓝色情感世界中有四个层次。第一层次：“和羞走，倚门回首，却把青梅嗅”；第二层次“似此星辰非昨夜，为谁风露立中宵”；第三层次“为伊消得人憔悴，衣带渐宽终不悔”；第四层次“曾经沧海难为水，除却巫山不是云”。

一场相亲后的苦诉

不少典型的蓝色在读书时代，最难受的日子不是考试前和考试中，却是考试后。他们考前小腿抽筋的原因是，担心自己万一考不好怎么办；而更加痛苦的是考后的复查，更会让自己懊悔不迭。因为蓝色的记忆力普遍有相当水准，每道题都能记着，然后就特执着地在那儿估分，一旦发现很简单的题被自己做错，立刻沮丧无比，不时拍下大腿“又少了一分”，这种状态要一直持续到自己记不清考题为止。下过围棋的人都知道，比赛结束后通常有复盘的习惯，若是蓝色的棋手，恐怕这关才是最锤炼心理素质的时候。要让蓝色理解“改变不能接受的”这还容易，只需要积极思维就可以，但要让蓝色学会“接受不能改变的”，那就需要蓝色无比刻苦的后天修炼了，因为他们很难控制不让自己活在过去当中。

我曾和一个刚结束相亲充满沮丧的蓝色学员有过一场MSN对话。

想哭：　老师，今天去相亲了，心里很难受。

色眼识人：　为何相亲？为何难受？

想哭：　相亲不好，让我有一种背叛爱情的感觉。虽然以前也和朋友一起出去认识过男孩子，但那种方式自在很多。而且，我今天是一个人去的哎，很紧张，感觉就是第一次相亲，很程式化。应酬了两个小时，结果那个男的都不送我到车站，出了门就自己坐车。我想，我还没差到这个地步吧，他也太不绅士了吧。

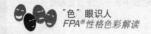

色眼识人：背叛？你是觉得心里不舒服吗？

想哭：郁闷死了！

色眼识人：看起来你正在为别人的错误而折磨自己，别人的评价看来对你有些杀伤力啊！

想哭：35岁的人，防备心理极强。既然已经是相亲的目的了，无论如何也该真诚点吧。两个小时就在不停地刺探我，揣着他的十万年薪在那里担心，有没有搞错啊？月入百万也不是我要考虑的，现在的男人怎么都这样啊。回家后，我越想越生气呀，然后想发个短信气气他。我就说："我安全到家了，谢谢你的咖啡，晚安。"我想，他应该拎得清的，让他汗颜。可是，我这么做，好像太含蓄了，他压根没感觉还是怎么的，没回短信。我宁愿他暴跳如雷的！没想到一刀砍在棉花上！

色眼识人：的确很过分的！

想哭：你说这个混蛋，是比较大男子主义？太粗枝大叶少根筋？还是没当回事啊？我郁闷死了。其实，很多事情我已经很不在乎了。可是"第一次相亲"，本来已经很不甘愿了，还遇到这样的事情。我强迫自己再无聊，好歹也给人家留个面子吧。结果，他～！◎#￥%……※×心里好烦，真想大哭一场：前阵子去参加淑女大学堂，评价很高；去朋友的单身party也赢了第二名。总算有勇气，去尝试一下了。居然给我这么大的打击！你说我该怎么办……是不是在你看来芝麻绿豆的小事，我却在这里抓狂～！

色眼识人：理解！你是蓝色嘛，一个渴望爱情的蓝色，我也会生气的。似乎你也知道自己比较容易抓狂，也许你可以尝试去发泄一下。

想哭：呵呵，我似乎只有遇到感情的事情才会这样。可能是第一次遇到这样的事情，又是我最在乎的事情，我在那里想我的感觉、想真诚地互相体验内心的感觉。那个混蛋在那边装腔作势，一副维持成功人士的良好感觉……好，有机会去看看。我想憋在心里会越想越郁闷的，倾诉一下，麻烦你当了一次垃圾筒。

如果蓝色仅仅是对自己的失误表示痛心疾首，那还罢了。典型的蓝色，会因为别人的错误反过来折磨和惩罚自己。这位蓝色因为感受上的不好，很自然地联想起一大堆自己的愚蠢，把别人的错误引申发展为自己的不够好，不完美，从而陷入到不必要的自我反省和自我否定的再次循环。

敏感多疑　脆弱自怜

你这话什么意思？

据我当老师的弟弟讲，他的同事中有位班主任就是有如“装在套子里的人”那位别里科夫式的人。此公对学生从不放心，这也不许，那也不行，生怕会闹出什么乱子，看到男女同学在一起说话，马上疑心早恋，看见学生进网吧定是浏览黄色网站。我过往一个超级蓝色的香港老板，当年他嘱咐我查一个家具的尺寸图，我从六楼跑到一楼来回两次向他汇报了完整的数据。可最后仍旧是他自己再跑到楼上去检查一遍，大概他想不到这样做，在当时是在我的心上用沾满了盐巴的小刀狠割一刀的感觉。

一个红色的女儿是这样回顾她蓝色的妈妈是如何让她手足无措的。

妈妈平时非常在意别人的话，她很少从正面去想儿女对她的好。有次她来我家，可她回去后就开始生气，不再理睬我，我百思不得其解，以为可能是她要帮我打扫房间，我制止她的语气重了，所以她不开心。后来，我向她道歉那天和她说话语气太重，结果她说她生气不是因为我发脾气，而是因为另一件事。原来，我说我这有很多粗粮吃不掉，让她拿一半回家。临走时，我问她："袋子是否太重了？"她觉得我是在暗示她拿我家的东西太多了，这严重伤害了她的自尊。天地良心，我的本意是想表达"太重就下次我送过去"，我绝对不可能对妈妈有那样的想法的！

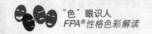

蓝色会将别人的每句话进行技术分解，更要命的是通常最后的结论更多倾向于负面而非正面，倾向于消极而非积极，倾向于悲观而非乐观。蓝色是所有性格中最喜欢讲反话的人，这种反话让人感到"阴"和"酸"，让你像得了风湿性关节炎症般的难受。作为蓝色的他们，出发点也许不坏，本意并不一定是口中说出来的那样，只是旁人实在难以接受。

林黛玉被自己蓝死的必然性

蓝色同时集敏感、紧张、关心、怀疑、细腻、防范、批判于一身。他们的焦点更集中于"情绪"而非"理性"。蓝色行事虽然理智，但内心的感性衍生出挥之不去的情绪，却是所有性格中无可匹敌的。因为蓝色无法有效地传递自己丰富和复杂的情感，他们又有强烈的希望他人理解自己的需求，当他人无法理解时，他们沮丧孤独，进而也许会顾影自怜，再不济，由怜生恨，走入死胡同。

《红楼梦》第三回写林黛玉进贾府，关于黛玉的内心独白，特别提到"因此步步留心，时时在意，不肯轻易多说一句话，多行一步路，惟恐被人耻笑了他去"。对于一个少女来说，从当时当地的感受中，能很快地笃定这样一个处事原则，我们不能不为她蓝色的那种成熟和聪明所折服。以后，她整日以泪洗面、莫名其妙地悲泣，都是这种蓝色心态的自然延续。那种寄人篱下、孤立无援的无奈，是一个蓝色女孩儿释放压力、宣泄情感的最简单的方式。通过这种方式，感觉到自己灵魂深处的悲剧情怀。蓝色林黛玉本身的敏感，更由于她寄人篱下的处境，越发容易受伤害到不可收拾的地步。

来看几个关于她超级敏感的细节：

- 周瑞家的来送宫花，最后送到她那里，她便疑心是别人挑剩下的才给她。

- 某晚，她叫怡红院的门，晴雯偏偏没听出是她的声音，拒不开门，并“二爷吩咐的，一概不许放人进来呢！”把个黛玉气得怔在门外。欲要发作，转念却想：“虽说是舅母家，如同自己家一样，到底是客边。如今父母双亡，无依无靠，现在他家依栖，若是认真怄气，也觉没趣。”
- 正在伤心垂泪之时，又听见宝玉宝钗的笑语声，越发动了气，“越想越觉伤感，便也不顾苍台露冷，花径风寒，独立在墙角边的花阴之下，悲悲切切，呜咽起来。”
- 一日她卧病在床，听到园子里的老婆子骂人，实则人家是骂自己的外孙女儿，黛玉却认为是在骂自己，竟气得昏厥过去。

从表面看来林妹妹确有点儿女孩的“小性儿”，甚至有些“病态”。但是，这种情况如果发生在其他三种性格身上，恐怕谁都不会展开蓝色那般联想翩翩，说到底，这些所谓的伤害和痛苦都是自找的。于是，黛玉的爱情便只能以死了结。最后一刻，焚稿断痴情，她希望最终能“质本洁来还洁去，强与污淖陷渠沟”。一个典型的蓝色，在痛苦的磨难中终于泪枯夭亡，只能以死向社会做了最后的反抗！

蓝色没有自信是因为他们太在乎别人怎么看他们了。当蓝色沉溺于自己阴郁的想象，有一天蓝色可能走得太远，产生危险和自我毁灭的症状。

心机深重　相处困难

你为什么不直接说？

因为蓝色有强烈的希望别人能够理解自己的意愿，他们在表达方式上难免拐弯抹角，他们希望用暗示的手法来解决所有的沟通障碍。遗憾的是并非所有人都能够理解，因此，这也就是他人觉得蓝色说话很不直爽，显得有点小家子气的原因。学员甘腾告诉我他和蓝色一起出差的故事。

我和小王坐火车，他坐我对面，从洗手间回来后，我坐下看报纸，小王突然对我说："你的鞋不错，在哪儿买的啊？"我抬头瞄了眼脚，把脚放下，答道："在西单。"小王不说话了，若有所思，没过多久又说："你裤子的膝盖有点脏。"我心想今天怎么这么奇怪，总是关注我的衣服？连头都没抬，边翻报纸边说："咱们出差这一个星期，我就差点没躺在地上看图纸了，能不脏吗？"过了没五分钟，他站起来对我说："我去厕所，你去吗？"我不耐烦了，他这不是没话找话吗？我没好气的说："我刚回来，屁股还没坐热呢！你一个人去吧！"更可气的是，没过两分钟，这小子居然打我的手机。我一看是他的电话号码就把电话挂了，可他仍然顽强地打过来。接通电话后，我刚想说他有病，他抢先开口了："你别急，我就是想告诉你，你裤子拉链没拉好。"

蓝色一厢情愿地认为，他人与自己是可以同样的敏感，同样的细腻，同样的聪明，同样的有领悟力，同样的说话注重分寸，同样的在乎他人感受……因此，你当然应该理解我所有的眼神或者暗示。两个蓝色在一起，很自然地享受彼此地默契。然而并非蓝色，他人不解，蓝色只能黯然伤神，而这种沮丧迅即转变为抑郁，让周围的人丈二和尚摸不着头脑，如人云里雾里。从这个意义来讲，蓝色和黄色是相同的，黄色认为别人应该和他一样，拿自己的要求衡量别人，如果别人和自己不一样，黄色会力图改造；而蓝色也认为别人应该理解他，如果不理解，他会感到失望，内心立即封杀掉对方，更开始用沉默来表示内心的愤怒。

蓝色很想被他人理解，可是又讨厌自我剖析并袒露，觉得那样的坦白会失去了原本该有的意义，他们希望有人能有耐心来读懂他。当他人无法理解时，他会失落，当他向对方传达意思时，倾向于暗示而非直接了当。

谁能猜到你的心

在《荆棘鸟》中，斯图在教会学校中一直沉默寡言。因为思念家人，他用绝食的方法来表示，却从来不用语言，直到那些修女们激动地问他是不是想回家，他才微笑地说："是。"对于蓝色来讲，"猜心"是他们的拿手绝活，而这对于其他性格的人而言，难于上青天。这一切都是源于蓝色对彼此不言即明的理解境界的强烈渴望。这有点像佛祖的心态，感觉语言的妖气太盛，故而贬低其功能，如果真理是明月，说出来还不如指向明月的手指，剁掉也罢。

然而，问题正在于，除非蓝色能够找到另外一个理解自己的人，其他性格要想猜透蓝色的确是非常痛苦的事。

绿色魏腾与蓝色女友（蓝＋黄）到虎丘旅游，路过一个亭子，拿起相机开拍。这时女友叫他过去拍照，听到女友呼唤，魏腾又偷拍了几张亭子的内部构造，然后回身准备效力，谁知女友已无声无息地消失，并且好像有意让他找不到。感觉事情不妙，魏腾赶忙小跑追赶，好一阵才看到背影，但不管在背后怎么喊，人家头也不回，继续前行，且越走越快。

这位绿色跑到女友面前再三问她："怎么啦？为什么会这样？谁惹你啦？"女友不做声，只顾一个劲地前行。又问了几遍同样的问题，似乎更像要把魏腾甩在后面的架式。再三追问下，女友终于开口："你连自己错哪儿了都不知道？还来找我？"然后继续走路。接下来不管魏腾怎么讨好都没用，人家就是一个默不做声，无济于事。直到走到溪流源头，软磨硬泡，说尽好话，当然也以非常愤怒的语气和非常真诚的哀求，强烈谴责了自己刚才的错误行径，女友这才勉强原谅。

对于蓝色来讲，自己的男朋友不懂自己的心事的确是失望透顶，也许是因为她们过于追求心有灵犀一点通，蓝色把"猜心"当成是一种撒娇。

当他人无法猜到蓝色心里所想时，他人非常痛苦，而蓝色也并不愿表达自己的感情和真实的想法。他们固执地认为既然你不理解，索性就更没必要解释了，并立马上纲上线——你连这点小事都不明白，由此可见你根本不在乎我。而遗憾的是有的问题如果不挑明，是最容易产生误会的，如果魏腾不是绿色，红色和黄色也许根本没有那么好的脾气来迁就这位蓝色。为取悦蓝色，其他性格得加倍地耗神来猜测蓝色的想法。

超越基度山伯爵的复仇

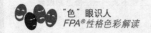

在宽恕方面，蓝色是吝啬的。很多蓝色始终不可原谅和饶恕他人曾对自己的伤害。而最自我摧残的致命处恰恰正是蓝色的“怀恨在心”，他们的良好记忆力又让其如虎添翼。蓝色记忆力之强，不仅大事不忘，陈皮芝麻也可烂熟于心。这种功力让他们对别人多年前说过什么、做过什么，都会铭记在心，对于他人的恩惠，蓝色奉行“滴水之恩该当涌泉相报”；然而对于他人曾经的伤害，他们更是不易忘怀。这种记仇的特性在民间，人们俗称为“小心眼”，而这种缺乏气量的心态，才让周瑜有了那声痛彻古今的长叹——“既生亮，何生瑜！”

蓝色对于过去不愉快的遭遇，会怀着满腔的怒气和尖酸。蓝色还不明白宽恕可以让自己得到心灵的真正解脱和放松。他们累积不满和怨恨的时间越长，对自己的伤害就越大。他们不像绿色，天性宽容；他们不像红色，即便痛恨，也会自行冰消瓦解；他们不像黄色，虽然黄色也并不宽大，但比起蓝色，黄色会有更多的理智，黄色更愿意看未来的生活，不像蓝色是活在过去中的人。

辛腾刚结婚那会儿，由于与以前的女友藕断丝连，被蓝色的夫人发现。爱他的夫人悲痛万分，两人关系陷入严重的僵局。后来在体检时发现夫人怀孕了，此事促使辛腾下定决心，和过去彻底一刀两断，从此以后和自己老婆好好过日子。没想到，孩子刚出生以后，辛太太就坚决提出与他离婚，并且绝无挽留余地。辛太太在离婚后马上就去了国外再婚，而这位大老爷们只能将自己的全部心血奉献给了自己的孩子，就这样过着虽然平静但却温馨的16年生活。16年后的某天，儿子出了车祸需要输血，没想到晴天霹雳，经检验发现父子血型并不一致。于是他颤抖着给在国外的前妻打电话询问，这时从电话另端缓缓地传出一句话：“我等这一天，已经16年了，终于等到你来问我。他不是你的儿子，这是你要为你当年的不忠所该接受的惩罚。”

“爱之越深，恨之越切”，这位夫人的手段，与基度山伯爵相比，有过之而无不及，令人胆战心寒，而所有的原因只是因为对方出轨。而他们自己本身也是在这样的过程中同样挣扎了16年，为的只是看到他们认为的“讨回公道”。蓝色会牢记两人关系中的每一件事情，他们一旦受伤难以愈合，绝对不轻易饶恕，他们会因为怀恨在心，而收起所有过去昔日的柔情蜜意。对于蓝色来讲，怒发冲冠往往是不够的，必须要血债血偿。只要他们觉得对方还应该受到惩罚，往往就会将怨恨深埋在心里，同时坚信“以牙还牙”和“以眼还眼”。

黄色的报复是通过还击来显示自己才是最后的胜利者，而蓝色，他们无法领悟其盲目的仇恨激情。将他们自己也深陷在情绪的图圄。

要求苛刻　压抑紧张

睡在信封里的人

完美主义作为蓝色的核心动机，无处不在地影响蓝色的行为。几乎所有的蓝色过当行为溯本归源，矛头直指“完美主义”。

琼瑶的“求好心切”固然是一种美德，但也常使她吃尽苦头。《几度夕阳红》写了前面的十万字，她自认为写得不够好，毫不犹豫地弃如敝屣。幸好她的小弟从垃圾箱发现了这一大叠稿子，好奇一读，大为惋惜，把稿子送给评审后，认定就此丢弃是暴殄天物，说服她写完了后面的部分，被视为琼瑶的经典之作。就是因为她太“求好心切”，才会把辛苦写成的十万字，扔进垃圾桶。若是当初扔了，恐怕就没有这部作品问世了。

琼瑶阿姨尚难逃此劫，可知蓝色面临“自我放松”的挑战如何严峻。我曾在乐嘉博客上发表长篇连载《大龄不婚女性的心理洞察》，对于33岁以上未婚或离婚后单身女性的性格规律进行剖析和排序，蓝色女性在此排行榜中荣膺亚军。按照网上流传"大专生是赵敏，本科生是黄蓉，硕士生是李莫愁，博士生是灭绝师太，博士后更可怕是东方不败"的段子，一个女博士分析高学历女性结婚难的原因时说："我们有天生的完美主义倾向，这不仅体现在学术追求，还影响我们的恋爱观，虽然我明明知道，爱情是不需要这些的。"即使他们内心清楚地明白这一点，他们也没有办法抑制自己对于完美的苛求，而这种苛求在他人看来已贴近变态。他们深陷在怀疑心态和完美主义滋生的高期望值之间，时常徘徊于既渴望投入又害怕能力不足的两难处境。

当我们在研讨会上对以上蓝色和红色的冲突展开讨论时，一位绿色的男同胞冷不丁地说："要是你们知道我在家里享受的待遇，才会明白什么是真正的蓝色！"原来他的超蓝色妻子规定，家里东西放的位置不可有一丝变动，如果他把钥匙放在茶几上而不是门框里，那肯定死得很难看；炒菜时连土豆丝切条的粗细也要一模一样；家里五双不同颜色的室内拖鞋，进门换次鞋，进房间还换，到阳台必须再换，而厨房和卫生间都有另外专用的，有时进门一不注意穿错，老婆把鞋没收，规定让他赤脚。这还不算，最恐怖的就是，每晚睡觉，被子叠得工工整整，不可以弄歪，半夜里有时得爬起来喘口气，才能再继续入睡，按照他自己的说法，是个"睡在信封里的人"。

事实上，蓝色对于事物是如此苛求，不健康的蓝色很容易发展成为"精神强迫症"。每天睡觉和出门前一定要检查水龙头、煤气、门窗是否关紧，然而在躺到床上或锁门以后还是不放心，再折回检查一次；或者回到家第一件事是洗手，而且一定要肥皂泡打到高过手腕，洗完以后，用手肘去关水龙头；又或者当站在悬崖或高楼边，会想象跳下去的感觉并内心跃跃欲试。如果蓝色能意识到这件事不对，但意识不由得自己来控制，那说明他已经有病态心理的倾向；但最要命的是，他自己还不觉得那是问题，这才是真正的严重，这样，和他在一起的人将活得万分痛苦。

为了避免过度苛刻地追求完美，蓝色也许终生应背诵的话是："我眼里的80分，别人已经认为100分了。"

为什么只有一门课考了100分?

“英雄末路和美人迟暮是万分痛苦的，但是更痛苦的是末路英雄和迟暮美人身旁的人”，蓝色的苛求完美让他们自己万分痛苦，但让他们周围的人们更痛苦，他们必须承受蓝色苛刻带来的所有紧张。同事文慧告诉我她家族中的故事。

蓝+黄的姑妈生活很有规律，做事讲究细节。姑妈在晾衣服的方向和顺序上，也有一套自己的法则。譬如规定浅色衣服一定要用白色衣架，深色衣服一定对应用黑色衣架，并且衣服晾晒时要将前面向左，背面向右，一定要将衣服拉平，不能有皱痕。我的表妹如果稍有做不到，就会被她责骂。记得有一次表妹在晾衣服时，一只衣袖没有拉平。姑妈在收衣服发现后，就将这件衣服又重新洗了一遍，又将表妹责备了一番。更厉害的是，在此以后，只要是表妹晾衣服，姑妈都会站在旁边指导，令表妹诚惶诚恐，心情郁闷。

在四种性格中，黄色和蓝色都是极少给予赞扬的性格。相比起来，黄色更多直接批判，蓝色更多的是挑剔。蓝色认为“为什么你只是99分，完全可以到100分的。”“就算你做到100分了，为什么不是每门课都得到100分?”这种话语常让人备受挫伤和打击，让你感觉在他们的眼中一无是处。比如为了给蓝色老公一个惊喜，红色的太太烧了一桌菜，期待等他进门给一句夸奖和一个拥抱，可迎来的不仅是面无表情，尝过几口后还说“这个淡了，那个菜配的不对”了。更有甚者，还有认为厨房弄乱故而不肯吃饭，还刻意花了两个小时打扫厨房，这让明明已经费尽心力而期待温馨气氛的太太终于爆发。

在我与蓝色互动的过程中，我血肉分明地体验到典型的蓝色对于赞美的吝啬，虽然蓝色“行动胜过语言”这一座右铭并无不妥。但与此同时他们却严重忽略了红色信奉的真理是“你给我表扬，我就做得更好；你越批判我，我就越不做!”而蓝色不断地要求进步却鲜少赞美，他们坚定不移地认为“真理和取得进步比人的感受要重要!”遗憾的是，长此以往，要么他们压抑了他人的积极性，要么势必遭到强烈的反弹和抵制。

我对自己比对你还要严

蓝色是长时间心情很难得到放松的性格，典型的不健康的蓝色容易长时间处于悲痛、愤怒、郁闷之中，对于身体的伤害，要远过于一场严重的疾病。蓝色的感性总是超越理性，一旦情绪激烈，悲愤的情感总是充斥着自己，对于与自己意见不合的人，很可能将对方推到对立面并把矛盾无限激化。这样也就难免导致矫枉过正，虽然痛快却也造成了很多不必要的矛盾。

显然，蓝色的完美主义导致的严格要求和批判性让人窒息，但为何蓝色很难原谅他人在小事上的不完美呢?当你了解四种不同性格对自己和对他人的态度差异，你会理解真正的原因。

红色，对自己不严格要求，对别人也不会严格要求；黄色，如果自己犯了错误，嘴巴上不愿意承认，能一笔勾销就一笔勾销，但是当他人犯了错误，那可绝不放过，对自己无所谓，对别人要求严格；绿色，对自己没什么特别的要求，对别人更是宽容，处处为别人着想，不愿意给别人压力；蓝色，要求自己非常严格，要求别人同样严格，对别人马列主义，对自己更是马列主义。

蓝色要求社会和他人都像自己一样有上进心、有正确的道德观。但事实上，周围并不像他所期待的那样完美，为此他们失望和愤怒。而当蓝色犯错时，他连自己都不愿意宽恕，又怎会轻易宽恕别人呢？

红色：无所谓己，无所谓人；
蓝色：严于律己，严于待人；
黄色：宽以待己，严于待人；
绿色：不强求己，不要求人。

蓝色压抑Vs.黄色压力

黄色和蓝色与他人的相处，都容易制造压迫和紧张的感觉。

黄色的压迫感，源于黄色对目标无止境的追求和咄咄逼人气势的“压力”。诸如，众所周知，国美上下数万员工，对他们的老板黄光裕都极为惧怕，这源于他带来的那种压力。有一个未经证实的传闻：黄光裕给国美五大中心开会，五大中心老总会后，时常要互相打电话揣摩老板的意思，然后才敢实施。在国美总部，很多部长工作到凌晨一两点钟下班很正常——老板都没走，哪个手下敢先溜?

而蓝色的压迫感，却源于“压抑”。如果说“压力”是让人害怕，那么“压抑”则是让人很累，而累的基本反应则是随时小心翼翼。在他人眼中对于这种感觉的描述是：

我第一个老板，工作极其认真，在他的观点里面，认为所有的“放松”都是“散漫”的，只有“紧张”才代表“认真”。我有一次很放松地半躺着椅子上写邮件，他看见后特意过来和我说，“你最近工作不如以前认真了啊，要努力才好”，我只好坐得笔挺，连活都不知道怎么干了。不像第二个老板比较随和，我一直缩在椅子里工作，也从没说不好，所以我坐相一直很放松，活只要干得漂亮不就行了。我是内勤人员，又不见客户，连怎么坐姿都要管，简直让人崩溃。同事开心的时候哼哼歌也要被骂，说我们不好好工作，这种气氛实在太难受了。

蓝色不仅希望事情做对，而且希望按照他们要求和认为正确的方式来完成。仔细分析“蓝色恐怖”惯常的招数除了上面的挑剔无边外，蓝色比较擅长的还有“话中带刺”和“无声行动”。

说话伤人浅者通常阴阳怪气，伤人重者则阴酸刻薄。蓝色因为强烈期望别人能够理解自己。在表达不满的情绪上，蓝色也同样喜欢拐弯抹角。当蓝色用惯用的口气讲话时，比如说“出差你和谁去啊?”“不是前两天刚出过差吗?”“短信怎么这么多啊，现在都几点了，业务的确繁忙啊!”“这个月电话费1200，你还真能打啊!”“没关系的，有什么关系呢?反正也不是第一次了!”你能感觉出那把“讽刺”的刀挥舞起来阴风迭起。假如“阴酸刻薄”只是让你不寒而栗，蓝色的“无声行动”却有让你如坐针毡之效。

我那个朋友家从来都是有条不紊，他老婆是特洁癖和计算无比精确的人。比方说：他们家每天的每顿饭都是正正好好。每次要去他家作客，他老婆都要问清楚，到底有多少人，要不要带同伴。一顿饭下来，桌子上基本不会剩一口菜汤、一粒米饭。我们在他们家吃饭总觉得不够吃，有很重的心理负担。每次到他家作客，我们抽烟喝酒时，他老婆经常会时不时拿着一块抹布，在我们前面这里擦擦，那里扫扫，吓得我们屁滚尿流，堆起我们虚伪的笑脸逃之夭夭。

这也就难怪为什么蓝色的老板一走进办公室，本来全屋开心的人看到他那种表情，再好的心情也骤然晴转阴。

黄色和蓝色都容易给他人压迫和不易亲近之感，差别是：
黄色给人“压力”，蓝色让人“压抑”；
黄色感觉“冷酷”，蓝色感觉“冷漠”；
黄色认为你是“弱者”，而蓝色认为你是“弱智”。

死板固执　缺乏幽默

公式恋爱和公式做爱

半夜婴儿饿醒哭闹，黄色的妻子以刘翔的速度爬起去冲奶粉。但蓝色的丈夫是学化学的权威，马上注意到奶粉块并未完全消融并且指出这样就喂给孩子吃是不行的。妻子大怒，斥责道：“等奶粉块全融了，孩子的嗓子就废了。再烦，你来弄！”

对于蓝色的“书呆子”来讲，把奶粉泡得均匀符合喂食标准，比解决小儿哭闹要重要得多，那在他们的眼中可是一个巨大的原则问题，不过这还不算是什么厉害的。一位蓝色母亲，完全按照“健康宝宝”的方式来抚养孩子。所有的方法全部按照书上教的方式严格彻底地执行，吃的东西的份量全部称好，按照营养成分严格搭配，一日四餐定点进时。那小孩两岁不知盐滋味，三岁时还未见过薯片的模样，他们居然可以“小孩饿得在那里号啕大哭，也绝不开饭”，原因只有一个——蓝色认为“时间未到”。

这还只是在育婴过程中的一点皮毛之事，你有听说过“公式恋爱法”吗？那

位76岁要弄英文的红色老太曾告诉我，她孙子谈恋爱时，平时与女友发的EMAIL和手机短信的数量都用EXEL做成了图表，根据曲线多寡和联系频率曲线的浮动，来断定和他女友的关系进展如何，后来给对象红色的女孩知道，吓得逃之夭夭。更厉害的，把每次和女友约会的时间、地点全部记录下来，包括所有和对方在一起时的吃饭、交通、礼物甚至打电话（当时还是打传呼电话）的花销一分不漏地整理归档，计算出投资在后来成为老婆身上的总支出。必须声明，我没说这是小气，而是某些蓝色喜欢用理论和科学的武器捍卫着爱情。

所谓“墨守成规，拘泥于形式”，大概是对蓝色过当这一特点最精确的描述，现在你知道“形式主义”的出处了。蓝色凡事必须要讲究个明白，同时所有的一切都照章办事，不越雷池半步。爱因斯坦曾经反复告诫这些热血青年，千千万万不要想什么终极问题，想想就会把自己给绕进去的，可惜他们听不进去。

蓝色一旦钻在程序里面，他们没有变通，他们只相信数字和公式，他们认为既然已经是约定俗成的东西是不可能也不应该改变的，他们认为人生就应该“要精确不要模糊，要规则不要变化”。他们并不理解生活中我们是需要适当浪漫的。这就好比在哪儿做爱，每周具体何时做，做几次，用什么姿势，全部都是固定的，不可越雷池半步。你去劝他，蓝色却一本正经地开始给你上课，“你有所不知：血气方刚，切忌连连。二十四五，不宜天天；三十以上，要像数钱；四十出头，教堂会面；五十之后，如进佛殿；六十在望，像付房钿；六十以上，好比拜年；七十左右，解甲归田。”你除了甘拜下风，还能怎样？

当“原则”之脚面对“权威”之靴

以性格中的“执着”来讲，蓝色与黄色旗鼓相当，懒散的绿色和经常目标游移的红色都不是他们的对手。相较之下，黄色更强在“坚定”，而蓝色则胜在“坚韧”。同理，蓝色与黄色都有强烈的“固执”倾向。只不过两者的核心差别是黄色是因为在乎面子，不愿妥协；而蓝色是因为坚持原则，不愿妥协。

周日，难得全家兴高采烈外出郊游。超蓝色的父亲行至金鸡湖，发现美景，让儿子站过去拍照。儿子一听头皮发麻，盖因老爸拍照，必先蹲下调焦距然后瞄准乃至最后成功完成，当中过程之反复、手续之繁琐，程序之严密，绝对非常人耐心所能忍受。儿子征询老爸意见，是否可以待调好焦距后再立定，行拍摄大礼。"你人不过去，我怎么会有感觉？""随便拿个东西？那东西和人是一样的吗？怎么可以随便？""你到底过不过去？"儿子正待解释，老爸一言不发，相机收拾入袋，缓步扭头而去。

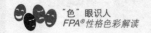

本来周日是全家为了一起开心而游，蓝色因为坚持他自己的"原则"，结果搞得全家都不欢而散。

黄色非常固执，不愿做出让步，但在他们认为自己能更好地达成目标或必要时，还是会承认错误，做出让步和妥协。但蓝色只承受了黄色的固执，而未接纳妥协的一面，所以，他们为了让别人承认自己，为了阻止别人对自己的攻击，是要斗争到底的。他们一旦受到指责，便极力为自己辩解，以此来强化自己内心中的防卫屏蔽。

蓝色在固执中表现的另一个特点是：如果被逼迫，他们会抗拒；如果被催促，他们会谢绝；如果被宰割，他们会反抗。如果是红色的催促，只会引发蓝色的坚持和反抗；如果是黄色的操纵，蓝色则更加会予以强烈的拒绝。

某媒体的黄色老板指示主编立即派下属蓝色员工赶到外地做一个新的采访，传达后，C拒绝，原因是手头正在进展的专题当初讲好由他负责，所以不肯临时转移，请老板另外派人；话传到黄色老板处，勃然大怒，"你告诉她，我让她去，是瞧得起她，给她机会，她如果不识抬举，早点滚"，夹心饼干的主编力劝蓝色员工时，女孩一言不发，最后只有一句话，"别逼我做我不愿做的事情，如果一定要叫我去，那我只有辞职。"

蓝色无法顺畅地表达其情绪，特别是怒气，所以他们就算生气，也很少有人能察觉。蓝色越被游说、驱策、诱惑、威胁或被催促去做某件事情，他们就越顽固拒绝而不为所动。如果你想让蓝色做某件事情，必须迂回取胜，只要给他足够的时间，可能就会自己去改变心意。你必须了解蓝色很难果决行动。你也不要等到接近要做时才开口提议，蓝色是那么地痛恨突发事件和没有一点预警。

蓝色说"不"的时间之长可以超过其他色彩说"是"的时间，而他的顽固经得起任何强力或者威胁。

你看，你看，克里那张不苟言笑的脸

当年美国总统大选，克里最终功亏一篑败给布什。媒体评价，布什比克里更显得反恐威武不能屈。也许就是布什的黄色性格比克里的蓝色性格更能给人坚定不移的感觉。除此外，另有一要素也不可低估。

美国媒体透露说，民主党总统候选人克里的竞选班子曾向克林顿发出邀请，请他为克里站台。克里请克林顿帮忙，实在是不得已而为之。媒体认为，老百姓对克里没留下深刻印象，主要是因为克里“沉闷寡淡”。克里生性不苟言笑，许多高参抱怨说从没听克里说过一句笑话。另外，克里说起话来云山雾罩，他说的话更有思想内涵，几乎没有语病，却被认为传递的信息太复杂、太模糊不清。

从上文报道可以看出，克里说话中蓝色“化简为繁”的特点和布什“化繁为简”的风格相对比，有些吃亏。但克里先生远远低估了那张布满了严肃味道的面孔还会给他带来这样的麻烦。作家冯骥才在《一百个人的十年》中曾提到一个笑话，某君因为从不会笑，甚至见了领袖像也是一脸严肃，被怀疑是否有着刻骨仇恨，从此惹上无数麻烦。在被无数次反复验证后的确发现此君未有笑的功能，后来不知哪根筋搭错，婚后20年有天莫名其妙地喉咙里翻滚出笑声，吓得老婆魂飞魄散，以为他发了神经病。显然，蓝色应该学会明白的一个事实是：无论你多么深沉，在这个世界上，没人喜欢天天板着面孔的人。

因为严格遵守秩序，外表拘谨，蓝色不懂得释放情绪，更加缺少幽默感。纵然在聚会的场合，我们也很少发现他们全情投入，开怀大笑，蓝色总是无法放松。过分压抑情绪虽然算不上是病态，不过却使蓝色的生命中减少了很多乐趣。

顾虑重重 行动缓慢

考虑无极限

蓝色思考过程之周密详尽所向披靡，正因为如此，蓝色做决定时，有可能一个小事就超过了预计时间，而他们也因过度谨慎变得非常保守。如果你要做一项新决定，比如在投资、市场策略和价格的制定、公司LOGO的设计上，这些最好让他们参与；但是买哪种品牌的纸张，今晚吃什么，这样的事情还是不要参与为好，因为蓝色的举轻若重，这有时会让其他的人崩溃。

蓝色妈咪怀孕了，对于尿片，自然不敢怠慢。早早就开始了"市场调研"。首先，上网了解尿片的各种类型、品牌、型号。然后又参考各类母婴专业杂志，收集信息。这还不算，还趁着孕期检查咨询医生、护士的意见。当然亲朋好友中3年内的新晋妈咪也悉数成为咨询对象。根据所收集的信息，蓝色妈咪比功能，比安全，比价格……只是，信息量越大，蓝色妈咪越难做决定，没有一个品牌能满足她所有的要求，而此时离宝宝降生的日子越来越近了。最后，蓝色妈咪终于选中一个让她基本满意的品牌，却懊恼地发现该尿片断货了！由于是全进口产品，至少要等1个月才会有货，可肚子里的宝宝不等人。无奈之下，蓝色妈咪只得匆匆随便买了几包尿片，心有不甘地进了产房。

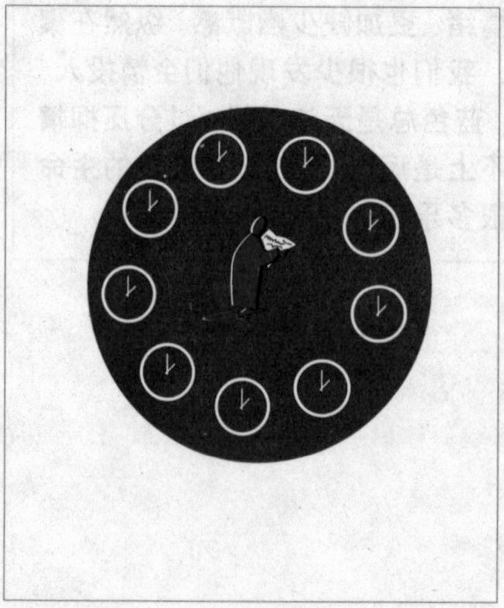

为何有这样左思右想却无法定论的习惯，归根结底，又是"完美主义"在作祟。蓝色期待把所有事都考虑到万无一失时再做行动，却忘记了"机不可失，时不再来"的古训。

你能想象三个蓝色的朋友在一起是如何创业的吗？三个人商量准备干一番大事，都为彼此的远大抱负而激动，并决定分别各自回去讨论哪个行业可以成为起点。所有人经过长时间的考虑后，觉得没有哪个计划是天衣无缝的，最终宣告暂时作罢，这一作罢就是无限期的漫长。由此可见，“三人行，必有我师”在这个问题上是行不大通的。

史上最经典的蓝色求爱语

蓝色考虑过多，从而患得患失丢掉机会，在情感上更是表现得淋漓尽致。若单是买房和做生意这样的事，说到底就是损失一些钱财，然后用“破财消灾”的说法安慰一下自己的悲痛。但若是情感上的错过，那就是一生一世的苦了，有太多蓝色所感慨的凄凉莫过于此。

常有男女“郎有情，妾有意”多年，结果谁都不提，最后分手，女方婚后不幸福，女主角开始对男主角说“你为什么让我等了那么久?你为什么要过了五年才第一次说喜欢我?”表面上看可能是男方激素水平高到产生向往，但还没有高到促成行动。而事实上《傲慢与偏见》早已给了答案：“将感情埋葬得太深有时是件坏事。如果一个女人掩饰了对自己所爱的男子的感情，她也许就失去了得到他的机会。”如果她能壮起胆子，早一刻表达爱情，一切也许不一样。不过比起泰戈尔（蓝色）来，你还是幸运的。

泰戈尔先生爱上了安娜，内心激动很想倾吐爱意，然而想到自己将远离几年，怕因此耽误姑娘的青春，同时还听二哥说起安娜的父亲为姑娘订婚正忙碌着。他迟疑了，始终无法鼓起求爱的勇气。几个月后，泰戈尔前往英国，安娜也前去为他送行，在临别的最后一刻，他几番挣扎，最终还是犹豫了，放弃了。结果这次分手成为永别，姑娘被迫出嫁给大她20多岁的男人，成为繁衍后代的一个工具，很快在郁闷中死去。

这位受人尊敬的诗人屡屡写下诸如“世界上最遥远的距离，不是生与死，而是明明心中相爱，却不能在一起”这般绝望的句子。原来就是因为他那蓝色性格的“欲说还羞”害死了自己所爱的人。

为何蓝色即使喜欢却很少主动开口，结果错失机会?

总结起来蓝色的不开口大多是因为多虑和自尊，在蓝色的内心里面包含了几层痛苦：第一，蓝色期待彼此心有灵犀一点通，觉得如果是落花有意而流水无情，说明自己会错意，蓝色会痛恨自己的自作多情；第二，蓝色非常害怕被拒绝，遭到明确拒绝或者暗示拒绝都是很没面子的事情。有的蓝色为了他那高尚的"自尊"，却有可能付出一生的代价。以下堪称蓝色在求爱中所说的最经典的话。

他，从未有过爱之体会。在他大四那年，由于他一直在一个固定的教室自习，注意到一个也一直在那的女孩，巧的是，那个女孩每次都坐在他前面。他越来越喜欢她，但是他却不敢有任何举动，只是每晚默默注视她的背影。大四第二学期，已经不用上自习了，为了心爱的女孩，他依然每天自习。当他把秘密告诉舍友们后，其他6个哥们一致决定帮他走出第一步。

于是，当晚7个人一起去了教室。但是，无论舍友们怎么鼓励，他就是没勇气走出关键的第一步，舍友们无奈地说："看来我们也帮不了你了，自己努力吧。"回到宿舍，他彻夜难免，痛定思痛，决定第二天无论如何也要向他心爱的姑娘表白。第二天晚上，他如期见到了她。经过了心潮澎湃、如坐针毡、七上八下的内心搏杀，最后，他递给姑娘一张纸条："你好！我注意你很长时间了，你是一个温柔漂亮的姑娘，我能和你做个朋友吗？"

女孩看完字条，开始收拾书本，完毕，站起来转身问他："我要走了，你要不和我一起走？"

接下来，他说了一生中最经典的话："你先走吧，我还有几页书没看完。"

我誉之为"经典"，倒并非完全出自于搞笑。从另外一个角度来看，蓝色的计划性决定了在表达前会把对方可能的回应方式都考虑清楚，想好应对的话语，而如果对方的反应出乎他的意料，蓝色会突然没了方向，不知所措。当蓝色没想到人家主动发出邀请，顿时乱了方寸。在蓝色原已设定的程序中，是没有这招的，于是向来悲观的他，第一反应就认为是被拒绝了，结果自然就是我们看到的这句话。

典型的蓝色对待自己中意的人，须学会"花开堪折直须折，莫待无花空折枝！"

挑剔较真　化简为繁

疙瘩朋友

还记得前文我提到一起去看演唱会的那个蓝色朋友吗?他的抱怨和诉苦,让我体验到与祥林嫂看戏的感觉是什么,但好歹还能看,你只要用“失聪”应付即可;可比祥林嫂更恐怖的是“疙瘩朋友”。“疙瘩朋友”的内涵是:这个也不行,那个也不行,非常难伺候。一旦你身旁有此佳人陪伴,那你就什么都不要想做了。

我们一起毕业的8个同学准备聚餐,召集大家说意见,中间有一位跟大家不太一样,原则很强,什么不吃辣的,什么消费不能大于多少,什么不能太晚超过晚上八点半等等,大家本来都来自全国各地,兴致勃勃,结果就因为他一个人,这儿不去,那儿也不行,最后大家不欢而散,饭也没吃成。

“疙瘩朋友”相处困难的核心原因是他们的挑剔,这又要回归到蓝色的完美主义。他们为了实现他们心目中的“完美主义”,他们心目中的“规则”,他们认为“正确的事情”,会把他人的情绪破坏殆尽,会忘记真正重要的是什么,这也难怪蓝色是最容易“只见树木不见森林”的人。追求完美是正确的,但是不看场合,则为不识时务。蓝色具备超强的观察力本是优点,但如果过分较真,的确讨人厌烦。你是否听说,有人阅读时发现书籍中错字连篇非常气愤,故而用数月时间将错字挑出,寄信给出版社以求更正视听,避免贻害社会,健康的蓝色配合社会正义感,这种作法值得我们

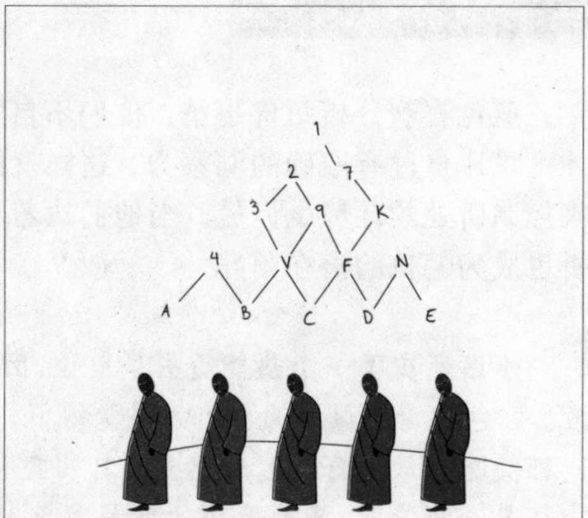

敬佩。然而在生活中并非所有的事都像蓝色想得那样严重，就拿错字来说吧。

几个同事在一起看网上发来的一个讨论日本人的笑话，大家笑得前翻后仰。这时有一个同事说："慢！"大家都愣住了，他说："这里面有个字写错了，'再'写成'在'了。"其实大家都觉得根本没什么，结果他那句话硬把我们的气氛给破坏了，很是没劲！结果他又来了句："这怎么了，要有完美性嘛！"

这位蓝色似乎并不明白，大家相聚一起看笑话的核心目的是为了快乐，与书籍出版中的错字的意义和性质并不相同。而他的一句话却将所有快乐全部消亡。

> **在他人看来无关痛痒的细节，蓝色会以高度敏感的侦察力捕捉到，并将其重要性和严重性放大十倍，然后提出修改方案。不过，在失去灵活变通能力的同时，也让周围高涨的情绪和气氛变得黯然失色。**

关于烫发的十八般论证

蓝色喜欢分析每件事情，他们不自觉地对每件事进行分析，相信这样才可以让自己有准确的洞察力，这样就能经过预测下一步将发生什么事情来控制所处的环境，但是，当他们执着于微不足道的细节，这种过度的分析也成为偏执的潜在前兆。

小茜新烫了一个热能烫去了单位，回来后告诉我四种性格女孩的不同反应。红色和黄色最是爽快，如果觉得好，就直接把事给办了；绿色看到，每次都笑眯眯地说好，然后重复"赶明我也要去做一个"，这话说了半年，头上还是涛声依旧。最为麻烦的就是蓝色，当时，她不会流露要去烫发的想法。但背后一直在电脑上查热能烫的地方，其中也包括，此烫法对身体有没有毒害？它的性能特点？它的价格？除此烫法外，还有哪几种可以同时选择？四个月后打来电话时蓝色俨然已是热能烫专家了。在最后一次决定性的电话中，她向小茜电话咨询了20分钟，主要问题包括：

1、你在蒂凡尼的发型师是小A吗？（需要再次确定）
2、小A通常什么时候在？
3、“热能烫”除了叫这个名字外，是不是还叫“能量烫”，会不会搞错？
4、几种价位的烫发药水，有什么差别？（我花了十分钟跟她详细介绍我知道的，却发现她知道得比我要多）
5、你用的卷是哪种卷？（我告诉她，我用的是零号大卷。）
6、这个零号大卷大概有多大，有农夫山泉的瓶盖子那么大吗？
7、整个烫发过程是多久？
8、会不会疼？
9、疼的话，是不是意味着有毒？（我又花了五分钟时间，跟她讨论了有没有毒的问题。）
10、能保持多长时间？（我再花了五分钟时间，跟她讲述烫发后的我的打理经验。）
11、烫发流程是怎样的？（不知道多长时间，跟她很详细地回忆了整个烫发经过。）
12、万一我烫了不满意了怎么办？
……

在问了至少15个问题之后，女孩终于安排好她的行程。她要在某日的某时，去那里，同时把来回的时间，等候的时间，万一做了不满意再要重做的时间全部都事先算进去……

按照小茜的说法，天下超级“恐怖”者非蓝色莫属。她那个蓝色朋友，就是蓝色中的蓝色，你可以叫她超超蓝。这个超超蓝把烫发看成是解决国计民生的高度问题。他们问问题的反复冗长与《追忆逝水年华》中普鲁斯特式的盘曲缠绕如同长蛇般的句子可以相提并论。

活得累啊！不夸张地说，“挑剔较真”和“化简为繁”是不健康蓝色的一对豪乳，不仅让自己活得累，还会把紧张波及周围。因此，蓝色容易因小失大，就像他们很容易捉住别人身上的问题，从而立即把他的优点全部抹煞。正是如此，蓝色会因为这种病态地追求完美，而忽略了生命的本质。

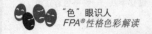

张飞是曹操的侄女婿有何意义?

某位社科院的研究员在20余年潜心研究后，得出一个新见解——张飞是曹操的侄女婿。我一直期望能理解：这一重大结论，对我们的生活有什么实际意义?我在惠州讲学时，曾听说一个原则性很强的老兄借给别人50元，到了答应的日期没有归还，这位蓝色债主非常愤慨，驱车前往，从惠州赶到东莞的乡下，来回一天的时间，花掉240元车费，终于讨回那50元。蓝色坚持原则和道理本无可厚非，然而也正因为此，他们会因小失大。

当蓝色为人夫为人妻，他们认为讲清道理的对错比维护彼此的感受更加重要；为人父为人母，他们认为把屋子清理干净，比孩子感受到疼爱更重要。蓝色经常会忽略生命的本质，他们总认为是可以熊和鱼掌兼得的。可惜在这个世界上，并非如此，蓝色对事物细节的关注，会让他们忽略真正想要达成的结果，从而因小失大，得不偿失。来看一个蓝色的管理人员对自己过往的反省和回顾。

那时我刚担任公司拓展经理。接手后的第一个工作，是争取一个项目。其中项目能耗测算一块，占整个合同总额的一半。对方告诉我们时间比较紧，希望早点提交方案，以便他们的老总来拍板。在我面前这时有两种选择：

第一，用估算软件自己做测算，计算结果和事实可能有10%的误差，但时间仅需半天；

第二，请专门的工程师做测算，结果相当精确，但需要对方提供各项主要参数，并由几个工程师会同计算，时间要2–3天。

和蓝色的前任商量，她毫不犹豫地告诉我，做我们这一行，"专业"是无上准则，怎么可以用"大概"或"估计"来敷衍客户，同时给未来运营造成一定程度的风险呢。本人深表认可，就执行了后者。由于和那些深蓝的工程师平时比较谈得来，关系不错，我们一起加了班，赶在1天半做了一套文件。当我们把做好的建议书递交出去时，对方老总已经飞走了，出差了3周。等到他回来时，已经冷场。结果完全可以趁热打铁的一个项目，经过正式程序走过场后，就没有争取到。

执行公司的程序，当然没有错，但作为从事业务拓展部门的负责人，在现代商务活动中，商机往往转瞬即逝。一个有缺陷而快速的决断，远远胜过迟迟做出的完美判断。典型的蓝色只是一个微观管理者，只见树木，不见森林。他们心里想的只有问题，蓝色很爱分析，也很擅长分析。他们想参与事情的各个细节，方方面面，一遇到问题，他就像遇到敌人一样，必然发起猛攻。

蓝色通常出于害怕犯错而卡在细节之中。他们的标准涵盖了生命的每个层面，他们的规则就是“规则”，而且相信人人都知道这些“规则”，他们痛恨那些打破规则而且成功逃脱的人。

蓝色的本性局限

作为个体

- 高度负面的情绪化。
- 猜忌心重，不信任他人。
- 太在意别人的看法和评价，容易被负面评价中伤。
- 容易沮丧，悲观消极。
- 陷于低落的情绪无法自拔。
- 情感脆弱抑郁，有自怜倾向。
- 杞人忧天，庸人自扰。
- 容易成为抑郁症患者。
- 当别人轻易成功时，会因自己的努力付出却不如他人而心生嫉妒。
- 过于阴沉的面孔，让人感觉压抑，不易接近。

沟通特点

- 不知不觉地说教和上纲上线。
- 原则性强，不易妥协。
- 强烈期待别人具有敏感度和深度能够理解自己。
- 以为别人能够读懂自己的心思。
- 不太主动与人沟通。

- 不喜欢制造困扰麻烦给别人，也讨厌别人制造困扰麻烦给自己。
- 要真诚开放心胸与人互动会比较难。
- 习惯以防卫的状态面对别人。

作为朋友

- 过度敏感，有时很难相处。
- 强烈的不安全感。
- 远离人群。
- 喜好批判和挑剔。
- 吝于宽恕。
- 经常怀疑别人的话，不容易相信他人。

对待工作和事业

- 对自己和他人常寄予过高而且不切实际的期望。
- 过度计划和过度绸缪。
- 患得患失，行动缓慢。
- 较真，挑剔他人及自己的表现。
- 专注于小细节，因小失大。
- 吝啬表扬，强烈的形式主义。
- 容易被不理想的成绩击垮斗志。
- 墨守成规，死板教条不懂变通。
- 为了维护原则缺乏妥协精神。

第九章　黄色过当

自以为是　死不认错

坦白从严，抗拒从宽

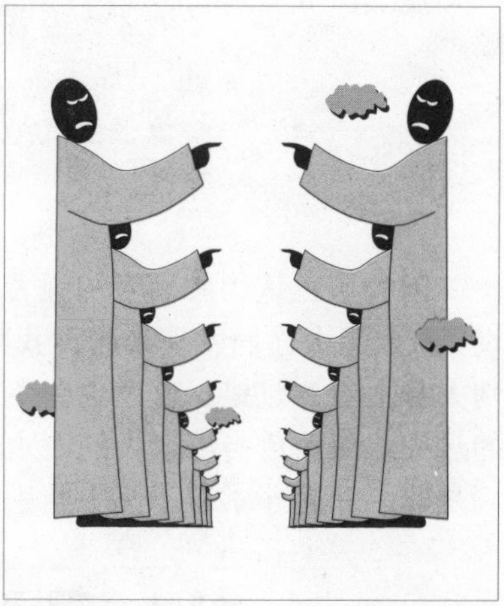

从小，圣人指示“人非圣贤，孰能无过”；老师传达“知错就改是好孩子”；前辈教育“坦白从宽，抗拒从严”。我们谨遵教诲，奉若神明，莫敢不遵。一旦发现自己的问题，红色立即缴械投降，蓝色马上闭门思过，绿色坐以待毙，惟独黄色坚决不从，不但死不悔改而且绝不认错。为何?因为黄色是自信的，黄色是经常正确的。黄色用他们的实际行动，总是昭告天下自己不肯认错的两个境界：第一境界是“明知有错，死不认错”；第二境界是“本是圣贤，怎会有错?”

第一境界“明知有错，死不认错”。主要表现在铁嘴铜牙，不管你怎么说，反正我就是没错，要错也是你错。让我们来看一组各个阵线的黄色众生相：

- 黄色丈夫：在女儿腹泻时坚持要给她服用黄连素，妻子说两岁小孩还不会服药片，万一当成糖丸嚼，之后的苦味会引起呕吐。先生坚决不相信，结果小孩吐得不成人形。妻子悲痛之余，丈夫却说：“这不一定是吃药引起的，说不定今天吃的其他东西本来就有不适应的。”

- 黄色领导：在年会酒席上轮番劝酒，凡碰杯者须尽数饮尽，众人莫敢不许。有长者以抱病在身谢绝。领导面色铁青坚决不允，称众人皆饮，今日你休想逃之，强迫之下，长者无奈痛饮。宴毕当晚，长者胃出血送医院。次日传到公司，黄色领导当即决定先进医疗、重金补偿同时休假三个月，然而遇见众人却做出极度气愤状，大声疾呼"没有金刚钻，就莫揽瓷器活，不能喝酒就不要喝，何必逞能啊！"
- 黄色同事：和她一起出差同房，此人晚上鼾声颇重。忍耐三天后，至第四天，她打鼾时我小心翼翼推醒说："你盖好被子，小心着凉。"她醒过来可惜不到十分钟又打起来。我想可能是刚才太含蓄，所以她没在意。再次推醒她，很客气地说："你是不是没垫好枕头才打鼾，对身体不好的。"谁知她很生气地说："谁说我在打鼾！我又没睡着，我在深呼吸。"

因为黄色认为胜利者和强者不应出错，如果出错，也应该是我自己发现，怎么能由你们发现来告诉我呢?因此当一个错误发生时，黄色通常会在别人身上看到过错；蓝色也会点破别人的问题，但会自动自觉地反省自己的过失；而黄色当着众人的面永远觉得自己是对的，坚决以自己的标准评判是非，并且非常善于马上给别人定罪。

他们太希望胜利和成功，黄色有勇气去面对生活的挑战压力和障碍，但是他们并没有勇气去面对自己内心的虚弱。当出现这样的征兆，他们本能地回避掉。

我曾提到，当红色发现生活的压力和责任降临时，会本能地回避；而黄色当发现需要面对和承认自己内心虚弱时，也会本能地回避。都会回避，只是回避的东西不同而已。这也正好应验了性格色彩密码所强调的一个理念：每个人都有自己内心的敌人，只是敌人不同而已。

黄色要求别人不犯错误，自己却犯错误；要求别人承认错误，自己死不承认。他们喜欢处于支配地位，周围处于服从地位，这样才觉得安全。因此，常常打破他人加在自己身上的规则，来表现强大。他们讨厌行动受到限制，既想拥有建立规则的权力，也想拥有打破规则的权力。所以常常自相矛盾：要求别人遵守规则，自己却频频违反规则。他们是典型的“只许州官放火，不许百姓点灯”。

好为人师的“老法师”

在第二境界“本是圣贤，怎会有错?”中，我们将进一步看到黄色是自己最大的敌人。他们将自己的优点纹在手臂上，而将缺点用指尖归咎于他人。

文公子，文物管理专业毕业。大三时，文公子的眼光已比老师高出许多，常以专家自居。因得意过头看走眼，当年在街上曾收进一批赝品。自此沉重打击后，文公子一扫骄横，才知理论与实际之远，夹着尾巴做人；也正因此，功力大增，一举跻身不露声色的超级高手行列。文公子回忆了他曾经所遇更黄的一位“老法师”的悲剧：

55岁的“老法师”(老马)把玩文物20年，在跳蚤市场赫赫有名。他走在前，总有大队票友随后，而他也乐得卖弄他的学问，从鉴定到选货侃起来头头是道，时间长了，真名反而被人忘了。

因文父的交情，某次文公子也紧随“老法师”。突然发现“老法师”拣的瓷器，正是当年自己栽过的大跟头，便小声提醒：“老师，这个东西好像有点问题。”没想到，老法师当即转过头来狠狠教育一番：“小文啊，你不懂啊！这个东西无论是从釉彩、重量、声音、胎骨，全都没有一点问题的，你看看……你这大学四年怎么读的啊？基本常识也没有了吗？你们老师怎么教你们的啊？……”好心劝诫反被批判，文公子内心郁闷。心有不甘地回家和父亲汇报后，想起这么多年，也从没人见识过“老法师”的宝贝，父子两人决定拜访老马。次日，两人拜访了老法师20年来倾家荡产收集的宝贝。

假货！全是！！全部是！！！原来这20年来，老法师一直闭门造车，拿书本作为收藏的唯一参照，积攒了20年的宝贝通通是假货。父子俩实在没勇气把这个事实告诉给可怜的老头，最重要的是：他知道了也绝不可能相信。

幸福执着的“老法师”不久后遇见了让他此生最为沉重的打击：春拍时老马拿了三件“宝物”翡翠镯、寿山田黄石、民国白铜包，准备到拍卖行的牛总那里换两套房子。没想到牛总痛骂:"老马,你神经病啊,怎么拿出这种东西给我?150万?最多1万。"老马岂能相信,于是牛总出面找了拍卖界的顶级权威杨老来鉴定,杨老又将牛总痛骂,认为赝品让他来鉴定是浪费时间。

最戏剧性的是,到现在,"老法师"仍对这两个人臭骂不止,怒斥这两个家伙肯定是拿了回扣,以后咱要等到苏富比和嘉士得进入中国市场,再拿去拍卖。"中国的拍卖行绝对不能相信,咱们就到国外。"

想起《天龙八部》的慕容复,在皇帝美梦一次次被粉碎性地打击后,最终彻底发疯。只能用糖果贿赂一群孩童来下拜高呼"吾皇万岁万万岁"以满足他破碎的梦想。为了避免那样,这个故事的结局,我的猜测是,"老法师"还不如一直活在自欺欺人之中,抱着一堆想象中的宝贝,这比承认他自己一生都是失败的,更加让他的内心会好受。

尽管别人善意地向黄色提出进谏之言,然而他们一直洋溢着一种飞扬跋扈的神气,暗示了黄色是无所不知而且永远是对的。这样我们就能够明白为什么黄色总有两条人生法则:第一,我永远是对的;第二,如果我错了,请看第一条法则。

控制欲望　操纵心强

麦当娜白嫁给你,你敢要吗?

黄色不但希望能够掌握自己的命运,同时希望能够控制他人的生活。作为最善于发出言辞要求的性格,黄色的父母对孩子有强烈的期待——小到梳什么头发,大到你做哪行,都要发表主导性意见。如果你不听从,黄色会坚定不移地推动威逼,直到你听取他的意见为止。即使是黄色的孩子也懂得运用他们最原始的武器"哭声",来向周围传达着明确的"你们都要听我的"信息。

麦当娜是一个依靠直觉本能的人，她自己说："我现在的目标是和我小时候一样的，我要统治这个世界，我是个控制奇才。"对她来说，成功在于获胜，而不在具体过程。

每天早晨她与工作人员一起讨论一天的目标和规划，她能以飞快的速度将一大堆事情安排妥当。她的出版商说："她不会浪费时间。"一个经理说："她很精明，喜欢操纵，但她对人很不好。"她的代理人戴曼这样说到："我相信她在九年中没有一周不是排得满满的，她全身心地追求成名，愿意为此推迟建立家庭，甚至不生孩子的计划——也许是一辈子。"

构成她个性中的一个重要方面就是权力。她自己说到："有权势的感觉真好，我一生都在追求，我认为这是每个人孜孜以求的东西。"这一动力从她那巨大的竞争性中得以体现——"我对任何不能与我抗衡的人不感兴趣，必须要值得一战。"

麦当娜在迈向事业顶峰的征途中，选择了职业女性成功的必要条件，她也是个极其明白的女人。概括她自己及她的婚姻："我是个工作狂，我有失眠症，我是个控制奇才，这便是为什么不结婚的原因，谁能受得了我？"

对权力的渴求是黄色成就大事业的力量源泉，而黄色的问题却是过分的权力欲和支配欲。他们强烈期望当领导，当别人服从自己时才感到安全。黄色想要控制，他们站在舞台的中央，似乎只有在指挥事情时才会快乐。

棒打鸳鸯

作为旁观者，我亲眼见证了一对本可比翼双飞的同林鸟，是如何被女方的黄色母亲生硬掰断的。而作为当事人的女儿，对黄色母亲那种控制欲的愤怒，和为此自己所遭受的痛苦，恐怕是一生一世都没有办法抹去的了。

小君有个无比黄色的母亲，自小从吃喝拉撒到升学就业，母亲一手包办。小君大学时，和同学小东两情相悦，慑于母亲“大学期间不许恋爱”的家法不敢声张，可终究没能瞒过老人家。母亲不露声色地要女儿把男孩约来家中，席间对男孩调查一番后，严正警告女儿必须立刻断绝来往，三条理由：门不当户不对；年纪太轻，事业毫无根基；面相不好，克妻的命。

热恋男女岂是说断就断，老妈发现女儿这次居然敢阳奉阴违，怒气冲冲杀到学校强烈要求予以干涉，非但如此，还找到小东父母抗议必须严加管束。无奈两人只好转入地下情，毕业后为摆脱母亲的控制，两人计划出国深造，商量好女孩先行一步，男孩次年再去会合。

可还没等男孩成行，黄色老母因感觉两人的来往，早以探亲身份飞到女儿身边，刚好发现小西的新追求者中有攻读博士者，父母均为大学教授，眉清目秀又特别会讨好自己，于是认定他是乘龙快婿，竭力从中撮合。此时身处异乡的姑娘也正遭受前所未有的生活压力，衣食住行柴米油盐的心烦，紧张的课程，生活习惯的不适应更让她不堪重负，此时老娘适时地把新人推到面前，帮她解决了一个个生活的难题。就这样，老母处心积虑，历时8年终于得偿所愿，彻底颠覆了女儿的恋情。

可惜造物弄人，一年后因情感不和，女孩历经磨难方才脱离魔爪，母亲的如意算盘最终落空。老母临终前向女儿忏悔并恳请原谅，只是几经波折的姑娘已不问感情，现在年过35岁的单身女博士事业成就卓著，内心却极度孤独脆弱。

黄色总是喜欢把他们自己的意志强加在别人头上，他们认为自己认为的一切都是对的。你不接受是因为你没有眼光；你不接受是因为你还小所以你不懂；你不接受是因为你不明白“不听老人言，吃亏在眼前”。你不接受?好，为了你的幸福，为了让你以后知道我现在的良苦用心，他们就会说上一句：“你现在恨我，将来你会感谢我的。”可惜，他们所谓的“为了你的幸福”，所有的一切都是建立在他们认为的“幸福”的基础上。他们总是把其他人等同于自己，当别人和他们的想法不一样时，他们本能的想法就是“废掉你”。

黄色对别人操纵权力和行使主导权十分警惕。认为对那些自以为是的家伙就应该毫不留情，孰不知他们自己有时也自以为是。他们讨厌为他人所左右，希望把他人的影响降低到最小限度，总想了解有关周围人的一切，以便排除未知因素，把握局势。在他们讨厌为他人所左右的同时，他们也无时无刻希望左右他人。

富攻击性　心存报复

美国“先发制人”战略思想的性格分析

让一位黄色和别人互相对立起来，并不需要太多的煽风点火，他们对于“对立”是如此乐此不疲，却几乎很少关注到自己已经制造出很多麻烦和冲突。他们享受那种口角胜利的快感，就像是一只刺猬，当它觉得有人冒犯自己时，随时随地准备张开刺。

一位同事善意地赞许黄色的小方：“最近你的变化很大啊。”小方马上反弹道：“是吗？我变得像谁了呢？等我死了，回去阎王爷那里点名的时候，就找不到我方小刚的名字了。”虽然小方从心底里希望他自己有改变和成长，但是如果是由别人口中说出，嘴巴上还是不愿意承认的。

黄色的反弹有时就是这样莫名其妙，比蓝色的阴酸更加彪悍凌厉，人家完全没有恶意地表示交好的姿态，却总是把自己的弓拉满。

后来才知道，原来小方有一个比他还要更黄的母亲。在他母亲面前，小方只不过像只便秘的阉猫模拟目露凶光的老虎。小方有一天问："老妈你能不能换些菜的味道啊？"老妈无比干脆地回应："我也很忙，怎么有时间去弄这些东西，你要吃就吃，不吃拉倒。"后来考大学时，曾经问他娘："万一考不上怎么办？"老娘的回答更加掷地有声："那你就去死！"

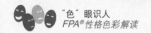

到底这是不是他亲生的娘？答案是肯定的，只不过，黄色习惯于反弹，对于黄色来讲，说服他人本身也是胜利的一种表现方式。而"胜利"和"占据上风"对他们，是内心深处不可遏制的追求。

如果说上面还是因为"感觉被挑战"时的还击，而有的黄色完全是为了攻击而攻击，这种特质，世人称为"先发制人"。

在黄色优势中，我曾提到相当数量的政治人物。现在回忆布什、切尼、拉姆斯菲尔德、沃尔福威茨这四个清一色的黄色鹰派人物。本质上，攻打伊拉克，就是黄色性格的"先发制人"及"富有攻击性"的内心一直在驱使，你不打我是吧？只要我觉得你想打我，或者我看你不顺眼，就先把你放倒！所以萨达姆先生，请你不要哭泣，你被打，与你们家石油太多有关，但至少还有一半，是因为你是黄色，人家布什先生及他们的幕僚团更黄！

> **因为黄色喜欢去命令和指使，当遭遇挑战时，会马上变得充满攻击性和咄咄逼人，这与他们内心趾高气扬的本质是很难分开的。对于冒犯他们的人，黄色会毫不留情地坚决还击，他们追逐自己想要的东西而忽略尊重他人的情绪。黄色，是典型的侵略性格。**

从"假小子"到肇事司机

为何很多女性有男性的感觉和特征？这到底是些什么人？

那些外表是"假小子"的女生为数相当不少的都是黄色。小时候，就因为她们喜好和男生一起冲锋陷阵，而成为雄性团体中的一员。她们好哥儿们的数量有时远超过好姐妹，这就是为何成年后，很少有女生陪同一起逛街。她们认为女生过于繁琐不如男生来得爽气，而更喜欢和男生打交道。因为对事业的执着和女权主义，她们中的很多人因此放弃了家庭生活，黄色女性比蓝色女性更有可能成为四色中抱着终身不嫁思想的人。

大多数“假小子”可能是黄色性格。

首先在外形上，蓝色和绿色的女性多阴柔感和崇尚阴柔美，对于过于男性化的装束呈排斥心理；对于红色女性来讲，外形打扮多有“明亮”或“扮酷”这两种比较强烈的倾向，偶尔男性化未尝不可，那也只是新鲜的一种尝试，长此以往绝不享受；惟独黄色在心理上希望给别人精明强干的感觉，她们希望和男人平起平坐，留着短发，穿着深色套装，“不爱红装爱武装”，节奏飞快地生活。

其次在心理上，因为黄色对于强者有天生的向往，她们鄙视女人的婆婆妈妈、不利索和情绪化。对于每月一次的“大姨妈”更是恨不打一处来，对于男人可以逃避这每月一次的麻烦事儿忿忿不平。她们乐于拼杀，相信自己而耻于依靠男人，为了取得更好的竞争力，她们将自己边缘化于男性的队伍，至少在其他的男人看来，不敢小瞧她们。

再次在行为上，她们敢于冲杀，攀岩极限也乐于涉猎；当黄色女人的实力强大到男人开始恐惧时，哪还有闲心考虑你是男是女，把她们当成男性来看，把她们想象为性交后要击杀雄蜘蛛的雌蜘蛛，会让那些丢失了一些尊严的男性们，好歹可以捞回一点可怜的面子，让自己有个台阶下。

让我们看看公路上的车祸。从性格角度探究，剑走偏锋，险中求胜，誓不认输的黄色，在超车或者反超车的过程中，本身就会让黄色有极大的快感。如果公路上的飙车或者市区的抢车道是一场速度的竞争，这场速度的竞争实际上是以死亡为代价的。我们可以想象在两个黄色的比拼下，稍不留神，就会有人成为这场没有意义竞争中的牺牲品。然而黄色始终是那样地关注输赢本身，因为他们很难遏制住自己“要在任何事情上战胜他人”的这种欲望，终有一天他们将最终毁在他们的争强好斗之下！

勇争第一本来是件很有上进心的好事，可惜黄色的麻烦是——凡事不知道生命的意义和真谛，他们认为争斗就代表一切。因为把持着强者心态，黄色对自己的要求是凡事力争上游，不可懈怠半步。黄色对于输赢的计较，与蓝色为达到完美的顶真计较，本质上，是一丘之貉！

黄色应该常听听优克李林的一首歌：如果失去了你，赢了世界又如何？相同的，有时你争赢了，却可能失去更重要的。事总有轻重缓急之分，不要为了争一口气，而后悔莫及！

宁可我负天下人，不可天下人负我

黄色天性具有竞争性，因为他们把焦点放在胜利上，他们很可能认为自己只不过是接受挑战，并没有击败他人的意图。而事实上他们随时随地都想击败他人，让他人臣服于自己的脚下。当黄色发现自己被击败时，他们觉得自己受到“伤害”，颜面无光脸上无彩。为了维护至高无上的“面子”，他们会反戈一击。而通常，这一击一定要超越前面他认为自己被“伤害”的分量，如此，方能显示自己的强大；如此方可杀鸡给猴看，“我胡汉三回来了，看你们谁敢惹我”。对于这样的行为，我们称为“报复”。

我们一直将“报复”置于道德败坏的层面予以鞭挞。以性格角度分析，“报复”是因为黄色内心难以对追逐胜利的欲望加以控制从而导致的问题。

初级阶段的“报复”在生活中随处可见，初级阶段“报复”的特点是，只要我觉得你败了，那就算了。因为我“赢”了，所以我就原谅你了，算了，放过你，瞧，我大人大量。

黄色司机高速公路夜行，有人在后面欲超车狂打远光灯，反光照射眼花缭乱。黄色司机内心极度愤怒，将车道让开，待后面的车开到自己前方，然后尾随在后，打开远光灯，从苏州到南京的三个小时就一路保持十五米距离，差点没把前面的司机照死。后来我听说一个更加厉害的版本是，另一个黄色司机采取的作法是，在汽车后面改装了两个大灯，晚上谁要是敢照他，他便按下按钮反照过去……

上升到高级阶段，那就不仅仅是我舒服了，除了我舒服以外，必须要让你难受。下面的例子，是黄色自己也认为是对冒犯者重锤的打击。

张君，17岁闯荡江湖，22岁赚了第一个百万，但被皮包公司尽数骗走，几次上门讨债对方赖账。张君杀机顿起，来到欠债人面前，拉开衣服露出缠身雷管，“要么还钱，要么同上天堂”。对方为其气势吓倒，以一辆奔驰车另加现金30万偿债了事。

此后张君卧薪尝胆，开着奔驰在广州人才市场找工作。抓住当年刚兴起的塔陵行业，从2000元底薪开始从头来过，拼命三年赚了200万，毫不犹豫地离开广州，从广州带了人才到山东创业。

跟随赴鲁者中有一位负责行政的大姐，后因张君屡屡兑现不了承诺，此大姐不辞而别回到广州。张君无法忍受他人弃己而去，多次邀请大姐归队无效。于是他飞到广州，好礼好言恳请，大姐仍是不从。突然，张君当场下跪，痛哭流涕表示悔改并哀求大姐务必返回，否则长跪不起。大姐为他真情感动，返回山东。不料三个月后，张君公告开除大姐，旁人不解问何故？张君不动声色道："宁可我负天下人，不可天下人负我。"

后张君生意越做越大，3年赚了5000多万。但因平日剥削甚狠，遂被亲信举报，因偷税漏税等罪名被拘，只能倾尽家财摆平。

如果曹孟德先生九泉有知，不知是否会觉得后继有人呢？假设曹先生做事比照张君的风格，恐怕猛将千员谋臣百名，没一个可以网罗到麾下了。

不健康的黄色，他们单纯追求赢的感觉，却丝毫没有觉察到自己的攻击性，而粉饰自己只不过是直接了当而已。

缺乏耐心　脾气暴躁

本人没有坐牢的耐心，宁愿死刑

若论速度之快，少有人能出黄色左右。黄色直接了当的旺盛精力，是理想的军人人选。但黄色对于复杂的文件及反复的协商谈判很没有耐心，他们认为那样效率太低。他们直接、开放和强悍，他们更欣赏"买就掏钱，不买就滚，少废话！"的语言。如果你喜欢单刀直入而不是曲线救国，那黄色是非常合适的人选，但是你必须注意他们是很没有耐心的群体。这是源于黄色对于少花时间多办事的强烈愿望，正如此，黄色对于"别人浪费他时间"的行为不能接受，从而感到愤怒。

我和老公说好上街，约好在车站等。到了约定时间，没等到他，我马

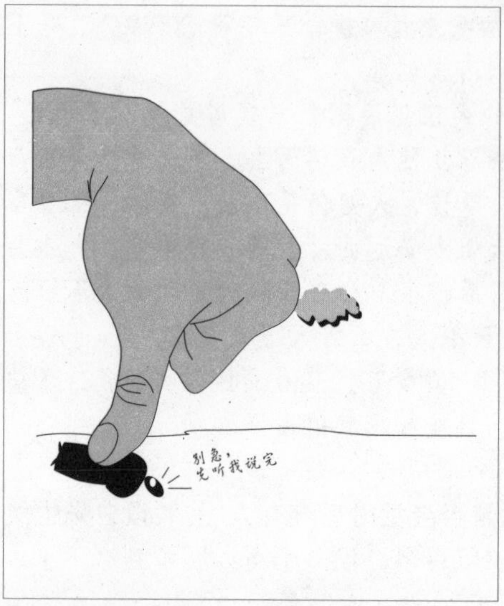

上打电话给他，他说是在另外一个车站等我，我当时就怒火中烧，在电话中臭骂他，明明和你说过，还是搞不清楚地方，你要是不知道就先问问我……在骂了一通挂断后，我还是气愤难平，他电话再过来就继续掐断，几次以后索性把电话关了，之后就扔下他，一个人去逛街了。

如果上面类似这个学员的情形，你无数次地在生活中遭遇，那就是典型的黄色。如果你的生命当中有个黄色的人，那注定了不会是平静而轻松的关系。如果你企图赶上黄色的步伐，你会累得虚脱。更重要的是，黄色，可能根本就没有注意到你的努力，而只会报以"你好了没有？"或者"你怎么花了这么长时间，你就不能快一点吗？""有完没完，和你说过几遍了，这个事不需要这么复杂的。"之类的评语。不要试图去追赶，这是基于首先你可能永远赶不上，而这只会引起他们的不耐烦，他们的心里可能会想"就你这小样，还想来追我？"第二，如果你真赶上了，也不见得他们有多喜悦，他们可不希望有什么人强压过他们，这样他们就丢失了带领你的那种强者的尊严和成就感。

为了获得最大的成功，黄色重视效率，缺乏耐心，他们非常厌恶工作能力差、多思而不实干的人。他们讨厌慢慢吞吞的部下，希望部下是能促使自己走向成功有用的工具。

我所听说的最为经典的没耐心的段子源于《非常道》中的陈壁君，这让我对黄色"无耐心"的认识上升到了新的高度。至少她创造了一段新的价值观："生命诚可贵，爱情价更高；若为效率故，两者皆可抛。"

陈璧君被捕后，从不服罪。1946年4月16日江苏高等法院开庭审讯陈壁君，陈壁君在法庭上说："日寇侵略，国土沦丧，人民遭殃，这是蒋介石的责任，还是汪先生的责任？说汪先生卖国？重庆统治下的地区，由不得汪先生去卖。南京统治下的地区，是日本人的占领区，并无寸土是汪先生断送的，相反只有从敌人手中夺回权利，还有什么国可卖？"法庭最后判处陈壁君无期徒刑，陈壁君接到判决书时却说："本人有受死的勇气，而无坐牢的耐心，所以希望法庭改判死刑。"

混蛋，我就是"中华民国"！

如果单是对自己没耐心，做事儿猴急，屁股坐不住，这当中红色还为数不少。但举凡对他人没耐心者必暴躁无疑，这却几乎是真理。

我刚到上海滩闯世界的时候，有次与同事一起在外面吃完晚饭后准备去唱歌。拦了辆出租车，我们四人坐上去后，其中一位黄色的兄弟就随手点了根烟，刚点上，司机就说车上不许抽烟，被交警看到会罚款的。这位就说："没事，晚上没警察，开车！"结果，司机也是黄色："不行，要不你们就下车。"我们这位兄弟火了："他妈的，你这破车老子还不想坐呢！"司机立马停车，当下扭头，要不是我们几个拉着，两个人肯定干上了。

如果我们不把他们拉开，这又是一场"两黄相斗，两败俱伤"的戏剧重演。因为黄色宁愿相信"无理也要声高"，所以河东狮吼的风格对他们而言，更有助于快速解决问题。

20世纪60年代末，《纽约时报》有报道说，宋美龄是蒋介石的第三任夫人，而非元配。宋当时正好在纽约，看后怒不可遏，马上命令驻美大使周书楷前去交涉，要求该报更正、道歉。周以为此事难办，且报道属实，拖延久之。因此惹恼了宋美龄，将周叫到寓所，宋斜躺在床上问周何以不照令办事，周说这是在美国，让人家更正道歉很难。宋不依不饶，争执之下，周耐不住性子，说："我是中华民国的大使，不是你的仆人！"宋美龄听后马上从床上跳起，打了周一耳光，尖声吼道："我就是中华民国！"

黄色似乎总是在寻求发怒的对象，只要一发火，就不会怀疑自己懦弱，或不会被所信赖的人背叛，他们的恐惧就会立即消失，一瞬间变得强大无比。黄色最大的特征是不加掩饰地表达愤怒，为自己直言不讳的态度而自豪。但是，如果因发怒而失去朋友，又会陷入自我厌恶。他们认为，自己的坚强理应受到尊敬，如果适得其反，他们会十分惊慌。

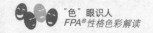

棍棒之下果真出孝子吗？

黄色对于"以暴制暴"似乎情有独钟，他们自以为深得"棍棒之下出孝子"的精髓。一个黄色的母亲在聚会上分享她从前是如何对待儿子的。

我对孩子要求他每次考试必须名列前茅。要是回家看到他垂头丧气，就板着脸对他说："你今天肯定考得很差，我跟你说过多少遍，让你不要看电视，不要玩电脑，你就是不听，从明天开始，你不许再看电视，不许再碰电脑。"面对我这样劈头盖脸的一顿训斥，孩子怨恨地说："我一次没有考好你就马上骂我，我考得好的时候，你怎么不表扬我呢？你怎么不会像其他妈妈那样有耐心地帮助呢，你不配做妈妈！"孩子的话却给我带来很大的震撼，使我不得不静下来深深思考自身的缺陷。

我们每个人是否都有资格宣称自己已是合格的父母呢?回答可能是让人难堪的。由于黄色望子成龙之心过于急迫，又没有耐心引导，于是采取种种不合理甚至暴力手段强制子女就范的事件屡见不鲜。

黄色的批判性在四种性格中算得上是大哥大的人物。如果说蓝色在刻薄上更胜一筹，那黄色则胜于得理不饶人和置人于死地而后快。如果说蓝色是浸了冰块的酸醋，劲头上不仅酸得够呛，还兼有一阵阴风袭来的感觉；那黄色就是芥末，他的话带给你的是鼻腔所感受到的那种"冲"，而这还不是你自个儿要吃的，是有人硬给你鼻子里塞进去的。

黄色对于他人的弱点极度不耐烦，有时，为了显示他们的权威和犯错者的渺小愚蠢，黄色不惜当众羞辱，借以让被骂者茁壮成长。且美其名曰："不经历风雨怎么见彩虹"，为自己的暴政倾向涂脂抹粉。

强硬严厉　喜欢批判

老海象的昨天就是老板的明天

阿建工作15年以后，自己跳出来创业，一直以来，他认为自己已足够高明，结果一封下属的Email让他内心酸痛，发现自己武功尽废。

我同学要我做份领导力的测试，因为没时间，就交给我最信任的一个非常理解我的下属。后来我同学将她的答卷转发给我，在这份答案中，她评价了她的领导——“我”，除了敬畏之外，她对我的不满让我真正受到心灵的震颤。第一，我不容许别人犯错误。每一次严厉的批评，被她认为是一种羞辱，很没面子和很伤自尊，但我自己一直认为是在苦口婆心地开导以及培训她。第二，我自认为和她无所不谈，她有什么烦恼定会告诉我，我也真把她当作徒弟和小妹，但是她竟然说不敢和我说出任何她的想法。

当时这些文字对我的打击极大，因为我一直认为，我对她如此信任，居然她会对我有这样的评价，实在太让人匪夷所思！在这个事情以后，才使我清醒认识到我性格中黄色的很多问题。

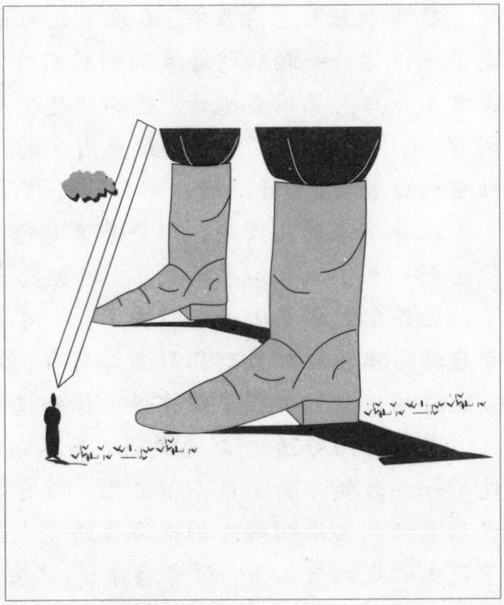

因为黄色的批判性和过度严厉，通常会让周围有“伴君如伴虎”的感觉。胆子大点的黄色，像魏征那样摊上个明主李世民的毕竟是少数，大多数就犹如韩信的结局一样，最后弄个以下犯上，诛灭九族；耿直一点好比司马迁的蓝色，结果宫刑示众“杀一儆百”；而红色发现蓝色和黄色都没有什么好下场，结果就像刚才那个女孩一样，敢怒不敢言，只能背后发发牢骚；只剩下绿色，发现旁边的人都岌岌可危，本来就不愿发生冲突的绿色，除了点

头称是低头作揖，"大人言之有理"以外，更吓得自己不敢多说什么。

为什么对于黄色，大多数人会有畏惧的感觉?这种感觉尤其出现在黄色处于高位的领导状态。从下面的故事中，你可找到答案。

"下面的情形如何？"老海象端坐在海边的一块巨岩上，大声发问，期待着听到好消息。岩石下的一群小海象嘀咕了一会儿，事情一点都不妙，但没有哪只海象愿意告诉这位老祖宗真相。

"我们该告诉他些什么呢？"小海象们的带队人巴齐尔悄悄地想。他记得上次没有完成捕获鲱鱼定额时，老海象大声咆哮的情景。他不想再经历一回那样的噩梦。可是，附近海湾水位不断下降，要想捉到更多鱼，就必须离开现在的地方。这种情形应该让老海象知道。可是谁来告诉他呢？又用什么办法告诉呢？

巴齐尔最后一咬牙说："一切都很正常，头儿。"不断退后的海水让他心情很沉重，但他还是继续说："依我们看，海滩好像在扩大。"老海象满意地说："好，好，这会给我们带来更大的生存空间。"他闭上眼，继续悠闲地晒太阳。

第二天，情况变得更加不妙。一个新的海象群正向这块海滨进发，由于鲱鱼短缺，他们的入侵显得格外具有威胁性。没人敢把这一险情通报给老海象，虽说只有他才能采取必要的措施迎击挑战。

巴齐尔来到老海象前，奉承了几句话之后，小心翼翼地说："噢，头儿，忘了告诉你，一群新的海象闯到我们这儿来了。"老海象突然把眼睛睁开，深吸了一口气正准备咆哮。巴齐尔赶忙又说："当然，我们不认为这有什么问题。他们看上去不像是以鲱鱼为食的，而是贪吃那些小鱼。"老海象徐徐吐出一口长气。"好，好，那么，我们没有什么可担心的，对吗？"

在接下来的几周内，形势越来越糟。一天，从岩石上望下去，老海象注意到一些小海象似乎消失了。他把巴齐尔叫来，怒气冲冲地问："怎么回事，巴齐尔？那些小子们哪去了？"可怜的巴齐尔没有勇气告诉它，许多年轻的海象已经加盟到那群新海象中。他清了清嗓子，对老海象说："头儿，是这样的，我们加强了纪律性。你知道，我们的队伍必须保持纯洁。"

老海象咕哝道："我总是说，玉不琢，不成器。如果一切正常就好。"又过了一些时候，除了巴齐尔自己，所有的部下都投奔到新的海象群中。巴齐尔意识到必须明确告诉老海象所发生的一切了。尽管十分害怕，他还是下定决心走到岩石上，对老海象说："头儿，我要告诉你一个坏消息，所有的海象都离开你了。”老海象惊呆了，甚至都忘记了大发雷霆。“离开了我？所有的海象？为什么？这一切究竟是怎么发生的？”巴齐尔还是不敢说出所有的事实，所以他只是耸了耸肩。

“我不明白，”老海象喃喃地说，“原来一切不是都很正常的吗？”

现在你可以看到，黄色老板和黄色老海象的异曲同工之妙！多么神奇的巧合，在人间已经上演的一幕，在动物世界也在上演。畏惧，直接导致的问题就是隐瞒真相以避免责骂和批判，如果典型的黄色对自己的问题没有深刻的认识，那么也许有朝一日，老海象的昨天就是他们的明天。

被活活吓出来的神经衰弱

十年前有人和我说，她爹很强硬，在家里只要父亲不在，家里就会非常轻松，全家大喜。那时我未钻研性格之道，听到这个故事时，觉得是那样不可思议！怎么可能居然对自己的爹会有这样的感觉？在接触了越来越多的典型黄色和超级黄色以后，才发现所有的一切只是一个又一个不同的翻版而已。过度严厉和专横而形成巨大的压迫感，是黄色自己没有意识到的，这也算是对典型黄色的控诉吧。

许多黄色的人非常气愤，因为黄色的思维始终认为“我骂得总归是有理的，没理的东西我怎会说出？”换句话说了，“就算我骂得没理，你认为不对你也可以说啊，为什么你不说？”你不说那就是你的问题了。黄色从来没有想过，他们骂人常秉持“声高占理”和“势猛赢人”这两大基本原则，辅以面红筋跳，暴躁如雷之状，有灌夫骂座，泼妇骂街之勇，其他性格一见这般气势，连话尚未听清，便先晕过去。

有个妈妈告诉我她对黄色的痛恨。原因是她的女儿大学毕业，在一个黄色老板手下打工，结果不到三个月，绿＋蓝的女儿半夜会突然从床上醒来抱着被子暗自落泣，被活活吓成了神经衰弱。原来这位黄色老板如果发现某人报告做得不妥，看上两眼，就把报告“刷”地直线甩到门外，“就这你也敢拿来？重做！“

乖乖，难道这黄色的老板，比牛头马面还要凶狠不成？

原来，如果蓝色主骂，对于蓝色而言，问罪是分析的过程。即使要骂人，那也要一二三四，有理有节有章有法，批判得你心服口服，对于那些本来反应速度就不快的性格来讲，他们总可以听得懂。而如果黄色主骂，他们只关注结果，上来就直踢命门，一记撩阴腿下去，轻则阴阳不调，重则断子绝孙，一顿劈头盖脸且毫无解释余地；更有甚者，当众辱骂，丝毫不留情面。"你怎么这么笨啊？我讲了几遍了？你说说看，我问你呢？你说啊，我说了几遍了，还听不懂？你这脑子怎么长的？啊？问你话呢！说话啊！不说，是吧？……你给我滚！滚得远远的！从此以后我不想见到你！"

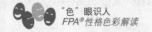

黄色喜爱自命为判官，总会发现别人的许多言辞行径不顺眼的地方；黄色经常高声表达他们的不满，让周围的人们退避三舍，这也会妨碍一种亲密关系的发展。

一意孤行　刚愎自用

你懂你懂你天下最懂！

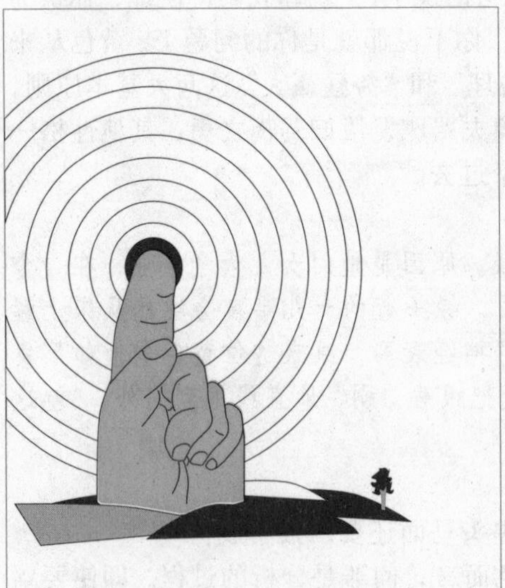

某集团信息中心新上任一位黄色领导，为尽快做出成绩，要求把一个重要的软件开发周期从原定的九个月缩短到三个月。为此，总工程师多次力陈巨大风险，非但见效不大，反被认为是搪塞和没有能力的显现。于是领导将该项目外包并转交他人负责，而原来的总工不再参与。

如总工所料，半年后，发现投入测试的软件，功能和要求相差太远。如改进则需要增加预算，而此时集团已付出巨额的开发费用，这时软件公司已亏损无法再继续提供支持。最终该项目1年后寿终正寝，这位领导也一起结束了任期。

在以下对话中，各位可以了解到整个事件推进的全过程。你可感受这位黄色领导在“人有多大胆，地有多大产”熏陶下的武断，是如何让他一步步走向深渊的。

第一天

黄色：“软件开发现在进行如何？”

总工：“目前正在调查阶段，已有同事在分公司进行了将近一个月的需求调查，我要求他在每个岗位上都进行交流，相关的业务流程图已经画好了一部分，等需求调查完后，会把所有的业务流程画出来，并邀请分公司的业务部门人员和相关人员一起评审，并最后签字确认，之后会进行代码编写。”

黄色：“什么时候可以完成？”

总工：“9个月。3个月开发，3个月完善，3个月部署，基本上是这个思路。”

黄色：“太慢了，3个月要完成这个项目。”

总工：“这个有点困难，这个软件并不是一个小的系统，而且还需要通过需求的评审，代码开发的人员还没有定下来，使用什么样的技术进行开发也没最终确定，想要在3个月完成基本上不可行，您看是不是再考虑一下？”

老板将目光转向屏幕，几声键盘敲击声过后，有人敲门进来，原来是这位老总一起带过来的吴一。

黄色：“吴一，销售软件的开发你知道这件事吗？”

吴一：“知道一点。”

黄色：“公司非常看中这个软件，我也向公司领导做了保证，在三个月内完成，如果你来负责有没有问题？”

吴一：“没有。”

黄色：“好，这个项目现在由吴一接管，你安排一下将需求调研资料全部转给吴一。”

第二天

总工：“老总，软件开发的事情我想跟您再谈谈。我想我们应该做些风险控制，现在需求还并不是非常清楚，如果急于进行代码编写，风险太高，而且这个软件难度也很大，3个月内是无论如何都做不完的。我不了解昨天吴一为何会答应下来，您看是否考虑把时间加长一些。”

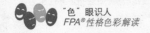

黄色：“做什么东西都有风险，关键是看你是否努力去做，只要努力，什么都可以做得到，既然吴一认为他自己能做得到，就让他去做吧，如果有什么风险，他也会告诉我的，你不用再管了。”

第三天

总工：“老总，我还是认为这个软件的开发风险太高了，1.技术太新，没人精通；2.需求不清；3.时间太短，没有足够的时间进行测试。您看是否跟吴一和大家开个会讨论一下风险的问题？”

黄色：“吴一昨天跟我汇报了，他认为这个项目没什么问题，三个月内可以拿出一个试用版出来，我想风险他会控制的，有什么问题他也会直接向我汇报，你不用再参与了。”

在黄色看来，这个世界上没有不可能完成的任务，所有不可能完成的都只会是借口，一定可以想出方法来解决所有的问题。在这样坚信“方法总比问题多和人定胜天”的信念下，他们很难听进他人的意见和观点。

> **劝告黄色的人是困难的，因为他总能证明为何他是对的。由于他认为自己是英明的，所以如果是错的事情，他不会去做。**

点评惠普卡莉之“死”

从前，只在武侠小说里听说，有高手为练葵花宝典而“挥刀自宫”，对于男人来讲，付出这样的代价得到这样的身手，我的内心极为崇拜。因为知道即使机会来到面前，自己也是断然没有勇气尝试的。多年后，得知东方不败有了“女粉丝”而且身体力行，更重要的是，这位步后尘者又是商界炙手可热的人物，这不得不让人好奇。据媒体披露，惠普公司前CEO卡莉·费奥瑞纳曾为了工作以便减少麻烦，让自己的子宫“咔嚓”从身体中永远消失。因为此事，我开始了从卡莉的结局回溯黄色毁灭之旅，让我们从《财经文摘》的描述中读出一些性格的信息。

当卡莉还在中学时，“当大家往一个方向走时，她一定会采取相反方向的观点。起码可以证明她比大家更理性。”作者评论道：这种对从众思维的厌恶，后来也是她职业生涯中一个重要特征。在惠普的头三年，她接连两次去测验被她所从事的行业广泛承认的一个常识：“高科技企业的合并行不通。”不管是夭折了的，在2000年以180亿美元的价格收购普华永道咨询业务的企图，还是惠普跟康柏的合并交易，都公然不顾过去几十年中无数高科技合并中途夭折的历史经验以及惠普公司本身在合并方面惨痛的教训。(“不唯上，不唯书，只唯实”在这里过分被体现，可惜黄色的卡莉误解了陈云同志这句话的本意。相反，为了验证她的个人英雄主义，最后沦落进“人有多大胆，地有多大产”的泥潭。)

卡莉终结与前夫托德婚姻的方式也引来了争议。卡莉越来越变得对商业着迷——那种智力上的挑战性，成功之后的颤栗感，以及巨大的金钱回报。他说“她把全部身心都投入到了工作中，她变成了一个枯燥乏味的单向度的人。任何对她的商业生涯没有用的东西，她都不感兴趣。”这对夫妇分手前，卡莉这样对托德说：“我受过的管理训练让我得出一个结论——生活中还有一些东西我没得到，我必须下定决心，采取我相信是正确的行动。我就得这么去做，这就是我的理由。”(黄色的专注精神，让他们能够在单一时间、单一目标，不受任何外界影响而达到成功。遗憾的是，以整个生命的角度俯瞰，他们显得是单薄而欠缺生命的宽度。他们虽然是最有经济实力问鼎国家歌剧院的天价演出门票的VIP；然而我有足够的理由怀疑：对于他们来讲，观摩昂贵的演出只不过是一种实力的炫耀，“坐在那里欣赏”本身比“欣赏到什么”要重要得多。)

自卡莉上任以来，她明星般的外表，名师设计的发型和服装，空中飞人般全球穿梭演讲，一直是聚光灯的焦点以及众多企业家的典范。然而卡莉对惠普的管理“予智自雄”，自视甚高而不肯虚心听从他人意见，对元老重臣提出的忠告不屑一顾。公司大计只和身边的少数人士商量就悍然推行，让惠普员工怨声四起，也令她招致“刚愎自用”的批评。(黄色直言不讳和绝不妥协的管理风格损害了她与员工的关系。卡莉性格刚毅，管理很严，有时让人感觉独断专行，部分员工对她敬而远之。而对于黄色来讲，让人们畏惧他们，远比觉得他们可亲可近要重要得多。这是马基雅维里早在他的《君主论》中无数次强调过的理论，刚好与黄色是那样匹配，怪不得我所认识的大多黄色老板的口头禅就是：我不需要人们喜欢我，我只想让他们尊重我。）

然而她的改革既未取得相关共事者的支持，全凭一己权力推行，手段又纯粹是中国法家式的——下属达不到要求目标就"提头来见"。不但在员工内部累积不少反弹声浪怨声载道，公司绩效也不进反退。2000年秋天，惠普获利比预期目标还短少25%。来年，惠普的员工有86%共同艰难地签署了减薪同意书，但即使如此，公司在随后不久又宣布再裁员6000人，是惠普史上最大规模的裁员行动。许多惠普的员工都认为公司背叛了他们。（卡莉在1999年跃为惠普首席执行官，以为得到董事会支持就可放手一搏，却无视和她朝夕相处员工的感受。不纳人谏而招致人怨，庞大的反对势力最后终于逼她下台。）

一千年前立志革新宋朝的王安石，与一千年后誓言让惠普文化焕然一新的卡莉，虽然古今中外不同，给人的教训却如出一辙。今天，我们要将"千年后的王安石"这一荣誉归于卡莉，感谢她的出现为我们树立了一个黄色自我毁灭的绝佳典范！

> **黄色容易成为独行大侠，他们最有能力来完成一些壮举。但是可悲之处在于，过度暴政和严苛让黄色不得人心。典型的黄色不加控制，他们容易欺人太甚，他们认为所有的人都应该赶上自己的步伐，他们不够心平气和，因此无法赢得下属的支持。等到他们退下历史舞台，等待的就是白眼和鄙视。**

耻于休息　漠视平衡

那群黄色家伙的登山宝训

多年前，六人结伴探游大明山，那时大明山游客寥寥，鲜有人知。爬

山一半，一对黄色小夫妻健步如飞，不一会儿消失于林海之中。另外四人缓步而行，因大明山风景近乎黄山，人在空谷，聆听鸟鸣风啼花语草香；目睹紫蝴蝶与红蜻蜓停落肉眼可及的岩石上，人生快意尽在当下。

半个时辰后，四人起身准备拾级而上，一对黄色已经返回。发现这群人才刚刚走到半中央，一边埋怨尔等为何如此蜗牛，一边力劝众人打道回府，号称山上毫无风景。原来在那四人尽享天地灵气之时，那一对黄色夫妻早已爬到山顶。黄色的登山宝训为："爬，快爬，到了？那就再找更高的山爬！没了？快回。"

回忆我自己从前的那个黄色老板，似乎没见他有过除了工作外的任何人生乐趣。因为黄色内心的粗糙，他们容易忽略掉生命中的诸多风景。即使要出去做员工活动，黄色老板也总是提出搞个什么竞赛之类的玩玩。对于黄色而言，生活中除了"竞赛"之外，似乎什么都没有了；对于黄色而言，他们对于目标和结果的狂热追求，让他们心无旁骛地可以最快达成终点，然而沿途中所有美丽的风景都与他们无关。

Grace对她的黄色老公感到非常无奈，在两人欧洲旅游了一次以后，下定决心不再一起出去。按照Grace的说法，老公到了一个地方行李一扔，直奔当地的旅游纪念品商店，买上一堆诸如埃菲尔铁塔或者荷兰风车的模型；然后按照出游前的准备（在有限的时间内尽量覆盖最多的空间点），陀螺般地卡着秒表飞奔一个又一个的景点。景点到了，象征性地转上一圈后，马上在门口摆上POSE，心里高念"我王老五到此一游"，不将胶卷拍尽绝不善罢甘休。至于大英博物馆的收藏、普罗旺斯的空气、爱尔兰的街头风笛、多瑙河的波浪、西班牙糕饼店的糖油条、桑塔露琪亚的散步道，在老公眼里全部都是没有价值的。

这时我突然明白，节日归来众人分享旅游见闻时，你想让黄色分享更多的感受和历程，那是一件无比枯燥乏味的事情。但是黄色是那样充满自豪地对你说，今年我去过哪里哪里，报出一溜儿你没有听说过的地方，这对于他们是一件快乐无比的事情。因为这样，足以证明我去过的地方比你要多，所以潜台词就是"我比你见多识广！我比你厉害！！"在不少黄色眼中，旅途的风景和感受根本不重要。

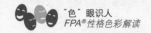

对于黄色来讲，工作带来的成就快感更超过旅游快感。倒是旅游赋予的间接意义——"这个人去过这个地方，他很厉害"，从侧面能够验证黄色的成就。故此，一般的黄色享受旅游的结果而并不是过程，不健康的黄色认为旅游本身只是一种变相的能力证明；只有经历了健康的黄色才懂得，人生除了工作还有更大的生活的意义。

黄色经常在到达人生终点的时候，只带着极少数真正能令他们醉心的回忆，而最醒目的就是挂满整个墙壁的奖杯和奖状。

谁杀死了黄色？

举凡"金钟罩铁布衫"练成者皆有自己的"命门"所在。每个人都有自己的"软肋"，到底什么是黄色的"命门"？对于强大的黄色来讲，到底什么是他最弱的点？假若说蓝色会被唾沫星子淹死，黄色是断然不会被流言蜚语击倒的。那么，到底是谁，杀死了黄色？

老鬼一夜暴富后，据他本人说赚了几千万，买了加长版的奔驰和金桥别墅，开心了一阵。有一天与发迹前的朋友聚会，谈吐中仍透露自己的苦恼。于是旧友疑问，你现在金屋藏娇，香车随行，与当初那副穷酸样相比还有何不满？老鬼说最少再赚十亿才能满足，否则无法开心。原来一套紫园别墅要1.5亿，老鬼认为自己赚的连一套房子也买不起，失望之情溢于言表，所以每天寻找项目，必赚到十亿而后快。

各位仁兄敬请放心，这位老鬼先生，你以为到了十亿会收手吗？笑话！这只是芸芸众生中很小的一个黄色的缩影，我们不敢用"人心不足蛇吞象"来形容黄色，毕竟人家志存高远，是社会进步的推动者。但麻烦就麻烦黄色不懂得控制自己的欲望，他们一味地认为人定胜天，而且坚信以自己的能力理应得到更多，怎么可以就此止步呢？他们永远欲壑难平，他们不明白“得饶人处且饶人，该收手时就收手”的人生哲理。可惜他们对于成功的渴望，让他们失去了生命的平衡，而这正所谓“成也萧何败也萧何”。

自陈逸飞死后，“过劳死”给人们敲了警钟，遗憾的是，黄色总觉得这些事儿离他们很遥远。我的一位学员与王均瑶同为长江商学院的EMBA同学，据他的说法，王均瑶的最后一刻，仍在均瑶广场正在装修的会所里视察，而无视医生保持呼吸空气洁净的建议。不少企业家在均瑶走后，当场狠拍大腿痛下誓言，定要学会生活工作两平衡，引以为鉴。说归说，一进入到工作状态，黄色无止境的欲望便革了他自己的命。

黄色对于成功的无限迫切，对周围的人产生了可怕的压力，人们意识到如果他们不分秒必争，他们将会沦落到三等公民。避免成为工作狂是黄色一生需要修炼的，因为只有那样别人才愿意和黄色在一起，而不是因为过度紧张而逃避。

自饮其血的北极熊

北极熊在北极圈内毫无天敌，而爱斯基摩人却可不费吹灰之力取之性命，爱斯基摩人是如何办到的呢？

他们先干掉一只海豹，把海豹血放进一个桶里，用一把两刃匕首插在血液中央，因为气温太低，血立即凝固，匕首就结在血中间，像一个超大型的棒冰，之后把棒冰倒出来，丢在雪地上就可以了。

北极熊嗜血如命，这就足以害死它自己。熊的鼻子在几公里之外可嗅到血腥味，于是迅速赶来觅食，见到美味便开始吮吸血棒，逐渐地舌头开始麻痹，但它还是不愿放弃这样的美食。它越舔越起劲，当它舔到棒冰的中央，匕首划破了舌头，血涌出来，但是它的舌头早已麻木，所以没有感觉。但是鼻子很敏感，感觉到血的味道新鲜温热，开始变得更诱人——可惜那是它自己的血，北极熊于是快马加鞭加紧舔食，结果，流了更多血，所有的血液通通吞进自己的喉咙里。最后北极熊失血过多，两眼翻白，爱斯基摩人走过去轻松捕获。

在我们追求幸福的过程里，黄色就是一只北极熊。我强烈建议你看看影片《战争之王》，这位富可敌国的商人最后因为无法控制的赚钱欲望，导致妻离子散的结局就是最好的写照。

人生只有一次，过去了就不再回来，亲爱的黄色，请不要当北极熊，以生命为代价的事业，很可能最后是赚得全世界，却失去了最宝贵的生命。2005年东方卫视举办了"莱卡我型我秀"大赛，其中一个小伙子少与他人交流，总是一个人闷头练舞，主持人问："其他选手一起吃饭可以融洽感情，为什么你不去呢？"答："来这就是参加比赛的，比赛结果最重要。我觉得吃饭也只是为了维持自己的生命，无聊和浪费时间的事我不想做。"小小年纪如此，人生悲凉啊！

黄色为了工作，不但牺牲个人生活，还要求周围的人也同样如此。他们希望能按照自己所想的那样发挥高效率。要让黄色认识到工作只是人生的一部分是非常困难的。

自我中心　忽略他人

卡拉OK中的"麦霸"

"麦霸"一词不知是何方高人发明，似我等只知"波霸"的下里巴人初次听到极为迷茫，待明白"极好K歌，抢着麦克风不撒手，歌唱不好却霸气十足者"的定义，抚掌称快！

"麦霸"者到底是何性格？

凡"麦霸"者与绿色无关，想那绿色大多坐陪K房，每每将麦拱手相让，以欣赏他人高亢为乐事，你大可不必怀疑他的真诚，他斜坐沙发一角的悠哉和旁观也许正是他的享受。

凡"麦霸"者与蓝色无关。蓝人鄙视"麦霸"的原因如下：

- 蓝色惟恐自己唱得不好被众人耻笑，或者即便是赞扬，也让他觉得是那样的虚伪，哪怕自己的声音是优美的，也要找出几条干涩的理由来假谦虚一番。

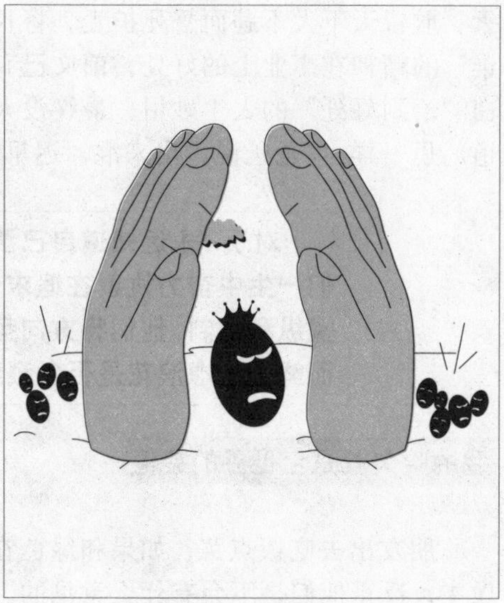

- 蓝色本不愿成为众人瞩目的焦点，略施身手适可而止。也有不少蓝色会一个人独坐K房唱到黎明，不需他人陪伴。
- 蓝色不喜欢他人评论自己，倒是心里对他人评论得勤，甭说恶俗的“麦霸”，就是遇见天籁之声的“麦霸”也是气不打一处来。原来蓝色最讲究公平公正，大家齐来欢娱，为何变得像你自家的独唱音乐会，犯得着我来陪衬吗！

故此凡“麦霸”者，必与红黄两色相关。奥妙在于红黄两色均有自我为中心之迹象，然而区别何在？

红之自我为中心，乃期待得到众人的关注和喜爱，因为红色实在喜欢炫耀和表现的感觉；黄之自我为中心，乃期待天下万物唯我独尊，我就是世界，世界就是我。

大多红色“麦霸”，上手颇快，到点歌机前，一气输入数首早已练就的成名杰作，恭候诸君到来。假设曲毕掌声雷动，红人定以为众人今夜特为他而来，越发地卖力尖叫，声音嘹亮而扭曲；反之，如若廖若晨星的回应，两首下来，红人索然无味，也没得兴致继续下去。红色毕竟还是在乎别人的评价，确切地说，他们是那么地渴求群体的赞美和认可，一旦他人不开心，红色发现自己的作用无法显现，自己也就逃之夭夭了。

黄色“麦霸”如若上场，尤其是男性“麦霸”唱到得意之时，歌声嘹亮，叫喊是一种从肛门、大肠、小肠，直通胸腔，喷出嗓子的发音。这种声音你一旦听过，之后随便何时都能想起。即使自己肝肠寸断，他人头晕目眩，着实让人纳闷的是，黄色仍旧举着“麦霸有理，K歌有道”的大旗横冲直撞。黄色“麦霸”常被他人鄙视，却仍“黄”性不改，继续我行我素，敢冒天下大不韪而誓死护麦，将K歌进行到底。这种“我是流氓我怕谁”的精神在事业上的好处，前文已有专门阐述；只可惜过犹不及，不明白“恰到好处”的人生妙用，最终没人下回再敢和他出来玩。就和《无间道》里一样：“爸爸说，出来混，迟早都要还的。”

对于“永远知道自己要什么”的黄色来说，他们一生中奋力执着在追求自己的目标。他们善于操纵和控制，他们将方向盘打向自己要去的地方，而鲜少考虑浪花是否会溅到他人身上。

我的哈欠就是全世界的疲倦

朋友出去吃饭点菜，如果和绿色在一起，因为他们永远随便，你大可做主，反正他们是不会有什么意见的。可你要是遇见一个要命的黄色，那可就别指望有“点菜权”了。不但如此，另有三大特点：贵就是好，吃饭不重要谈事很重要，我想吃的就是你想吃的。

六年前，刘生请我吃饭，两人坐下还没等我反应过来，他已飞速点好了四个菜，片刻，谈侃间尽数消灭。酒兴正酣，继续唤来服务员加菜，我刚想发表些意见，只见刘生对着服务员说了一声：“就刚才那几个菜，一模一样，再来一遍。”

我对这厮从不询问他人意见，对于同样食物的反复咀嚼毫无倦意，无比钦佩。相比之下，那些全部已经点菜完毕再惺惺来问“你觉得这些菜可以吗?”的黄色；那些表面上说“今天吃饭到哪你来决定”，却以“那个地方我去过，不是很好，再说一个吧”等假民主真专权的手法，把你全盘否定的黄色；和刘生“直接下手，问也不问”的手法相比，实在是小巫见大巫。

既然“我想吃的就是你想吃的”，所以“我要去的地方就应该是你要去的地方”，你怎么会想去的和我不是一个地方呢?既然你和我不一样，你照我的去做去想就可以了。依此类推，我累了，你怎么可能不累呢?所以我打哈欠了，全世界都应该开始疲倦了。如果我打哈欠，你不疲倦；或者我提要求，你不满足我，那就肯定是你的问题了。

要让黄色学会为他人考虑，那真是件奇迹。他们似乎天生就觉得这个世界是应该围绕他们转的。从这个意义上来讲，黄色的“理所当然”心态，将成为他们人生成长中一个最为麻烦的桎梏和障碍。

什么时候你才可以明白“人是需要情感的”

Shirley和老公刚移民加拿大第二年就离婚了，据她的说法是因为无法忍受老公的冷酷无情。她在图书馆打工的某个无人的傍晚。两个以抢银行造型出现的歹徒以刀威逼，将她洗劫一空后跑掉。红色的Shirley蜷缩在墙角，在全身颤抖中给老公拨通了电话，老公在确认她没有受伤后，只回答了句“好的，现在没事了就行，我下班来接你”。更让Shirley掉入冰窟的是，回家后简单聊了聊，最后说：“既然没事，那你就早点休息吧。”然后就返身去客厅看报纸了。

这位可怜的红色女主人公在遭遇沉重打击时，最需要的是拥抱和抚慰，可惜对于黄色来讲，这些都是没有实际价值的。首先看人有没有受伤，有伤现在去治，没伤下次小心；其次抓住罪犯找回损失。对于黄色来讲，解决问题最重要，而他们却并不知道其他性格在此刻需要的并不是解决问题，而只是一句温暖的良言，一个柔情的眼神和一记有力的拥抱。黄色，只会把下面的话作为自己的挡箭牌和借口，“这些事我做不来，你也别指望我做，我是很爱你，但如果我将来不发达的话，你可以跟别人……”听了，心寒啊！

黄色内心有强烈以为金钱可以买到一切的心态和认识，黄色倾向于用最直接的方式给予最赤裸裸的爱。比如你生日的时候，宁可直接给你现金一万，然后以大佬的口气告诉你“我很忙，就不给你买东西了，这点钱拿去，你想要什么就自己去买”。这种以物化的形式来代替所有的情感，而不顾一切地忽略他人感受的行径，生活最终将给予最为强劲有力的还击，等到那一天来临，一切已经晚了！

某国有银行高级管理人员常驻其纽约分行工作多年，因夫妻两地分居，孩子无人照顾，故宁愿放弃高薪也希望领导开恩将其调回国内工作。遗憾的是该行行长黄色甚重，拒绝其回国要求，但承诺给其加薪升级，继续要求其在纽约工作。结果当事人因实在无法忍受这种重用方式，没过多久便离职投奔到了国内竞争对手的门下。

对于黄色来讲，因为内心对于目标的追求，当他们去选择人生道路时，黄色比其他性格更容易抛弃掉情感的负累，而在自己事业的平衡码上多加一注。更多的薪水和更高的职位，这在一定意义上代表了黄色生命的全部。在这样的思维下，黄色想当然地认为，其他人的需求和自己的需求应该一样。黄色的思维逻辑是：因为我对你表示重视，所以对你升官晋爵。然而却不知，人家其实需要的只是"老婆孩子热炕头"，这已经足够感到幸福了。不同的人性格不同，需求完全不同！

黄色经常表现出自信、野心勃勃、行动敏捷。他们卖力工作来追求目标，但可能在不自觉的情况下，专注于自己的目标而把别人踩在脚下。他们的生命，包括休闲时间，似乎是由一系列有待完成的工作或目标所组成，因为得到实质的成就对他们而言很重要。他们是那样关注事实的本身，而对于他人情感的需要和考虑一概忽略！

这里的核心原因正是：黄色的"实用主义"和直线思维。比如黄色认为"谈感受"是没有任何意义的，不能当饭吃，也不能解决什么问题。他听人家"谈感受"，就像一个"有急事要打电话"的人，听公用电话亭里那个不停地说"你猜我是谁"的女孩的谈话一样心烦。黄色的问题在于，他们以"最狭义的实用观点"来评判"谈感受"。如果他有机会旁听五六岁小孩子的"谈天"，我相信他会更心烦。

如果以"黄色的实用观点"来看文学，那么，所有的文学作品都应该被列入"最没价值的语言"。在黄色"实用主义"的思维下，会认为把《琵琶行》缩减成"白居易听个小姐弹琵琶"，或者把《长恨歌》精简为"皇帝老儿跟杨玉环不错"，这并没有什么损失。那些"大珠小珠落玉盘""在天愿作比翼鸟，在地愿为连理枝"，都是废话，因为它远离事实，未切要害，浪费时间。

> 黄色往往会因为他们的孤傲和过度理性，把自己孤立在一个神奇的感性世界之外。他们经常错失真正的友谊，因为他们无法与比他们好的或比他们差的人建立亲密关系。相对于隐藏的黄色内心来说，骄傲或故意高傲，是一种浅薄的防卫，除非他们能让自己去体验亲密和脆弱，否则他们可能一生成为自己给自己戴上枷锁的罪犯。

黄色的本性局限

作为个体

- 自己永远是对的，死不认错。
- 趾高气扬，霸道。
- 只关注自己的感受，不体贴别人的心情和想法。
- 以自我为中心，自私倾向。
- 脾气暴躁，容易发怒。
- 缺少同情心。
- 傲慢自大，目中无人。
- 经常紧绷自己的情绪。
- 在情绪不佳或有压力时，经常会不可理喻与独断专行。
- 不喜欢受群体规范约束,打破既定规则且自己不遵守规则。

沟通特点

- 喜欢争辩和冲突。
- 铁石心肠，对情绪表现冷淡。
- 粗线条，简单粗暴。
- 毫无敏感，无力洞察他人内心和理解他人所想。
- 抗拒批评，严酷且自以为是的审判者。
- 缺乏亲密分享的能力。

- 缺乏耐心，是非常糟糕的倾听者。
- 态度尖锐严厉，批判性强。
- 容易让他人的工作或生活步调紧张。
- 不习惯赞美别人。
- 说话有时咄咄逼人。
- 控制欲强。
- 不太能体谅他人，对行事模式不同的人缺少包容度。

作为朋友

- 大多时候仅保持理性的友谊。
- 讨厌与犹豫不决、能力弱的人互动。
- 试图控制和影响大家的活动，希望他人服从自己而非配合别人。
- 除了工作内容，很少交谈其他话题。
- 情感上习惯与人保持一定的距离。
- 很少对人流露出直接诚挚的关怀。
- 需要你的时候才找你。
- 为别人做主。

对待工作和事业

- 生活在无尽的工作当中而不是人群中。
- 数量远比质量重要。
- 目标没有完成时，容易发怒且迁怒于人。
- 寻求更多的权力，有极强的控制欲。
- 拒绝为自己和他人放松。
- 完成工作第一，人的事情第二。
- 为了自己的面子，不妥协且毫不认错。
- 对于竞争结果过分关注而忽略过程中的乐趣。
- 武断，刚愎自用且一意孤行。
- 很难慢下来，缺少生命乐趣的工作狂。
- 未明察就急于改变，急于求成。

第十章　绿色过当

懦弱无刚　胆小怕事

黄色男性娶绿色女性做老婆的原因

为数不少的黄男找绿女做老婆，大抵也就是下面几个原因：

其一，依人。让再瘦小的男人也体会到自己有了宽阔的肩膀，充分体验到保护妇女的强壮感觉。

其二，平稳。从此家庭内部有了安定团结的局面，不会给自己添乱，也不用担心红杏出墙。

其三，简单。对自己在外面的花天酒地，绿色老婆会采取不闻、不问、不管的三不政策。

其四，宽容。就算自己下三路的功夫不行，绿色也不会冲你说“怎么这么快又完了”之类的抱怨。

这四点是让世间大多数男人内心荡漾的，另一个重要的规律是，当一个不健康的黄色面对软弱的绿色时，通常黄色会变本加厉，而绿色的不反抗更加刺激了黄色的进攻倾向。

我姐姐小时候只要我一哭，她永远都会把自己的那份零食给我吃；长大后她嫁了个超黄老公，姐姐那么老实，他还老担心别的男人招惹她，说他一个人能养家，让老婆辞了工作，呆在家里照顾老公和孩子。这也就罢了，他居然不把生活费交给姐，说姐姐想买什么他来买，他也的确会帮我姐买东西，可是并不问她喜不喜欢，只要他觉得好就行。我真为姐感到窝囊，她的一生都没有自我，谨小慎微，行动迟缓，满脸都是茫然和无助。

妹妹对于她懦弱的姐姐被蹂躏得已经没有尊严和人格，却仍旧犹如行尸走肉般的生活痛心疾首。除了“哀其不幸，怒其不争”外，只能苦笑。女性这样，社会最多赋予“软弱良家”的称号，若是男人如此，诸如“窝囊”这样带有严重鄙视的文字大帽就盖下来了。

黄色女性找绿色男性做老公的理由

再来看看，黄女嫁绿男做老公的理由，也逃脱不了以下的套路：

其一，听话。什么事都依着自己，一个喜欢施虐一个喜欢受虐。须知，野蛮女友大行其道风靡一时，是要靠本质驯良的车太贤来全力配合的。

其二，平稳。对于想法比较多的人来讲，找到绿色老公，相当于买了份终身保险和饭票，当然吃的是鲍鱼熊掌还是白菜豆腐，取决于赚钱能力而非性格。

其三，简单。没什么想法，相处容易，不用每天揣测他心里在想什么，也没什么要求，只要吃饱穿暖就可以了。

其四，宽容。不会指责自己，如果自己做过火了，也会充分理解。比方说：打着事业和学习的招牌，连续一年每个双休都在外出差，不照顾孩子，绿色老公就可以同时扮演起爹妈的双重角色。

与黄男配绿女的四点原因相比，后面三点全部相同，唯一不同的是男人如果“依人”，有娘娘腔之嫌。因此，女性就用了“听话”的代名词来呐喊自己对绿色男人的最爱，她们享受在绿色男性面前肆意扮演野蛮女友的感觉。她们可以声色俱厉地开导绿色男人：“天为什么蓝？是我要它蓝；火为什么烫？是我要它烫；一年为什么分四季？是我要它分四季；你为什么出生？是我要你出生。”她们可以采用各种让你先穿上高跟鞋然后打耳光等SM的手法来摧残绿色。有受虐倾向本身没有问题，多少英雄好汉为了追求到自己神往的女子，也会高唱“在那遥远的地方，有位好姑娘……我愿变做一只小羊，永远跟随在她的身边，让她手上的皮鞭轻轻打在我的身上。”看来喜欢被女人皮鞭抽的并不在少数，问题在于，如果绿色过分软弱，他们从一开始就注定了“从奴隶到奴隶”的人生道路，那才是真正的可悲。

杨伟，比觉新还觉新的一个绿色男生，学习委员；同学小莉，比凤姐还凤姐的一个黄色女生，成绩一般。杨伟对小莉的崇拜和喜欢，绝不能简单地用“有如滔滔江水”来描述，虽然小莉在校外有固定男友，在校内又有若干流动的绯闻男友。即使如此，杨伟从开始的第一天，就似乎已经决定，要以比孟姜女还孟姜女的精神日复一日地为小莉做一切事情，期望终有一天能够融化小莉的铁石心肠。做一天好事当然不难，可是毛主席说过，难的是做一辈子的好事。这种愿意为小莉去死的心态，被精明的黄色女孩早已尽收眼底。从此以后，杨伟就永远成为了这位小莉招之即来、挥之即去的工具。

杨伟从来不敢提出任何关于他们两人关系的问题，更不敢触碰到小莉周围那些男人的问题。而最让外人看不下去的是，小莉可以与其他男伴的约会让杨伟去安排，而杨伟却依旧是那样兢兢业业。每当小丽出现临时的男伴，他就伤心得自动消失；而等到临时的走了，他又复活了。事实上，他非常想知道"小莉，你究竟有几个好哥哥？"那其实永远也只不过是想想而已。

所谓"马善被人骑，人善被人欺"，而窝囊的绿色连自救都不知，落此下场也怨不得旁人。《渔夫和金鱼》故事中渔夫的结局是对此最好的脚注。当一个懦弱的绿色男人和一个强悍的黄色女子结合后，往往女人是统治者。接着，我们看到，这种搭配造成的直接结果是，面对外部世界，男人是懦弱的、不敢索取的，女人常常成为向外界索取的推动者。

压抑的绿色是所有人当中活得最累的，因为心里是怎么样的想法，永远不表达出来，而面对人前却总展现最美好的一面。无论自己有多痛苦，表面永远平静谦和，只要看到别人快乐，就算受点委屈也没有关系。有时我会用"虚伪"两字来批判绿色，倒并非他们不真诚，只是实在与那大块吃肉、大碗喝酒的性情中人无缘，他们为了制造一个所谓的"理想国"而甘愿委屈自己，有时付出的代价就太大了。

如果说蓝色的累是把事情复杂化和较真思考的累，那么绿色的累绝对是为了迎合他人的人际关系上受累。

不敢与天斗，不敢与地斗，更不敢与人斗

胆小怕事者必害怕冲突。不敢与天斗是"恐惧"——恐惧陌生环境；不敢与地斗是"担心"——担心被骂；不敢与人斗是"害怕"——害怕冲突。

恐惧陌生环境

"恐惧陌生环境"，这是胆小者首先面对的问题。一个学员对他夫人的评价正是如此：

也许她最理想的生活状态是每天完全一成不变。她原来的工作需隔段时间换一个岗位，要不停地接触新的环境与人员，这个工作让她极度痛苦。现在换了一个环境很稳定的工作，心情就好了起来。某次单位要求她到家附近1公里的一个学校参加会议，因为这个学校她从没去过，竟然不敢，非要我陪她一起去，在被坚决拒绝后，最后她自己去了，一点问题都没有嘛。

你若让绿色单独去个陌生环境，经常会遇到如下反应：绿色女性大抵是"我也不知道为什么，我就是一个人不想去，我要你陪我去"。若是男性则是"啊，要去吗?算了吧，太麻烦了，我这里还有一堆事呢，能不能不去啊"。其实，绿色所谓的"一堆事"，无非就是睡睡觉和看电视，但这的确已经构成了绿色心目中的大事。何不敢去参加?原来绿色有极强的依赖心理。他们面对熟悉状态时才会松弛随意，对陌生的空间却有本能的恐惧。

绿色是四种性格中最需要稳定的人群，他们天性惰于变化，在频繁变化的状态下，需要打破已经适应的环境和人际关系，这让绿色感到安全感的缺失。

担心被骂

胆小的第二种反应是对责骂的担心。

因为前面一天老婆刚对他河东狮吼过，绿色老公为了讨好就提早下班回家，把妻子衣橱里的衣服都拿出来洗，结果没想到深浅衣服全混在一起，弄得一塌糊涂，这下可闯了大祸！吓得绿色老公只想把衣服熨得好点来弥补，可突然妻子提前回来（当时还没有看见衣服被染），顿时感到内心一阵紧张。按照墨菲定律“凡事只要有可能出错，那就一定会出错”，结果真还把衣服烫穿了个洞，这下彻底完了！黄色的妻子看见，把他劈头盖脸臭骂了一通。

黄色妻子不能理解绿色老公为何帮他做事，东西可以再买，可是受伤的感情却买不回来。绿色那时除了含着泪，什么也没有说，一切也任由黄色的蹂躏和批判。在这里我描述的重点并不是黄色的问题，而是要着重在绿色本身。绿色男人，因为他的这种行为，我把他誉为——一个惧内的无恃有恐的男子。

绿色经常会产生不必要的莫名恐惧，那种对于怕被责骂的本能的紧张和恐惧，只会滋生病态的妥协，而无法促使他们采取负责任的解决态度。

害怕冲突

如果说“恐惧环境”和“担心被骂”还是被动地避免矛盾，那么“害怕冲突”就是主观的自欺欺人。其基本逻辑就是，如果我提出要求就会冲突，索性自己吃点亏就算了。好比火车上，旁边睡觉打超级呼噜，只好用被子蒙头整夜，仍然无法入睡，直至天明两眼斗大，却是哈欠连天。他们打着“吃亏就是占便宜”的招牌麻痹自己，从而在某种意义上纵容别人来欺压自己。

大学新生报到，有的同学先到，占满了所有的柜子。一个绿色的山东大汉后到，则将自己的行李堆在自己床上等待，而不会提出别人让个位置给他。直到其他的同学实在看不下去了，让那个霸占地盘的人让位，那个人才不情愿地让出。

别以为山东大汉必是彪悍勇猛之士，血性方刚，个个如狼似虎——性格这玩意儿与身高体形并无关系。懦弱的绿色大汉如果遭遇凶狠的黄色小个儿，也是照样被黄色跳起来往死里揍。

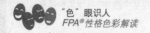

近年来被广泛报道的校园暴力事件，居然几个女生联手摧花，下手之辣犹胜斧头帮。若教育工作者想断绝此类现象，本人建议不妨先从欺人者和被欺者的性格分析入手，若无判断不当，大多此类团伙骨干头脑（排除掉本人成长缺失关爱，心理不健康的原因），以性格为论，操盘者多黄色当道；而那软弱被欺者若一直期待逃避冲突，绿色无疑。殊不知这个世界上你越想逃，有的事越逃不掉！

公司就某一项目决定投票，7人投票，以多数投票通过，结果3对3，此时需1个绿人决定投票。绿人说：他其实无所谓，如何决定都行，并迟迟不下决定，导致决定迟迟无法做出，陷入僵局中。

绿色被动等待问题的解决是因为：如果明确表示意见，就担心受到别人的批判引起冲突，因此不表示意见，那是最安全的做法。遇到两难选择的时候，对双方都表示理解，更加无法决定立场，心想不管自己怎么说，双方都听不进去，于是尽量不做声。

纵容放任　姑息养奸

我总是心太软，心太软

如果海选金庸小说中“最妇人之仁”的江南女子，包惜弱自是当仁不让。作为绿色的典型代表人物。单凭名字的含义“只要是弱者，都在怜惜之内”，都与《农夫与蛇》中农夫救蛇反被咬死的命运完全地如出一辙，而相比《飘》中的斯佳丽在同等情境下的反应更值得尊重。一个北方逃兵逃到庄园，这个逃兵虽然不一定会立即动手杀害庄园的人们，但庄园本来就为数不多的食物必会被他全部取走，黄色的斯小姐当时先下手为强，果断地开枪崩了他。

农夫和东郭先生，正是因为所谓的不分对象的仁慈，落得自己最后悲惨的下场，历史总是在惊人地重复。我的一位咨询客户，在上市公司中谋有一职，带领37个人的销售队伍。

“我这个人心软，业绩不好或触犯了什么规章制度，又不忍心骂或处罚他们，总想给他们多一个机会。但他们总是让我失望，有一个仗着业绩还可以，也不听话，我行我素，更是不得了！”他实在很难想象为什么自己的仁慈居然在下属的眼中，会变成好欺负。半年后，阿建再次与我相见时诉说，他现在的上司是一个比他更加绿色的超绿，和他合作自己很着急。他是这样描述的：“我不管和他提什么建议，他总是说‘知道了，知道了’，却从没有任何行动，我很郁闷，感觉跟着他没希望。这也让我看到了一面镜子，完全体会到了当初不理解的种种感受。”

的确，“以铜为镜，可正衣冠；以史为鉴，可知兴衰”。当初他自己做老板时，没法体会做绿色下属的感觉，现在轮到他了，很快就理解到那种原来自以为温柔、人性、仁政、宽容背后的弊端。Alex，销售高手，原来倍受黄色老板暴政折磨，现在老板换成绿色的，一个月后见他，毫无解放翻身的感觉。他非常沮丧地说：“我不知道新上司会把我们带到哪儿去！虽然上个老板的暴政的确恐怖，但至少黄色老板的严格要求和强力推动，让我们成长很快；现在完全没有了方向感，而且现在公司里我们部门的地位也远不如其他部门，不像原来很有威风的感觉。”

该出手时不出手

小文从小生活在黄色父母的家庭中，非常乖顺地沿着父母早已设计好的道路成长，时间长了，原本绿色的依赖和缺乏主见的特点就更加强烈。大学毕业后，凭借母亲的独到眼光，为她选择了一份非常不错的工作。工作不久又遇到了黄色的追求者，任何事情小文都可以从他身上找到满意的答案，充满依赖性的姑娘深感这位黄色是最能依靠的，没多久结婚了。

黄色老公是一家建筑公司的项目经理，非常繁忙。在她怀孕时去外地工作，久而久之有了外遇。知道外遇事件后，因为小文已经对老公充满了依赖，害怕看见，也不知道看见后会怎样去面对，更不敢与老公发生正面冲突。小文选择了眼不见为净的逃避政策。小文的举动非但没有让自己脱离阴影，反而使老公更加变本加厉。终于有一天，那女人找上门来要求小文与她丈夫离婚。

绿色一味的宽容最终纵容了她丈夫在外的为所欲为，酿成了自己的人生苦果。绿色对骑在头上的红杏出墙，若是视而不见，那恐怕就要被对联伺候了：上联"只要日子过得去"，下联"哪怕头上有点绿"。横批："忍者神龟"。这就像被太监强奸，反抗是痛苦；不反抗还是痛苦。

绿色宁可在长痛中苟活，也不肯在短痛中奋起。绿色也许在付出沉重的代价后，才能学会不要太在意别人反应，学会敢于表达自己的立场和原则。

不思进取　拒绝改变

不会哭的孩子没奶吃

500强内的一外企，有两个非常出色的经理。绿色的陈先生是个技术经理，和同事平稳相处，技术能力非常出众，尊重上级，爱护下属，人缘极好，老板也非常赏识，在该公司尽忠八年。红+黄的游先生两年前来到公司，担任行政经理，公关说服能力一流。

某日总公司宣布，负责技术的副总裁JAMES 在三个月后调回总部，此前要物色一位接班人。根据资历和能力，陈先生最有希望，他自己和周围的同事也这样认为。陈先生就这样在十拿九稳中默默地等待；而另一位游先生，却频频在邮件当中以各种方式，向JAMES表达了对这个职位的强烈想法，并向JAMES展示他的计划。最后JAMES选择了游先生，而不是陈先生，公司上下一片哗然。

事后有人问JAMES为何当时选择游先生，他说游先生表达了对这个职位的浓厚兴趣，而他欣赏的陈先生没有一次表达他的想法。如果他对职位没有兴趣，那又如何有信心做好这个工作呢？

绿色的被动很容易导致他们在事业上的不作为。几年前，坊间流行《谁动了我的奶酪》，书中通过几个小老鼠影射了变革的重要性。当时传说公司把书发给你的同时，就是你准备离开公司之时。在“酒香也怕巷子深”的这年头，主动出击也不一定能够有温饱，哪还轮得上你“守株待兔”的边啊。

“会哭的孩子有奶吃”，而绿色则是最不会哭的孩子。他们总是期待天上会掉下馅饼，如果你问他，如果天上的馅饼假使掉不下来你怎么办？他会很真诚地说：“没有就没有呗，也不是什么大不了的事。”的确，绿色的心态好到反正可有可无，不必这么在意的，可惜对于其他性格来讲，那种心中的气真得是要抓狂了。尤其对于黄色来讲，直接了当地表达自己的观点天经地义，你不去争，在这个世界上就会被弱肉强食，由此可知，黄色对于绿色的不进取，有多么失望。

绿色似乎已经习惯于事情会自动解决，这种守株待兔的心态让他们成为四种性格中最为被动的人。

我爱，可我真的不敢上

以进攻的积极主动而言，红色和黄色两种外向性格，一向来势凶猛。有句歌词说“爱在心头口难开”，情感方面，蓝色和绿色都倾向于被动守望，而绿色尤甚。与绿色恋爱往往犹如在期待中徘徊的独角戏，一直是让人有点窒息的平静。当你悲伤时，他很忧心和无助，但却无法主动做些什么；当你欣喜若狂时，他也只有适度而温和的欢喜。

当绿色不很肯定对方的感受时，会觉得要花太多的心思和精力太麻烦，也怕表白以后对方不接受，更不喜欢那种被拒绝的碰撞和难受。对于此，绿色的女人比绿色的男人更难出口表白，《笑傲江湖》中的仪琳小师妹就是典型的代表人物。动画片《七个小矮人与白雪公主》与《灰姑娘》的主人公诚然都是绿色，最终得到了相当的幸福，可毕竟生活不是动画片，有喜就有悲。绿色的悲剧在于：当他们得不到他们想要的东西时，因为天性中的逆来顺受和认命的丫环心态，让大多绿色连争取都不愿争取。

绿色男性在恋爱中所呈现出来的，从以下一位绿色男人与他一直暗恋的红颜知已的聊天记录中，你就可以感受到。

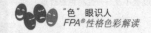

绿色：　我们分开了。
好友：　恭喜，可以重新开始。
绿色：　谢谢，我怎么很平静，没有什么太多的感觉。
好友：　因为其实是好事，而且说明你已经不爱她了。终点又回到起点，有合适的马上介绍给你，你现在喜欢什么类型的？
绿色：　脾气和你一样的，长相看得舒服就可以了，不要太厉害的，有没有呀？
好友：　要想想，是不是后悔当初没追我呀？
绿色：　哈哈，一切都过去了，我真的就特别喜欢你的为人，我做老公会有很多缺点，你也许要后悔死的。
好友：　这样好，我们一直都可以做很好的朋友。
绿色：　那你也没有暗示要我追你呀？
好友：　我没暗示任何人要追我啊，没暗示都已经忙不过来了。
绿色：　所以你帮我找个老婆,大方点,那我们以后还可以经常一起玩。
好友：　有数了，一定尽心。

这位绿色兄弟在婚姻四年后终于离了，从他的口气中，你可以感受到无限的解脱和轻松。搞笑的是，其实他有离婚的念头由来已久，可从来都没有行动，这次是他老婆主动提出，他不但不难过而且慌忙答应，终于可以省掉让他主动提出这样头大的事。我们对于绿色能够一直忍受他不幸福的婚姻且若无其事，表示由衷地叹服。

绿色一生中得到太多自己无意追求的东西，
而真正想要的却是越来越远。

做120个月的和尚撞120个月的钟

绿色对于外界变化的置若罔闻，最终将让他们尝到无法适应的苦头。绿色把今天该做的事情拖到明天，一拖再拖，他们姑息自己的懒洋洋作风，原谅自己的不思进取，一旦患上了精神麻痹症，将沦为自己生命的牺牲品。

1969年出生的小刘，大学毕业后分配到了超级国企，当时非常让人羡慕。工作三年后，外企纷纷进驻中国，其他同学都去外企拿起了美金工资，小刘不为所动，虽然国企工资不如外企，但铁饭碗没什么不好。

又过了三年，公司几次改革升迁机会都没轮上她。就因为小刘不喜欢折腾，没有一点往上走的劲头，平时所有精力基本都放在逛街、泡吧。这6年里她由总部被调到下属分部，和她一起进来的中专生做了她的领导。当她想愤然离职时，被家里人和小姐妹游说：要慎重考虑，而且你们单位每年都有分房名额，你一走全都要放弃，外企风险很大，说炒你立即就走人。想想也对，老公工作也动荡，先稳住算了，等福利分房拿到再说。

再过了两年，部门新员工都有的出国机会她却没轮上。人事经理说："你是老员工，总会有机会的。"而她自己也想了想，安慰自己既然要计划生孩子，现在离开不是时候，再忍吧，产后再走。不料，小刘渴望的日子没有等到，却等到了对她来说难忘的厄运。在工作10年后，公司被一家跨国企业收购，她被末位淘汰，给了一笔遣散费，一切都没了！

国有企业混了十年，无法适应紧张的工作节奏。想当年书读得最好，年年拿奖学金，不料由于她的"安分守己"，这把年纪还被发配回家。我把她称为"做120个月的和尚撞120个月的钟"。

在所有性格中，绿色在"最不具备改变环境能力的人"评选当中荣膺榜首（绿、红、蓝、黄）。排行榜中，黄色因为他们的野心和行动力成为最善于改造环境的人；蓝色魄力上自然不如黄色那样大刀阔斧，但因为乌龟赛跑的坚韧精神仍可位居亚军；红色的幻想症和他们只逐快乐不堪受苦的特点让他们又逊一筹；惟独绿色，要野心没野心，要坚持也难坚持，躺着安逸的舒适椅里，就算动也不愿意动。

自信匮乏　没有主见

我总是觉得我不行

先前，蓝色在行动中表现的那种患得患失，前怕狼后怕虎的心理，让人心里堵得慌；等到绿色出现，发现他们的那种缺乏自信，更比蓝色让人抓狂。多年前于奥美培训时，沈博先生分享了一个超绿色同事翻来覆去的故事。

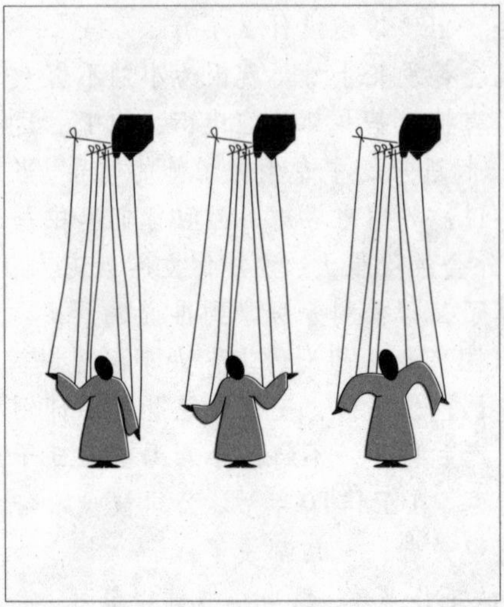

有一年国庆，公司马来西亚旅游，我的那位绿色老兄，临行前一个月就开始和我唠叨他10月3日是否过生日的问题，我立即建议他在海外过。他犹豫地问我有没有必要弄那么复杂，而且大家都在海外，也不方便，再有就是……我一听就火大：“大家高兴，一起热闹，胡思乱想什么？！”这老兄于是支吾半天，回复说再考虑考虑。

到了马来西亚，10月1号，老兄深夜12点约我聊聊，结果在闲扯到快2点时，忽然再次问我是否需要过生日。他找出一堆需要的理由：要感谢其他的同事啦，很多同事都知道他生日不办不合适啦；但同时又找出一堆不办的理由：大家会不会认为他多事啊，要耽误大家当天安排会遭骂呀，还要花很多钱啦，大家英文不好咋办啊？

我极为愤怒，在一通大骂之后，给他做出大办的决定。我是如此解释的：大家英文都一般，因此晚上不大可能乱走，因此在酒吧娱乐节目，也挑起气氛；自助旅游本来没什么团队意识，但如此召集在一起，自然也可以显示我们的团队概念；领导在如此气氛的感召下，自然也会对我们表示出好感，如此也拉近了“干群”关系。在我一再鼓吹下，这小子终于同意，我们还共同认可他需要在聚会上发表慷慨的激励演讲。第二天下午，这个老兄居然还在问我：“大家都会来吗？虽然我们是好心，但大家会理解吗？”这回的痛骂自然更是毫不留情。

好不容易到了当晚，这个家伙首先不去酒吧看包桌的情况，而是跑到我的屋来问我是不是该走了。在路上我还不断给他打气，同时也大致跟他说了如何演讲。他在哼叽半天之后又问我：“讲不好怎么办？要不就别说了。”气得我半天没理他。

到了酒吧，公司的同事大多已在，这个老兄笑呵呵地看了半天，说：“我请大家喝第一轮饮料。”然后就招呼酒保去了。最终还是我们老板让他说说为何请客，这家伙讪笑着说：“那个，嗯，大家都挺累的，我正好也过生日，就请大家喝酒。”我实在看不下去了，在同事们一阵起哄之后，我开始让他讲两句。这位老兄看了我半天，终于站起来说："我觉得，这样挺好的，大家在一起都很高兴，感谢大家来给我过生日。"然后居然又坐下了。

在回去的路上，我对他彻底失望。这老兄终于说出了他的顾虑："这个，别人会不会说我做作啊？这个，我看好多人也不太在意我讲什么，那个我也确实不知道怎么讲。嗯，有人听么？"在我再次对他说明我们动机的纯正后，这位老兄还是那么一副德行："噢，是啊，对，我就是没你想得那么好，也没你那么好的口才，没错没错，我有点胆小了，呵呵，是呀，应该这么做，是是，我们的确是真心的……"

在整个事件中，这个绿色"既想做贞节，不想立牌坊"，怕被人骂成傻瓜；"既想立牌坊，不想做贞节"担心给人说成是做梦；"既不想做贞节，也不想立牌坊"别人会不会以为自己抠门；"既想做贞节，又想立牌坊"那万一说我故意炫耀怎么办？所以，在内心虚弱下，他们也希望能够找到自己的主心骨，随时给予自己更多一些信心。

"还可以"主义与"无所谓"精神

你是否发现绿色有三大口头禅？那就是"随便""还可以"与"无所谓"。

"随便"是告诉你：我不决定，你决定好了。
"还可以"是暗示：我不想直接否决让你下不了台，你不用问我的。
"无所谓"是表明：只要你高兴，我快不快乐，死活都一样。

"跟屁虫"的绰号大多是用在这样绿色的身上。你决定好了以后，他跟在身后就行了。如果你去征询他的意见，他除了鼓励你"自己的路自己走"以外，你也甭指望能从他那儿得到什么实质性的建议。不要说想你的事了，连想自己的事，他自己的脑子也不愿去想，为何？懒！为何懒？因为现在的一切就很好，根本没有必要去变化，改变是件非常辛苦和麻烦的事情。看看绿色身旁的人是如何评价绿色这个特点的。

晚上在饭店碰上绿色好友，我们已经吃得差不多了，她和朋友却刚进来。这家店是我和她平时中午常去的一家，最近两个月就去过不少于五次。两人就坐在我们旁边，她朋友让她推荐，她在那里犹豫了半天，支支吾吾没方向，然后不停地朝我的桌子张望。我马上识趣地把我们吃的都说了一遍，顺便告诉她哪个比较好，她听得眉开眼笑，想也没想地照抄了一桌。

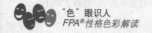

的确如此，我回想起弟弟买房时，起初一个绿色的中介带着他看了十几套的房子，可每次都要是兴冲冲地出门，却神色黯然地归来。因为那个中介始终没明确地推荐一套给我弟弟，总是说"这个不错啊……那套也很好啊……"而我那绿色的弟弟也是不知道怎么决定的人。

我一直鼓吹我一个朋友跳槽，他每次都说，"嗯，知道了"，其他也没什么进一步表示，最后和我说，"算了，要去的话，你帮我写应聘信吧，我也不知道去哪，你觉得呢？你比较了解我，你决定好了。""去哪，是你自己的事啊！""无所谓，你决定也一样。"

以上几位绿色一直摆出的姿态似乎是："我对自己是不在乎的，你不用考虑我，我的存在就是为了你，只要你满意了，我也就满意了，你怎么说我就怎么做。"当人们习惯于绿色将自己的生命权交给他们以后，人们也不会去征询绿色的任何意见。显而易见，一个自己的事情都拿不定主意的人，我们怎么还能指望他为别人提供什么意见呢？同样绿色凭什么期待得到别人的尊重呢？在一般人看来，只有两条等式：不动脑子＝不为自己的生命负责；没有主见＝等待别人来审判自己的命运。

绿色一直觉得自己没有主见，就算伤害，也是伤害自己，谈不上伤害他人——我要伤害自己是我自己的事情，又不牵涉到你们，为何对我横加指责，犯得着吗？有趣的是，他们总是低估了自己身上的问题对他人也会伤害。事实上有的问题出现以后，是不会自行消失的。绿色没主见和无所谓的态度无形中把压力和负担通通转嫁到他人身上，间接给别人带来了很多的麻烦。

> **绿色，一生都没有明白一个道理，当他们每每举起"还可以"与"无所谓"的大旗来为自己保驾护航的时候，他们同时也将很多生命的机会同时抛弃。更要命的是，他们将很多人生选择的权利交给了他人支配。**

羞于拒绝　惹火烧身

不会说“不”的空姐

平时绿色总是高唱“无所谓”，但内心其实是郁闷的，完全是打落门牙往肚里咽。与其他性格的不同是，他们的门牙，大多数都由绿色自己打落的。奇怪吗？

东方航空公司的绿色空姐Ella告诉我一件自己的往事，令她现在终于从绿色沉睡中苏醒过来了。

有一晚九点半，和我关系比较好的一位同事打了电话给我。

同事：“嗨，你还没睡吧，能不能帮我一个忙，明天我有一个印度航班，我想请假，你能不能替我去飞掉？”其实我很不想去飞这个航班，因为明天正好开始周末双休，于是我开始婉言推脱。

我：“好啊，不过我们现在个人不能接航班，都要通过排班员。”

同事：“如果排班员同意了，你愿不愿意飞？”

我：“帮你飞是没有问题的，可是排班员这里比较难操作。”原想把这个难题推到排班员那里，让她知难而退，可没想到，过了10分钟左右，我的手机又响了。

同事：“我跟排班员说好了，这里一切都搞定了，明天印度班就交给你了。谢谢！”到此时，我心里郁闷得不得了，恨我自己的懦弱，恨我碍于情面不敢说出“不”，白白浪费了两天和家人在一起的机会。

Ella因为不好意思拒绝，本想把责任推给排班员，然后心中默念“菩萨显灵，菩萨显灵，快快说不，快快说不”，祈祷排班员唬下面孔，将对方喝退。没想到，对方拿了鸡毛当令箭，还真以为Ella是雷锋。后来Ella更没想到的是，这个航班在印度延误了11小时。没地方哭啊！只能打落门牙往肚里咽。

> **提出要求本身，是一件“可耻”的事情，一旦这样的世界观和想法形成，绿色开始“沦落”成了一个没有要求的人，活在了“别人遗忘他们，认为他们可有可无”，连他自己也认为“自己可有可无”的世界中。**

幸亏没有霸王硬上弓

30岁单身的小翠还未成婚，朋友纷纷为她张罗。热心人首推她老板，因为是老板平时不敢得罪，凡是他要求的小翠都有求必应，所以这次相亲安排也因老板的热情无法推托，只得赴约。"所幸有老板亲自作陪，可能老板介绍的小王会不错呢！"小翠这样安慰自己。到了饭局一看，坐着的三位看着都像小翠的大伯，正纳闷怎么小王还没到，没想到老板指着其中一位说："我给你介绍下，这就是小王，和你只差三岁，你们应该能比较有共同语言，大家一起聊聊……"小翠怎么看小王像老王，酒席中老王不时流露大款的声势，价值十万的诺基亚钻石手机一直发出声音，可暴发户历来是小翠所恐惧的，回家的路上小王热忱护驾，可小翠却度秒如年。

小翠经此一役，对自己未必不是件好事，至少，将来懂得了一定要学会拒绝。大胆设想，当日若小王在车上意欲不轨，而小翠碍于老板情面，尴尬反抗不力；小王借酒霸王硬上弓，痛苦之际，小翠碍于名誉不敢声张，两个月后才突然发现自己怀孕，那才真是让人心痛。当然这个故事没有那么凄惨，可这种事也不鲜见，在绿色性格身上发生太自然不过了。

绿色知道自己的问题，但是并没有勇气去改变和面对，这才是最大的麻烦。相反，绿色会不断麻痹自己，在自我宽慰中欺骗自己。

推销员的最爱

碰到一个绿色当家主妇，那是推销员的福气。只要有人向她推销，介绍产品，她一定会买，我舅妈家的5份保险，一箱子清洁剂都是这么来的。

这是否意味着其他性格面对上门推销者就会拒绝不买？以整体的比例而言，最不会购买的当属蓝色，盖因蓝色对于阶级敌人一贯的高度警惕使然。

红色和绿色，那都是送钱给推销员的主，差别在于：红色被人灌了几句迷魂汤，高帽一戴，然后对方神五神六地一吆喝，立即买下，然后还帮着小贩兜售一番，是属于被人贩子卖了还帮人数钱的主儿；而绿色多半是因为瞧见对方扮相，心生怜悯，在没有功劳也有苦劳，这东西就算没用也只当拜了回菩萨行善积德的心态下，吸纳进来，而买后大多自己藏进也懒得让其他人知道。

黄色，买不买？那不知道，要看当时推销员的功力和黄色的心情，但最有趣的是买后的反应，我用黄色老妈和绿色老妈作个对比，各位自己瞧瞧：

黄色母亲：在推销员的说辞下，老妈毅然决定购买，我和老爸都劝她不要买这种上门推销的产品，很有可能是没有质保的，但老妈仍旧照做。几个月后，报上登出该产品是三无的消息，老妈看到后，没有什么后悔的表情，还反过来指责我平时也总浪费钱买书，买回来也不看，比她买的更浪费钱。

绿色母亲：某天我打电话回家，我妈告诉我有人在帮家里擦油烟机，还向她推销药水。我千叮咛万嘱咐让她不要买，等我们回家一看，她还是买了。还说很合算，买一送一，我哭笑不得。后来她才又说，看那个人很可怜，所以才买的。

如此可知：黄色，错了也没错；绿色，错了就错了。

我没说过我答应你啊

绿色内心有时也痛恨自己的懦弱，绿色希望有个坚强的后盾给他们撑腰，以最大限度降低“不拒绝”给自己的危害。可惜，他们只知其一，不知其二。他们本以为这只会给我自己带来危害，但并不知道，他们的这种行为对他人，在某种程度上也会造成极大的困扰和痛苦！绿色可是做梦都没想到自己会给别人带来痛苦。绿色的“不拒绝”，起先还铺垫了两招预备式——“不回应”和“不反对”。

“不回应”的招数很简单——双唇紧闭，反正不管你说什么，绿色就是没反应，看你拿我怎么办？等到你实在受不了的时候，他拖着长腔以迷惑不解的神情看着你说：“啊，有这回事吗？”让你吐血。

有次朋友一起外出游玩，出发前，大家都很兴奋，一起讨论安排好所有的事项，其中有一位自始至终没发表过一点意见。到出发那天，左等右等也没来，打电话过去，他竟然说：“我没说过我也去啊？”

“不反对”的招数比“不回应”功力更深。除了双唇紧闭外，还时不时配合简单的几个象声字或词，比如说：“嗯”“喔”“是吗”“是这样啊”“知道了”。诸位可要千万小心，当绿色和你说“我知道了”的时候并不代表“我会去做”，如果你对于绿色的语言系统没有清楚地认知，那你就准备死得很难看吧。

某公负责筹备新年本部门的节目演出，找到一位绿色同事商议，并让他帮着想办法，某公说周五我们讨论，绿色并没反对，于是某公以为她同意，离去。周五再去找她，她面无表情，问她想到什么好点子了吗？她支支吾吾，最后说对这事根本没兴趣，还是让大家决定比较好。某公当场晕倒，因马上就要参加公司确定会议了，现在仍没有眉目，结果因准备不充分没通过，某公被老板狠K！

在此事当中，绿色如果没有兴趣可以早告诉当事人，这样可以事先安排找他人，也不至于惨败。当你让绿色的人去做一件事，有时绿色并不反对，却因为有执行的难度而没有去做，也不把困难告诉你，等到最后你才得知事情没有完成，结果双方都不开心。

最后进入到“不拒绝”的境界，我所遇见的最富有喜剧效果的当属老冯同志。

同事老冯脾气好，有吃饭都会喊着他。有一次众人想也该由他请一次客，于是在月末都很贫困时，怂恿他请客，他笑笑也没拒绝，只说口袋里钱不多。大家想他平常也没什么应酬，怎么会没钱，也没理会。直到快点菜的时候，他还在重复说钱不多。既然知道钱不多，点菜也没太离谱。买单时，他开始倒出实情，口袋里只有4块钱。原来他们家母老虎平常只让他口袋里装5块钱买早饭，今天早上没来得急买且错过了班车，那一块钱用来乘公交。此时大家都无语，郁闷无比，无奈口袋里都没钱，只好打电话让别的同事送来，大家实行AA制。

你能想象为何老冯只有四元钱，也不提出拒绝的原因吗?爱面子?不好意思?实在奇怪，他应该非常清楚最后将发生什么样的结局与后果，为何仍旧如此?百思不得其解之际，一个嫁了绿色老公的学员一语道破天机：因为他不知该如何表达，想说，又不敢说，一路挣扎，以至于到最后弄得大家都很尴尬。

> **绿色并不是真的完全超脱，绿色常会在“说”与“不说”之间非常挣扎，在挣扎中时间静静流逝，而后果依旧会爆发。**

逃避责任　能拖就拖

眼见轮胎已磨平，却还拒绝修复它

你有领教过绿色拖延的功夫吗?

绿色老公：一件要干洗的衣服，可以一拖半年都忘记去取，其实是懒得去拿，最好老婆帮他去拿。公司汇了笔兼职工资给他的账户，提醒几次让他查账，结果一拖又是两个月才去查，才发现财务因名字写错没汇到。事过境迁，又怕再去麻烦别人，说算了。

绿色友人：乃摄像发烧友，许多同事找他去帮朋友结婚摄像。这人脾气也好，有求必应，拍摄完答应刻好光碟送给朋友。可他事情太多，催他时朋友见他自责，也不好意思太急。结果最久的一个，结婚半年后还没看到自己婚礼的录像，真是郁闷啊!

绿色同事：很多账目懒得不能及时报销，曾一再提醒也收效不大。结果去年因工作关系离开公司，仍有1万多元账目对不上，导致不得不自己掏腰包。

绿色部属：部门中一个绿色业务员，当时正谈一个重要客户。会议上主管对他说：“谈业务要快，你开完会去给客户电话。”回答说：“明白。”十点钟问进展如何？回答说：“电话没通。”中午又问如何？回答说：“忘了。”十分钟后回答说：“下午来。”下班的时候问怎么样，回答说：“啊？没来。”“速去再打电话！”答:“客户手机关机。”

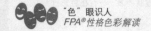

如果你曾经体验，你就明白为何人们会怒不可遏了。当然我们必须承认，绿色也不是完全任何事情都在最后，还是会有偶然的嘛。

比如说，通常情况下，新生事物出来第一个去尝鲜的，大多是红色打前炮，唯一让我看到绿色为开路先锋的，除了电动牙刷，也再没看到其他的事了。正常男性早上醒来首先想到的通常是怎么解决膀胱充盈擎天一柱的问题，一个绿色的小伙子有次却神秘地和我分享，他自己早上醒来，就总是想能不能不刷牙，刷牙是一件多麻烦的事儿啊。基于以上原因，电动牙刷上市的第一天便冲出抢购。现在我明白了，绿色虽然是那么地不积极，但是如果你能发明出来继续让他懒惰的方法，保准他是那个比兔子还蹿得快的人。

绿色总是追求可以活得更轻松，最简单的方法来完成事情，或者让事情自动发生，外面流行的《简单生活指南》这类书籍看起来就是在描述绿色的生活。

我绿色的弟弟家里，通常我是拒绝去的，原因是每次总是憋了一肚子气回来。三个月前饮水机出故障，家里无水可喝，当时叮嘱他要赶紧解决。三个月后再去他家，依旧如此，问为何迟迟不做，难道你自己在家不喝水吗？他振振有词看着我说：“我又不喜欢喝水，上班单位里已经喝得够多了。”

我反复强调“绿色也会用他们的方法伤害人”的观点，原因何在？的确，绿色是四种性格中最不容易伤害他人的人，他们的平和、温顺、回避冲突，都使他们不像红色那样张牙舞爪，蓝色那样阴森挑剔，黄色那样凶狠凌厉。然而绿色这种“眼见轮胎已磨平，却还拒绝修复它”的态度，实在是“得过且过”的最好脚注。我甚至想象，假设是绿色一个人生活，他甚至会容忍灯炮全部坏了的话，就用蜡烛来取光，渐渐地他会习惯没有电灯的日子。他们那种在艰难环境下“苟且偷生”的本领，是幸还是悲？你来做定论吧！

绿色看起来行动迟钝，磨磨蹭蹭、慢慢腾腾。事实上并不是真正的身体疲倦，而是心理上处于一种什么事也不想做的闲散状态。绿色除了工作和参加必要的社会活动外，很少有参加其它活动的愿望。

掩耳盗铃者必视而不见

绿色的“拖延”与蓝色因无法达致完美而“拖延”不同，其本质“醉翁之意不在酒”，是期待问题自动解决，以不变应万变，从而达到少花精力、不花精力而多办实事的功效。与“视而不见”有相同意义的是，他们都是被动地等待他人的询问，如果他人不问，那说明别人也忘了，那刚好这个事也不用做了，绿色总是这样天真地以为。在我看来，“掩耳盗铃”的贼当属绿色无疑，反正我看不见也听不见，人家大概也会没反应的，难道真的人家都会忘记吗？看看这个主管是怎么说的。

我将一份工作安排给一绿人，下班前需要一份报告，而报告原始资料在某人处。快下班前，我问他报告完成如何，他回答：“没完成，因为我没有找到提供原始资料的某某。”我一听，当即吐血。

绿色有时真的很可爱，他们会幻想“问题也许会自动消失的”，活在自欺欺人中。这种宁可忽视问题存在的行为，归根结底在他们的内心深处有两个想法：第一，问题本身也许并不严重；第二，自然会有人来解决的。他们期望平静的生活从此不会被打扰。而他们对问题的拒绝处理，并不会使问题消失不见。虽然他们对世界一片善意，但当他们顺势滑行，遇到不愿意处理的问题就闭上眼睛时，他们仍可能对他人造成相当的麻烦。

问题是难道他们没有想过，万一别人发现，来找他们的麻烦到时应该怎么应对吗?各位，这就是绿色性格的问题关键所在：如果说红色想到困难和麻烦，很快就停止思考，是因为红色本能地向往自由回避痛苦，红色的侥幸是“总有方法解决的”；而绿色是连想都不愿意想，因为绿色总是有种绿色特有的侥幸“总会有人来解决这个问题的”，他们更多地期待责任由他人来承担。

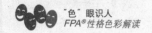

不主外，也不主内

“男主外，女主内”，如果这里的“男”是绿色时，就不要指望会成为一家之主了，通常他们也乐得把手中的大权交给另外一方，懒得自己做任何决定。可有时绿色那种对责任的漠视和忽略，让你必须拿个皮鞭抽动他们前进。一位黄色的家庭主妇这样描述了他那绿得冒油的老公。

黄色的我遇上他，算是碰到了“天敌”。从谈恋爱开始，他只会用一种方式来表示对我的爱，那就是“等”。婚前天天到我公司等，婚后天天在地铁站等；我出去3天会议，他就在家烧了一锅酱，天天煮面等我回来，“等”也成了我最烦他的一件事。

结婚是我逼他去的，他始终不敢开口和父母说，到登记前一天，才怯怯地向家里开口，因为不得不要户口簿。房子是我逼他买的，怀着身孕的我一定要他给我们母子俩一个安顿的窝。每到周末都是我打头阵，把区域里所有的房子看过一遍，挑出比较满意的他才出面审核（等他去找，不定现在我们还住在大街上呢）。大冬天连续一个多月在外面跑，一直到我得了重感冒整夜咳嗽，他才主动要求自己去看房子。我以为我和肚子里的宝宝终于有了依靠，晚上给他打电话，他说没有看到合适的，再三逼问下才实话告诉我，看了一套就溜回去睡觉了。

绿色比较乐于当跟班或者不起眼的角色，而让大家去做决定。绿色宁可去接受别人的决定，而黄色却是那样喜欢做决定。巧的是，黄色不仅喜欢为自己做决定还喜欢为他人做决定，这样刚好，周瑜打黄盖，一个愿打一个愿挨，两人刚好一拍即合。这就是婚姻中绿色会那么容易与黄色成为伴侣的原因。

在黄色对绿色的关系中，却时常听到一些强烈的批判，那是对绿色消极抵抗，拒绝改变的那种恨铁不成钢的愤怒!绿色永远也不会理解他们这种对生活极不负责任的态度，对于那些爱他们和在乎他们的人来说是多么大的伤害！

绿色十分不愿意去做可能出错的决策，就算是绝对不会出错的决策，也巴不得是由你的口里说出，这样可以避免由他们来承担那些责任。

袖手旁观　越抹越黑

是我允许我自己成为“夹心饼干”的

绿色因为害怕冲突或别人不高兴，所以会故意隐瞒事实。可有时绿色的可悲，是在于绿色允许自己成为可怜的“夹心饼干”。

经由林先生推荐，陆小姐报名参加了林先生所参与的一个激励课程，因是非盈利机构，故报名时没有合约。陆小姐参加一次后，发现整个课程很不适合自己，因此希望通过林向主办方索取剩余费用。而超级绿色的林先生，在请示经理断然被拒后，并不敢把事实告诉陆小姐，每次陆小姐打电话问事情进展如何，不是说未得到回复，就是搪塞“极力在争取之中”等等。其实他深知黄色性格的经理不愿有人退费造成先例，而经理强势的态度也让林先生却步。在林先生始终不正面回复下，陆小姐自己询问经理，当被拒时，对于先前林先生迟迟不表态感到非常愤怒，加上经理的强硬态度，黄色的陆小姐誓要斗争到底。经过多方协调后，经理决定退费给陆小姐。

为不影响人际关系，绿色在觉得问题无法解决时，便开始模仿鸵鸟，用“拖拉”战术和“掩耳不见铃”战术交互回应，以代替正面迎战陆小姐，内心里期待陆小姐能像自己一样，说不定过段时间就自动忘记了。没想到陆小姐并不是吃素的，在一面不断寄予希望的同时，也为更大的心理落差打下伏笔。事情终究落幕，但绿色的林先生两面受煎熬，面临陆小姐的逼问，及面对强势的经理，即使满腹的委屈与不满也无处诉说，林先生选择的逃避，造成双方对他的印象都是恶上加恶。

不言者之罪

所有性格中绿色的过当，最为隐蔽，与其他性格相比，绿色过当伤害的多是自己，在这个部分，对于绿色是如何伤害他人的，我将从"不言者之罪"来重点阐述。

过去几年，我写了一个系列《痛斥四种性格的七宗罪》在学员内部流传，在阅读完绿色后，已至不惑之年目前在政府就职的一位黄色男性，将尘封了20年的往事分享给我。

我和女友大学期间两地恋爱，准备毕业后回她所在的城市。毕业前夕，我偶然发现女友在学校另有相好，这对我打击很大。事情发生后，朋友们都来安慰我，因小A是女友最好的也是我极好的朋友，所以我想从小A那儿找到原因。

小A听我讲话时一声不吭，在我一再追问她有没有曾经发现一些苗头时，她说有次她陪女友去火车站送那个人，看到他们很亲热，后来她问时，女友说内心矛盾，两个人都舍不得。当时，小A觉得是女友信任才把这个事告诉她，这种事还是当事人自己去解决比较好，于是她就一直选择了沉默。

我怒火中烧，强压着尴尬地结束了和她的谈话。我的想法是，朋友总有远近，就算我不如女友和她好吧，但当时的事未必不是"我的女友想从侧面通过她传话给我"，因为女友曾和我提过"有痛苦及不知如何向我开口"之类的话，并说过小A不是我的真朋友。我不知小A如果知道女友这么说，她会如何想。

某日小A请我第二天去她家，说是请了其他朋友一起要给女友送行，当时我和女友已完全没戏，她将和那个人一起去外地。当时我实在想不通小A到底想干什么，当然没去。女友一直想约我再谈谈，也没有勇气，所以委托小A约我几次，我永远拒绝。可以说，女友随便找谁拉我都会去的，但就是小A，我绝对不会去。我一直认为小A和我的关系非常好，但这件事在当时是深深地伤害了我，某种程度上我觉得不比女友的伤害小。

让我们来分析一下这个事件，请问各位读者三个问题：首先，如果小A是蓝色性格而不是本文中的绿色，她知道了当初女友的事情，会怎么反应?第二，黄色的“我”为什么要愤怒?第三，为什么绿色的小A事发当时，不劝阻女友本人，最后又会对“我”说出这个事情?本题堪称进入绿色心灵的GRE。

答案如下：

第一题：蓝色会在发现的当时，尝试劝阻女友，不成的话就什么也不说，始终保持沉默，让这个事情永远沉入到大西洋底。

第二题：黄色感到内心愤怒的原因是：首先，觉得受到欺骗，甚至有被愚弄的感觉。你小A既然是我的好朋友，就要对我负责，你这样作，实在太不够朋友义气了，何况此事本来就是事实。其次，如果你是我的好朋友，你该帮我把那个混蛋弄死的，你既不帮我说话，还不告诉我，这算什么朋友，瞬间，黄色就会把小A列入到心灵深处“敌人”的行列。

第三题：绿色迫于黄色的压力，觉得不说也对不起“我”，毕竟也是很好的朋友。绿色面对女友时，想要照顾女友的感受，觉得选择什么样的爱情是每个人自己的抉择；而面对“我”时，又尽可能想要照顾我的感受。

以上三题答对两题者可继续往下观看；答对一题，本章开篇重新把玩；一题也没答对?洗洗睡吧，明早大梦初醒时，本书开章再来一遍。

> **绿色一直奉行“你好我好大家好”的“不求有功，但求无过”的人生策略，以为“小心行得万年船”的生活方式，可以让他们一生平安度过，却忽略了无限纵容也会对他人造成莫大的伤害。这恐怕是绿色做梦都没想到的！**

你不能同时侍奉上帝和财神

“老好人”无所谓褒贬，本来就是个描述绿色的中性词。“烂好人”您听过吗?

一位红色太太是个马大哈，经常忘了自己的东西放在哪里。有次她发现自己新买的项链不见了，就质问绿色老公，老公回答："我不知道，你再找找看。"太太说："我昨天洗完澡明明就放在脸盆上，后来就没动过。你是在我后面洗的，是不是你动过了。""我没有。""这屋子就我们俩，不是你还有谁？"绿色老公实在受不了，最后妥协："好吧！是我弄丢了，明天我再买一条给你吧！"这件事就算过去了，一周后，在卧室的墙角发现了这条项链，原来是给家里的小狗叼走了。

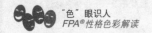

"烂好人"由于害怕冲突，一味地要息事宁人。他们自己只觉得：背上黑锅事小，息事宁人事大，甚至不惜扭曲事实，不客气地说，这就是纵容真凶。可惜的是，大多数绿色将"中庸之道"与"不负责任的和稀泥"相提并论。

本人从业销售时，绿色老板对ABC三组下令销售竞赛，得冠组不仅大额现金嘉奖，平均业绩达标组，也皆有当季新款手机人手一部以资鼓励。一个季度的浴血奋战玩命上阵，最终在乐先生督导下，本组力克群雄，荣膺所有荣誉。谁知，此时听说，老板觉得所有好处都是我们拿了，怕另两个组不平衡，因为他们离达标线距离不远，故另两组每人都颁发同样手机一部。得知此事，我们组的十人戴着墨镜面无表情地集体来到老板办公室，将手机一、二、三、四、五、六、七、八、九、十顺溜排开在老板面前，然后无声而退。

事隔多年，想起此事，仍旧气不打一处来。绿色以为那是在平衡关系，然而他似乎忘记，我们的奖励是如何得来的？对于拼死付出并讲原则的人们来讲，那是一种充满血泪的无声伤害，这种伤害只会让我们对自己过去付出的所有努力感到不值。绿色，他们一味地讲究人际关系的和谐，高唱着"人性化"，而并不知道，对于那些手持道理的人来讲，是绝对的"非人性化"。

绿色的问题不是在于不公平，而是对所有人都太公平了。这就好比，你维护正义是应该的，但你同时姑息不义，就是大错特错。一个人不能同时维护上帝又姑息魔鬼，歌颂上帝是不够的，你必须同时打击魔鬼；肯定正牌是不够的，你必须拆穿仿冒。

我收到的以下一封来信，代表了我最后想说的观点：

乐老师，让你见笑了，您上课的时候谈到绿色，我这几天一直想告诉您，我个人很不喜欢绿色的事。我许多次与小K争吵，胖哥基本上是我俩的和事佬，可这次我无论如何不能原谅他了，明明我有理，他这和事佬却两厢平分地把事和稀泥了。没有一个结果和说法，这让我非常不爽，这对我公平吗？其实，我不认为他们是公平的，他们只是表面公平，而没有意识到他们所谓的“公平”，对我们这些人造成的“不公平”。我不敢讲自己追求真理，但至少对我这样要个说法的人来讲，我鄙视他们这种“老好人”。

粉饰太平　迷失自我

猪八戒照镜子——里外不是人

在人际关系上，绿色的问题在于太压抑自己来感受别人，结果自我被压抑得几乎无法发挥独立个体的功能，他们活着，只是顺应他人，非常迷糊。由于这种压抑，对自我、别人及世界的了解都渐趋平缓，这样就再也没什么事会惊扰他们了，他们变得自由闲散而祥和，但有时却脱离了真实世界。

黄色婆媳彼此斗法，崩盘后不相往来，老牛开始心里发毛。一边是老娘，一边是老婆，遂开始长达半个月的游说工作。起初僵持阶段，在老娘前说：“妈，别生气了，你媳妇和我说了她不该和你吵架的，毕竟是婆婆。”在老婆前说：“老婆，你别生气了，今天妈都说错了，说自己不该发那么大的火，让媳妇看笑话了。”再过两天，自己出马去买礼物，再做中间人送到对方手中。最后老牛使出杀手锏，以双方互邀的名义促成饭局，终如老牛所愿，全家坐到一起。中场敬酒，媳妇一句话整个真相大白，前功尽弃！“妈，今天应该是我们晚辈请你老人家吃饭，还让您请我，您的大度让我佩服你。”

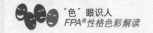

婆婆一听,"你有没有搞错,我请你吃饭?你真当我是傻冒啊,我给你道歉,别臭美了,门都没有!"

绿色本意的出发点是满足每个人的需求,然而最终两头受气不讨好。他们沦陷在自己营造的期待人人满意而不得的苦恼中,在这个世界上,绿色需要学会的事情是,让所有人满意,就意味着,让所有人都不满意。

你还没有学会对自己的内心忠诚

不少绿色一直认为他们自己是对人"忠诚"的。绿色是否对人忠诚呢?为何在提到对人"忠诚"的特点时,我会强调是蓝色而非绿色?我们来看看绿色所谓的"忠诚"吧。这是一个来自于红色的姐姐帮他弟弟咨询的案例。

我妈是典型蓝色,对自己要求苛刻,对他人要求严格,我弟弟是典型的绿色,他们在一起,常人很难想象蓝色有多么痛苦和无奈。弟弟满足于现状,说什么都行,用妈妈的话说:"不求上进,整天好像什么都不想,不知道在干什么。"

弟弟酷爱计算机,毕业后在北京的一家大型韩企做IT,老妈很高兴,以为这下弟弟会奋发上进了。没想到,因为老板任意对下属指手划脚,弟弟做了一年,受不了这种经常加班挨批的日子,就辞职了,老妈非常失望。接下来,上演的就是陀螺转的大戏了。

弟弟的女朋友毕业后去了上海,于是对辞职后的弟弟说:"来上海吧。"于是,弟弟去了上海。老妈非常担心。

在上海工作不到一年,老妈说:"我一个人在家,很担心你的生活和身体,回来吧。"于是,弟弟又辞职回家,老妈又开始担心是否会影响弟弟的前途。

再后来,弟弟的女朋友说:"上海挺好的,我们今后就留在上海吧。"于是,弟弟又离开家,去上海。老妈又开始担心。

没多久,老妈说:"你们在上海,没人照顾,又没有上海户口,将来生活会很艰辛的,回家来吧。"于是,弟弟又回家。老妈再开始新一轮的自责,担心因为自己的要求而毁了弟弟的发展。

如此，三番五次，弟弟虽然始终乐呵呵的，没什么怨言，在什么地方都可以满足地生活。可工作却因为换来换去而没有成绩，在老妈眼里就是一事无成。老妈不停地抱怨，认为弟弟没主见，不想赚钱养家，不想更好地发展，不想再进一步深造……她的生活也因为弟弟的不断变化而无法确定。

由于这个绿色的弟弟，不坚持自己的想法，只是为了让妈妈和女朋友高兴而选择听之任之，他以为这样是好的表现，殊不知，其实对两人都有伤害。这个绿色的他，被残忍地撕成两半了，而这一切都是在他自己默许的情况下进行的，换句话说，是他自己允许他自己被撕成两半的。他同时要把自己奉献给自己的母亲和女友，他要对她们忠心，可是你必须注意的是：他从来没有对他自己忠诚过！

老公与亲家母的偷情

在一次研讨会结束八个月后，我收到一封学员的感谢信，她和我分享了对于绿色悲剧的深刻认识。

绿，我喜欢的绿啊！为什么你穷其一生的付出，而得到的还是被伤害，在他人的欢笑背后总是你默默的付出。我的一个大姐，在上世纪60年代和一个军官结婚，一年一次的探亲是她生活的全部，为了相聚，平时省吃简用，为的是攒够路费或带些稀缺的物品给丈夫。两年后生下一个女儿，而姐夫也只在孩子出生时在家半个月就归队。之后又是长达6年的探亲生活，直到孩子上小学，姐夫终于复员，一家团圆了。

几年后，姐夫工作的不得志让他沉醉在酒精中，家中开始出现了争吵。但姐姐为不耽误女儿的学习和她的家庭，在默默忍受中精心照顾着一家人的生活，一直到女儿上完学开始工作。这时候企业不景气两人皆提前退休，想想也就平淡地过完这下半生，可发生了一件事情改变了姐姐所有的人生观！

我生下女儿那年，想让好心的姐姐来照顾我，她很乐意这样去做。来到我家后，最初两个月姐夫还经常写信来，后来偶尔有电话来，说是女儿未来的婆婆会常来他家，商量两家儿女的婚姻大事，来多了，竟然姐夫和女儿未来的婆婆好起来！……双方的儿女同样承受了这天下最悲剧的爱情，但年轻人为了爱情，还是牺牲了父母后半辈子心灵的安宁（因为他们的父母在表面上可以接受未来的孙辈)。

可以想象姐姐回家后的那段日子是怎样的难熬！姐姐回家两年后告诉我这些事儿，知道后我不知怎样表达我的歉意和悔意，姐姐一生的付出却是如此悲情的结局！她说得最多的一句话是："好人有好报。"每次去拜佛祖时，她都说，对于死去的人和虚无的佛祖好，还不如对活着的周围的人好。惟独她忽视了自己要对自己好。而且忽视了当身边人已经习惯了你的好，他们往往会忽视你也需要被爱。

绿色在孩提时代大多有过孤立无援的经历，认为谁也不重视自己所关心的事情，自己的要求微不足道，因而有意识的回避并逐渐淡忘自身的真正需求。长大成人后，绿色常以别人的需要为需要，而忘了自己真正的需要。绿色不习惯与别人分享自己，有时候甚至认为自己有需要是错误的，因此绿色不表达自己的愿望。

重新寻找到自己人生的真谛和意义，对绿色是至关重要的。绿色性格本身，决定了他们可以是非常被动的，他们可以一生跟定你，而自己完全不负起做决定的责任，他们经常以别人作为他们生存的核心，而忽略了发展自己的人生目标和方向。而因为忽略了自己，他们容易成为丧失自我、迷失方向的人。

绿色只有当自己对自己宣告"我准备活出真实的自我"时，他才能告别过去，迎向新生，关键是他有没有这样的勇气和愿望。

绿色的本性局限

作为个体

- 按照惯性来做事，拒绝改变，对外界变化置若罔闻。
- 懒洋洋的作风，原谅自己的不思进取。
- 懦弱胆小，纵容别人欺压自己。
- 期待事情会自动解决，完全守望被动。

- 得过且过。
- 无原则地妥协，而无法促使他们采取负责任的解决态度。
- 逃避问题与冲突。
- 太在意别人反应，不敢表达自己的立场和原则。

沟通特点

- 一拳打在棉花上，毫无反应。
- 没有主见，把压力和负担通通转嫁到他人身上。
- 不会拒绝他人，给自己和他人都带来无穷麻烦。
- 行动迟钝，慢慢腾腾。
- 避免承担责任。

作为朋友

- 不负责任地和稀泥。
- 姑息养奸的态度。
- 压抑自己的感受以迁就别人。
- 期待让人人满意，对自己的内心不忠诚。
- 没有自我，迷失人生的方向。
- 缺乏激情。
- 漠不关心，惰于参与任何活动。

对待工作和事业

- 安于现状，不思进取。
- 乐于平庸，缺乏创意。
- 害怕冒风险，缺乏自信。
- 拖拖拉拉。
- 缺少目标。
- 缺乏自觉性。
- 懒惰而不进取。
- 宁愿做旁观者，不肯做参与者。

尾声 一切只是刚刚开始

我的魔术老师做梦都不会想到，自从我学会“四布合一布”的把戏开始，便衍生了用“红蓝黄绿”代替性格类型的念头，并从那一刻起，注定了我白天所见皆“色”人，晚上所梦皆“色”鬼的生活。当你读完本书，只要你不盲目地为他人贴标签，同时持续不断地思考和应用，我们离“世事洞明皆学问”的境界会越来越近，虽然阅读只是刚刚开始。

当你读完本书，不同性格相处所产生的问题，并不会因为了解就突然销声匿迹。了解本身并不能改变，但会帮助我们接受现状，它并非简单的好或坏，而是事实就是如此。一旦你清楚了自己和他人身上的优势和过当，你就能开始学习接纳。而只有你学会了认识和接纳，你才有了修炼的可能。

在我未来的书《“色”成正果》中，我会继续探讨：性格色彩的组合；如何找到自己真正的动机和本色；不同性格的碰撞规律；如何修炼以取得生命的平衡；以及建立和谐人际关系的钻石法则。而在之后的《色眼再识人》中，对不同性格灵魂更深处的局限会进行专题式的挖掘，旨在更立体地看到人性的丰富。

想体会“FPA®性格色彩”的威力和深邃内涵，最好是在面对面的小型研讨会。纸上谈兵是一回事儿，但在一组不同性格的人中间去体验又是另一回事儿。当我们和另群人处于安全的环境时，可以帮助我们增加思考的深度，看得更远，剖析得更透彻。在经验分享之中，透过与他人的互相认定，将促使我们体认性格色彩的真实性，这些都是阅读永远不可能得到的体验。但毕竟只有少部分人能够参加我们的研讨会，这就是我写本书的原因。

有人在的地方就有红蓝黄绿，我很遗憾自己没有早点开始学习性格，有些痛将会一生伴随。这种性格的学习本该从娃娃抓起，它会使人们受益终身。在这样一个心灵困惑的年代，希望你能通过本书认识你自己和你周围的人，平衡而冷静地面对生活。这本书我只是提供了深入了解自己和他人的方法，鼓励我们珍惜深藏在心底的源动力，让我们经由对人的理解与爱，去爱美好的生活。

就让我们从本书开始。

乐嘉